Une POLICE
professionnelle
de type communautaire

Les Éditions du Méridien bénéficient du soutien financier du Conseil des arts du Canada pour son programme de publication.

LE CONSEIL DES ARTS   THE CANADA COUNCIL
DU CANADA   FOR THE ARTS
DEPUIS 1957   SINCE 1957

Données de catalogage avant publication (Canada)

Normandeau, André, 1942-
Une police professionnelle de type communautaire

(Cursus Universitaire)
Comprend des références bibliographiques et un index.

ISBN 2-89415-225-6 (v. 1)
ISBN 2-89415-206-X (v. 2)

1. Police communautaire. 2. Police - Professionnalisation. 3. Criminalité - Prévention. 4. Protection civile. 5. Police communautaire - Québec (Province). I. Titre. II. Collection.

HV7936.C83N67 1998   363.2'3   C97-941503-9

Adresse électronique: info@editions-du-meridien.com
Site web: www.editions-du-meridien.com

DISTRIBUTEURS :

CANADA :
MESSAGERIE ADP
955, rue Amherst
Montréal (Québec)
H2L 3K4

EUROPE ET AFRIQUE :
ÉDITIONS BARTHOLOMÉ
DIFFUSION POINT SOCIAL
16, rue Charles Steenebruggen
B-4020 Liège
Belgique

ISBN 2-89415-225-6

© Éditions du Méridien
Dépôt légal: 1er trimestre 1998
Bibliothèque nationale du Québec
Bibliothèque nationale du Canada

Imprimé au Canada

Une POLICE
professionnelle
de type communautaire

Sous la direction
d'André Normandeau, Ph.D.
Criminologue, professeur
École de criminologie
Centre international de criminologie
Université de Montréal
Directeur du Groupe de recherche
sur la police québécoise (GRPQ)

Collection
Cursus universitaire

Méridien
ÉDITIONS DU MÉRIDIEN

Présentation de l'auteur

André Normandeau, Ph.D
Criminologue, professeur
École de criminologie
Centre international de criminologie
Université de Montréal
Directeur du Groupe de recherche sur la police québécoise (GRPQ)

Directeur de l'École de 1970 à 1980, directeur du Centre de 1983 à 1988, l'auteur est le directeur du Groupe de recherche sur la police québécoise (GRPQ) depuis 1990. Détenteur d'une maîtrise en criminologie et d'un doctorat en sociologie de l'Université de la Pennsylvanie à Philadelphie, il a subséquemment fait des stages d'études à l'Université de la Californie à Berkeley, San Francisco ainsi que dans quelques universités européennes. Au cours des dernières années, il a été professeur invité en droit et en criminologie aux universités de Paris, d'Aix-en-Provence et de Marseille, ainsi que de Toulouse, de Poitiers et de Bordeaux. Il a participé également aux travaux du Centre d'études et de recherches sur la police (CERP) de l'Université des sciences sociales de Toulouse ainsi que du Centre de formation de la police nationale (Ministère de l'Intérieur) de Bordeaux.

Membre du Comité (Bellemare) sur les relations entre la police et les minorités ethniques au Québec (1988), il était responsable du Livre vert du Gouvernement du Canada : *Une vision de l'avenir de la police au Canada : Police-Défi 2000* (1990). Dans le sillage de ce travail pancanadien, il a participé activement à la promotion du modèle de police professionnelle de type communautaire pour la Communauté urbaine de Montréal, pour le ministère de la Sécurité publique du Québec ainsi que pour le ministère du Solliciteur général du Canada. Ce modèle est maintenant le modèle officiel du Service de police à Montréal (SPCUM), à la Sûreté du Québec (SQ) et ailleurs au pays et à l'étranger.

L'auteur a déjà publié plusieurs livres et plusieurs articles scientifiques et populaires au Québec, en Amérique et en Europe, dont deux livres publiés par les Éditions du Méridien : *Le vol à main armée* (1986) et *Justice et communautés culturelles* (en collaboration avec E. Douyon, 1995).

PRÉFACE

De la police professionnelle (PP) à la police professionnelle de type communautaire (PPC)

C'est avec plaisir que j'ai accepté de rédiger quelques mots au sujet d'un livre qui est en fait un outil important pour les policiers et les citoyens. Ce livre présente quelques projets de police professionnelle de type communautaire (PPC) au Québec et au Canada dont nous pouvons être fiers.

La police a évolué constamment au cours de ce XXe siècle qui s'achève. Elle s'est largement professionnalisée. Positive dans son ensemble, cette professionnalisation avait jusqu'ici, malheureusement, éloigné la police de la population. Le grand changement des années 80 et 90 est précisément lié à la volonté de rapprocher le policier et la policière de la communauté : des élus politiques aux citoyens par leurs associations et leurs groupes de pression. Cette police est dorénavant à la fois « professionnelle » et « communautaire ». Professionnelle, elle l'est même encore plus qu'autrefois, puisque le cœur de ses activités est orienté vers la résolution des problèmes associés au désordre et à la criminalité. Communautaire, elle le devient de plus en plus chaque jour, lorsque des citoyens acceptent de donner quelques heures de leur précieux temps à titre de partenaires pour des projets de prévention de la criminalité, par exemple.

Ce modèle de PPC doit maintenant être taillé sur mesure selon les besoins des citoyens d'une municipalité ou d'un quartier. C'est un modèle polyvalent et flexible.

Je félicite André Normandeau pour la préparation d'un livre qui, pour la première fois en langue française, nous permet de saisir un certain panorama de la PPC en Amérique du Nord.

Roland Bourget

Directeur du Service de police de la Communauté urbaine de Montréal (1985-1989)
Directeur du Service de la protection publique de Sainte-Foy (1989-1993)
Consultant en organisation policière (depuis 1994)

En guise d'introduction : la PPC

André Normandeau
Université de Montréal

La police de l'an 2000 que nous développons actuellement est fondée sur une «philosophie d'action» et sur une «stratégie organisationnelle et opérationnelle», qui comportent deux grands volets, soit le volet professionnel et le volet communautaire. Une **police professionnelle** vise essentiellement à résoudre les problèmes liés à la sécurité publique, notamment en utilisant **l'approche en résolution de problèmes**. C'est une **police d'expertise** (*Problem-Oriented Policing* ou **POP**, selon le terme américain). Une **police communautaire** (*Community-Oriented Policing* ou **COP**), par ailleurs, résout certains de ces problèmes en **partenariat** avec les citoyens, au sens large. Ceci inclut les élus politiques, les diverses associations, les groupes de pression, les autres services publics (éducation, emploi, santé, services sociaux, logement, etc.), les autres services publics de justice (tribunal, centres d'accueil et prisons, solutions de rechange communautaires, etc.), et les services privés (les Églises, les organismes communautaires, les bénévoles, les agences de sécurité privée, les gens d'affaires, les journalistes, etc.). Ce partenariat est en quelque sorte le **G-7** de la sécurité publique de l'an 2000!

En fait, l'expression la plus juste est celle d'une **police professionnelle de type communautaire (PPC)**. Ce modèle de police relativement récent, celui des années 90, nous mène à la police de l'an 2000. Déjà un **large consensus** existe autour de ce modèle et s'exprime publiquement. Par exemple:

— Le *Livre vert* du Gouvernement du Canada sur la police de l'an 2000 (Normandeau et Leighton, 1990, 1991 ; Solliciteur général du Canada, 1994, 1995).

3

— Les *commissions d'enquête* importantes et les politiques sur l'avenir de la police au Québec (Malouf, 1994), en Ontario (1990,1995), au Nouveau-Brunswick (1993), en Colombie Britannique (1990, 1993, 1994).

— Les *projets d'action* (1990-1995) des services de police municipaux de Halifax (1995), Montréal (1995), Laval (1993), Toronto (1990), Calgary (1995), Edmonton (1990, 1995) et Vancouver (1995); des services de police provinciaux du Québec (1993, 1994) et de l'Ontario (1993); ainsi que des projets nationaux de la Gendarmerie royale du Canada (1995).

— Les *projets américains* d'envergure à New York (McElroy *et al.*, 1993), à Chicago (Skogan, 1993-1996) et ailleurs aux États-Unis (Rosenbaum, 1994; Lurigio et Rosenbaum, 1994; Peak et Glensor, 1996).

— Le *Livre blanc* ou *l'Énoncé directionnel* récent du Service de police de la Communauté urbaine de Montréal (1995), intitulé: *Vers la police de quartier*, est un exemple fort révélateur de ce large consensus.

Notre livre vise précisément à tracer les contours du modèle d'une police professionnelle de type communautaire (PPC) — les projets concrets, ses avantages et ses désavantages — à partir des projets des services de police du Québec et du Canada. Jusqu'ici, nous avons surtout calqué les projets américains. Il était temps de mettre en valeur les projets québécois, tout en jetant un regard sur l'étranger. C'est ainsi que deux chapitres font un bilan du modèle PPC aux États-Unis et en France, même si la majorité des chapitres décrivent la scène québécoise et canadienne.

Le collectif que nous vous présentons est un recueil qui regroupe les textes autour de six thèmes:

A. La toile de fond: le «G-7» de la police (André Normandeau; Gail Young).

B. La police professionnelle de type communautaire aux États-Unis et en France (Barbara Jankowski; George Kelling; Wesley Skogan; James Wilson).

C. Une police d'expertise et la méthode SARA : une stratégie de résolution de problèmes (Christopher Murphy; Sûreté du Québec; le bulletin *Intersection*).

D. Les leaders dans le domaine de la police professionnelle de type communautaire au Québec et au Canada (Serge Barbeau; Isabelle Bastien; Pierre Brien; Maurice Chalom; Gilbert Cordeau; Danielle Cornellier; Jean De Montigny; Jacques Duchesneau; Carl Gauthier; Mario Lafrance; Claude Lavoie; Donald Loree; Jean Marc-Aurèle; Tonita Murray).

E. La police et la prévention du crime (Louise L. Biron; Maurice Cusson; Rachel Grandmaison; Marc Ouimet; Pierre Tremblay).

F. En guise de conclusion: une réflexion critique (Jean-Paul Brodeur) ainsi qu'un bilan de la recherche évaluative et un guide de lecture sur la police professionnelle de type communautaire (André Normandeau).

Trois des textes sont signés personnellement par les directeurs (et leurs associés) des principaux services de police au Québec, soit les directeurs Serge Barbeau (Sûreté du Québec), Jacques Duchesneau (Montréal) et Jean Marc-Aurèle (Laval). C'est un signe évident et un symbole important d'un leadership qui embrasse pleinement le modèle PPC.

Le premier thème, présenté par André Normandeau, définit la **toile de fond** de la PPC, en retrace brièvement l'évolution historique et esquisse les facilitateurs (néoténie) et les résistances (misonéisme) au changement. Il présente le « G-7 » du modèle PPC, soit les principaux partenaires de la sécurité publique, et soumet un certain nombre d'interrogations professionnelles ainsi que quelques enjeux critiques. Cette toile de fond est complétée par l'article de Gail Young, qui nous donne un aperçu statistique sur la police dans l'ensemble du Canada.

Le thème suivant sur la **PPC aux États-Unis et en France** est introduit par le texte maintenant célèbre de James Wilson et George Kelling sur la sécurité du voisinage et le phénomène des «vitres cassées». La fenêtre brisée, c'est le signe du déclin d'un milieu de vie, d'une vie de quartier, et de la prolifération de multiples désordres sociaux que nous appelons à l'occasion des «incivilités». Il en découle un sentiment d'insécurité profond qui laisse libre cours, encore plus qu'auparavant, au déploiement de la délinquance. C'est ce cercle vicieux que le modèle de police communautaire essaie de maîtriser pour redonner le quartier à ses habitants. Dans cette perspective, Wesley Skogan nous trace le portrait de la PPC aux États-Unis au niveau du concept et de la pratique dans une dizaine de villes ainsi que de son évaluation empirique. Pour sa part, Barbara Jankowski présente la situation en France où l'on parle de «police de proximité». Elle nous brosse un bref panorama historique et elle fait le bilan de la recherche au sujet de l'îlotage dans les quartiers difficiles.

Le troisième thème traite de **la police d'expertise: la méthode SARA.** Il s'agit de la partie hautement professionnelle du travail des policiers. En effet, le policier dit communautaire ne peut se contenter de «prendre le café» avec le citoyen ou un bénévole. Il lui faut résoudre un certain nombre de problèmes liés à la sécurité publique. Une expertise en matière de résolution de problèmes doit être développée. L'article de Chris Murphy est un manuel pratique qui explique les différentes étapes d'une méthode de travail bien connue dans le domaine de l'administration et de la gestion: la méthode SARA: étude systématique de la **situation; analyse** rigoureuse du problème; plan d'action en terme de **réponse** et de solution; mise au point d'une évaluation empirique des résultats, d'une **appréciation** de la qualité du plan d'action. Le manuel de Chris Murphy fait partie d'une série de dix manuels pratiques sur différents aspects de la PPC que le ministère du Solliciteur général du Canada a développée à l'intention des policiers et des praticiens. Les deux textes suivants dans ce volet sur la police d'expertise complètent le portrait en présentant le guide pratique de la Sûreté du Québec à ce sujet ainsi qu'une série d'études de cas concrets (en bref) pour illustrer cette approche, série développée par le bulletin *Intersection*.

Le quatrième thème, probablement le plus important pour l'avenir de la PPC, fait un tour d'horizon de la **vision** des **leaders** qui dirigent les principaux projets de PPC en vigueur à la Sûreté du Québec (4 000 à 4 500 policiers), à la Communauté Urbaine de Montréal (4 000 à 4 500 policiers), au Service de police de Laval (400 à 450 policiers) et à la Gendarmerie royale du Canada (15 000 à 16 000 policiers). Ces projets sont présentés à la lumière de la «petite histoire» de la PPC dans chacun des services de police, de leurs principes d'action, de leurs pratiques, d'une certaine évaluation surtout qualitative des résultats, ainsi que d'une vision de l'avenir à court et à moyen terme.

Le cinquième thème élargit le sujet de la PPC au thème de **la prévention du crime**. Les projets de prévention constituent le cœur de la PPC puisque l'objectif ultime d'un service de police est de diminuer l'incidence de la délinquance pour ainsi raffermir le sentiment de sécurité des citoyens dans une perspective de «qualité de vie» sociale. Le texte de Maurice Cusson et de ses collaborateurs trace un panorama des types de prévention du crime tout en privilégiant subséquemment la «prévention situationnelle». Les auteurs l'illustrent à partir d'une sélection fort pertinente de cas présentés succinctement sous forme de vignettes. Les thèmes principaux retenus sont celui de la conception et de la planification d'un projet, et celui de son évaluation.

Enfin, **en guise de conclusion**, Jean-Paul Brodeur nous livre quelques réflexions critiques, à la lumière d'une analyse serrée de la pensée du pionnier-fondateur moderne de la PPC, l'américain Herman Goldstein, qui est en quelque sorte le «gourou» de l'approche.

Dans le mot de la fin, André Normandeau nous livre pour sa part un bilan provisoire de la recherche évaluative sur la PPC au Québec, au Canada et aux États-Unis. Finalement, un guide de lecture sur la PPC est proposé au lecteur intéressé.

Sir Robert Peel... «de Montréal»!

À tout seigneur, tout honneur! Le point de départ de la police professionnelle de type communautaire, en particulier en ce qui concerne le volet communautaire, est lié à Sir Robert Peel (1788-1850), le créateur de la police civile et démocratique moderne. Il fut non seulement le ministre de l'Intérieur responsable de la police, mais également, et à plusieurs reprises, le Premier ministre du Royaume Uni et de l'Angleterre. La rue Peel, à Montréal, porte d'ailleurs ce nom en son honneur et l'expression britannique populaire et amicale de *Bobbies* pour identifier familièrement les policiers britanniques est liée à son prénom (Robert = Bob = Bobbies). Parmi les neuf principes classiques (1829) énoncés par Peel lors de la présentation officielle au Parlement britannique de la «première Loi de police» en Occident, trois d'entre eux nous semblent encore particulièrement pertinents. Il s'agit des principes suivants:

> Principe n° 2: «Ne jamais perdre de vue que, si la police veut être en mesure de s'acquitter de ses fonctions et des ses obligations, il faut que le public approuve son existence, ses actes et son comportement, et qu'elle soit capable de gagner et de conserver le respect du public.»

Principe n° 3 : « Ne jamais perdre de vue que gagner et conserver le respect du public signifie aussi s'assurer de la coopération d'un public prêt à aider la police à faire respecter les lois. »

Principe n° 7 : « Toujours maintenir avec le public des relations qui soient de nature à concrétiser la tradition historique selon laquelle la police est le public et le public, la police, les policiers n'étant que des membres du public payés pour s'occuper, à temps complet, en vue du bien-être de la communauté, de tâches qui incombent à chaque citoyen. »

Comme l'écrivait si bien le poète français bien connu, Paul Verlaine, (1844-1896) : « Et tout le reste n'est que littérature. »

Références bibliographiques

Le lecteur est invité à consulter le guide de lecture sur la police professionnelle de type communautaire (PPC) reproduit à la fin de notre livre (tome 2).

Remerciements

Qu'il me soit permis de remercier chaleureusement Madame Caroline Guay, secrétaire à l'École de criminologie de l'Université de Montréal, pour son travail minutieux lors du traitement de texte de ce livre.

9

LE « G-7 » DE LA POLICE

La police professionnelle de type communautaire (PPC) : une définition en bref et un panorama

André Normandeau
Université de Montréal

Une police « civilisée »

Les Français l'appellent « une police de proximité ». Les Britanniques et les Nord-Américains « une police communautaire ». La Gendarmerie royale du Canada et certains services de police québécois et canadiens utilisent parfois l'étiquette de « police socio-préventive ». Le tout dernier-né est celui du Service de police de la Communauté urbaine de Montréal : « Une police de quartier », à l'image de son équivalent en Espagne et en Amérique du Sud : *La policia de Barrio*. Pour notre part, nous l'appellerons : « Une police professionnelle de type communautaire » (PPC). Le sigle équivalent américain de la *Community Policing* est presqu'un jeu de mots : COP/POP *(Community-Oriented Policing/ Problem-Oriented Policing)*. Toutefois, pour le grand public, sans utiliser d'adjectif, car pour eux « la police, c'est la police », l'idée clé pourrait s'exprimer par l'image d'une « police d'assurance » pour l'avenir, pour l'an 2000 !

La police communautaire est un concept relativement nouveau, ou plutôt renouvelé. Ce modèle propose une nouvelle approche philosophique, organisationnelle et opérationnelle de la police en milieu urbain. Elle suggère un partenariat entre la police et la communauté dans la façon de « gérer » la criminalité et l'ordre public ainsi que dans le développement de programmes de prévention du crime. Bien que plusieurs services de police utilisent déjà certaines composantes de base de cette approche et, dans une certaine mesure, qu'il s'agisse d'un retour aux principes de base de la gestion classique et traditionnelle des services de police, la police communautaire implique habituellement une restructuration fondamentale de l'organisation policière et de ses opérations, autour d'un objectif-cible : la solution des problèmes par un « tandem » police-citoyens !

Le modèle de police communautaire est conçu de façon à accroître la souplesse de la prestation des services policiers au sein d'une société de plus en plus diversifiée et en changement continuel (Normandeau et Leighton, 1990, 1991 ; Normandeau, 1994).

La petite histoire de la police nous rappelle que sept modèles de police ont vu le jour depuis les Grecs et les Romains. D'ailleurs, l'étymologie du mot « police » est celui de « civilisation » : du grec *politeia*, du latin *politia*, ordre global de la cité (*polis*). Une société « policée » est une société parvenue à un certain degré de civilisation. Les sept modèles, souvent en **coexistence**, sont les suivants :

Sept modèles de police

1. Le « modèle du guet » : des citoyens **non rémunérés** s'occupent à tour de rôle de surveiller leur territoire, leur quartier, leur rue.

   Date clé : de tout temps, des Grecs jusqu'aux Nord-Américains.

2. Le « modèle militaire » : les militaires interviennent à **l'occasion** lors de désordres sociaux et de certains délits criminels ; quelquefois, la police **dans son ensemble** est militaire.

   Date clé : de tout temps, s'il y a une armée officielle.

3. Le « modèle communautaire classique » de première génération : les policiers sont des citoyens rémunérés,

sous le **contrôle civil** des élus politiques, responsables de la prévention et de la répression de la criminalité.

Date clé : Robert Peel (1829) : première Loi de police dans un pays démocratique (Angleterre).

4. Le « modèle professionnel classique » de première génération : les policiers priorisent la répression de la criminalité par l'utilisation des **technologies** modernes et d'une **administration** moderne.

Date clé : à partir des années 50.

5. Le « modèle communautaire contemporain » de seconde génération (ou « police de proximité ») : les policiers priorisent la **prévention** de la criminalité par un **partenariat** avec les citoyens.

Date clé : à partir des années 70.

6. Le « modèle professionnel contemporain » de seconde génération (ou « police d'expertise ») : les policiers élaborent des stratégies pour **solutionner les problèmes** liés au désordre social et à la criminalité en équilibrant les approches de prévention et de répression.

Date clé : à partir des années 80.

7. Le « modèle professionnel de type communautaire » (PPC) pour l'an 2000 : **partenariat** des citoyens, des policiers, de la sécurité privée, des services publics (éducation, emploi, logement, santé...) et des services de justice (police, tribunaux, services correctionnels publics et privés...), pour la prévention et la répression, dans une perspective de « solution aux problèmes ».

Date clé : à partir des années 90.

Ces sept modèles de police ne sont pas des modèles à l'état pur. Dans la vraie vie, il y a des ingrédients de tous ces modèles. Par exemple, le modèle du guet, qui s'est développé avant même que la police officielle ne prenne son essor, revit de nouveau dans les modèles communautaires par l'entremise des programmes de surveillance de quartier. Le seul modèle qui est vraiment sur le déclin, du moins dans les pays démocratiques, est le modèle militaire. Toutefois, ce modèle est parfois réutilisé, du moins en partie. Que l'on songe aux événements de la crise d'Oka en 1990 ou à la déclaration du directeur de la Sûreté du Québec (avril 1994) sur la «complémentarité» entre la police et les forces armées. De plus, dans certains pays, même démocratiques, une partie de la police est sous l'autorité du ministère de la Défense. Il en est ainsi, par exemple, de la Gendarmerie nationale en France, de la Gendarmerie royale en Belgique (de 1830 à 1991), de la Guardia civil (malgré son nom) en Espagne, de l'Arma Dei Carabinieri en Italie... De plus, tous ces modèles sont plus riches en contenu que les quelques mots qui nous servent à les différencier sans trop de nuances, en forçant un peu une réalité qui est plus complexe. En fait, il s'agit plutôt d'un «accent» plus prononcé, d'une présence plus importante de tel ou tel ingrédient. Finalement, il est important de souligner que le modèle communautaire contemporain et le modèle professionnel contemporain ne se fusionnent pas toujours dans le modèle professionnel de type communautaire. En effet, l'on peut imaginer une «police d'expertise», une police orientée vers la solution de problèmes, qui négligerait d'impliquer de façon sérieuse et rigoureuse la communauté.

Une remarque importante est de mise. Certains policiers et certains criminologues parlent de la police communautaire contemporaine comme si la police professionnelle classique était disparue. Il n'en est rien. Il y a encore des éléments de cette police, comme l'utilisation de certaines technologies de pointe. Toutefois, ce qu'il y a de neuf, c'est le développement d'une expertise pour solutionner des problèmes (*POP : Problem-Oriented Policing*). Cette «police d'expertise», nous la nommons: « police professionnelle contemporaine ». Elle est hautement professionnelle. Combinée à l'approche communautaire contemporaine, cette « police professionnelle de type communautaire » (PPC) est « le meilleur achat en ville » à l'heure actuelle, à notre avis. Sans triomphalisme. Sans cliché.

Les « 3 x 7 » : les ingrédients de la PPC

Un certain nombre d'ingrédients (les « 3 fois 7 ») caractérisent ce modèle de police : les sept ingrédients idéologiques, les sept ingrédients théoriques et les sept ingrédients pratiques. Ils sont présentés de façon concise dans les tableaux 1, 2 et 3. Ces 21 éléments sont des indicatifs qui ne couvrent que les principales qualités du modèle. De plus, ils n'existent pas tous en tout temps dans la vie d'un service de police dit communautaire. Certains services privilégient tels ou tels éléments selon leurs besoins. Toutefois, de façon générale, plusieurs de ces ingrédients doivent se retrouver au sein d'un service qui affiche les couleurs d'une police professionnelle de type communautaire.

Tableau 1
Les sept ingrédients idéologiques de la police

1. **Un éclatement des bureaucraties** et un éclatement de certains carcans administratifs qui étouffent l'initiative et le dynamisme des policiers.

2. **Une révision du modèle paramilitaire** qui passe par une redéfinition de l'autorité et de la discipline au sein des services de police.

3. **Un esprit d'entreprise privée** (avec nuances!) qui se caractérise par : le goût du risque (calculé) ; le droit à l'erreur (à certaines conditions) ; la responsabilisation personnelle ; une prime à l'effort, à la qualité, à l'innovation et à l'imagination créatrice ; une « perspective client » et un « service au consommateur » en matière de sécurité publique, et, l'excellence, l'efficacité et l'efficience... au-delà des clichés.

4. **Une motivation professionnelle** qui se renouvelle par : un recrutement ainsi qu'une formation de base continue de haute qualité ; un plan de carrière et un système de promotion axés sur un équilibre entre la diversité des tâches, la spécialisation, l'autonomie professionnelle et l'imputabilité ainsi qu'une échelle de salaire plus différenciée.

5. **Un leadership novateur,** « visionnaire », avec du « caractère », de type « entrepreneur », se retrouvant à tous les niveaux du service de police.

6. **Des partenariats multiples** entre la communauté (via ses associations), les élus politiques, les gestionnaires du service, le syndicat policier, le service de police, les services publics (éducation, santé, travail, etc.) et les autres services de justice (projets de prévention communautaire, sécurité privée, milieu judiciaire et correctionnel).

7. **Une gestion participative** qui prend forme en remplaçant le syndicalisme de confrontation (à l'ancienne) par un syndicalisme de concertation (plus moderne), et la gestion hiérarchique autoritaire par une « gestion de concertation ».

Tableau 2
Les sept ingrédients théoriques de la police

1. La **mission** de la police est fondamentalement celle d'agents de la paix. Le policier travaille dans le respect des droits et libertés démocratiques.

2. La police adopte une **stratégie** cruciale, c'est-à-dire une **consultation systématique** de la communauté et de ses associations.

3. L'**attitude** et le **comportement** de la police sont définitivement de nature « **proactive** » et **interactive** (police-communauté).

4. La police axe en partie ses énergies à la **solution des problèmes** liés à la criminalité et au désordre social. En collaboration avec les **partenaires** appropriés, elle vise à résoudre du moins partiellement certaines causes des problèmes par des activités de **prévention** autant que de **répression**.

5. La police, en liaison avec les autres grands services publics et privés, contribue à améliorer la **qualité de vie** des citoyens. Par ses programmes communautaires de prévention, elle vise non seulement à contenir et à **réduire la criminalité**, mais également à réduire la **peur du crime** et à accroître le sentiment réel de sécurité de la communauté.

6. Les policiers de première ligne sont des **généralistes** plutôt que des spécialistes, dont le degré de **responsabilité** et d'**autonomie** est important à l'intérieur d'une **organisation décentralisée** et **déconcentrée**.

7. L'obligation de **rendre compte** rigoureusement à la communauté et aux élus politiques caractérise un service de police (dit de type communautaire) de qualité.

Tableau 3
Les sept ingrédients pratiques de la police

1. Une multitude de **projets de prévention communautaire du crime**, sous le leadership de la police et des organismes communautaires, **en partenariat** souvent avec d'autres services publics et privés.

2. Une multiplication de la **présence policière** par l'ouverture de **mini-postes de type communautaire** aux quatre coins de la ville ou même d'un quartier, selon ses dimensions démographiques et géographiques.

3. Une **visibilité policière** additionnelle, renforcée par le retour dans le paysage du quartier des **patrouilles de policiers à pied**, en vélo ou à cheval, rattachées de préférence aux mini-postes.

4. La mise sur pied de **comités consultatifs de citoyens** auprès du service de police, au niveau de la ville et des quartiers. Ces comités pourraient par la suite devenir de véritables conseils d'administration.

5. La participation active des élus politiques au sein d'un **conseil local de sécurité publique**.

6. Un fonctionnement adéquat d'un **comité de déontologie policière** pour répondre aux plaintes des citoyens envers certains policiers.

7. Un **recrutement** qui reflète davantage l'éventail démographique de la ville (communautés culturelles, femmes) ; une **formation** de base continue, axée sur une police professionnelle de type communautaire ; des **méthodes de travail** plus fines et plus rigoureuses (*better and smarter*).

Les « best sellers »

Plusieurs auteurs ont enrichi la description de la PPC. Le lecteur en trouvera les références bibliographiques dans le « Guide de lecture sur la PPC » qui est présenté au dernier chapitre de ce livre. Le « Père spirituel » et le « Gourou » de la PPC est un criminologue américain : Herman Goldstein (1977, 1979, 1990). Les auteurs clés, à notre avis, sont répertoriés au tableau 4 (par ordre chronologique).

Tableau 4

Liste des « best sellers » de la police professionnelle de type communautaire (PPC)

Le « hit parade » des vingt « succès de librairie » aux États-Unis	
1. Goldstein	(1977, 1979, 1990)
2. Wilson et Kelling	(1982)
3. Police Executive Research Forum	(1985-1995)
4. Police Foundation	(1985-1995)
5. National Institute of Justice	(1985-1995)
6. National Center for Community Policing	(1985-1995)
7. Vera Institute of Justice	(1985-1995)
8. Skolnick et Bayley	(1986)
9. Greene et Mastrofski	(1988)
10. Skogan	(1990)
11. Sparrow, Moore et Kennedy	(1990)
12. Trojanowicz et Bucqueroux	(1990)
13. Klockars et Mastrofski	(1991)
14. Toch et Grant	(1991)
15. Moore	(1992)
16. McElroy, Cosgrove et Sadd	(1993)
17. Trojanowicz et Bucqueroux	(1993)
18. Rosenbaum	(1994)
19. Lurigio et Rosenbaum	(1994)
20. Skogan	(1995)

Tableau 4 (suite)
**Liste des « best sellers » de la police professionnelle
de type communautaire (PPC)**

Le « palmarès » canadien des « top 10 »	
1. Murphy	(1985)
2. Braiden	(1986)
3. Journal du Collège canadien de police	(1987-1992)
4. Brodeur	(1990 ; 1991)
5. Normandeau et Leighton	(1990)
6. Hornick	(1990)
7. Normandeau et Leighton	(1991)
8. Chacko et Nancoo	(1993)
9. Ministère du Solliciteur général du Canada	(1994)
10. Ministère du Solliciteur général du Canada/CICC	(1995)

Quelques avantages de la PPC

Les avantages de la police communautaire sont fort nombreux, autant pour la communauté que pour le service de police (Skolnick et Bayley, 1988 ; Moore, 1992). Pour la communauté, par exemple, la prévention communautaire, si elle réussit, améliore la qualité de vie en créant des communautés en sécurité, en sûreté, au dépens de la peur du crime, du sentiment d'insécurité. Elle permet au public et à ses représentants (associations, élus politiques) d'être véritablement des « coproducteurs » de la paix sociale. Une police communautaire permet également au public d'examiner de plus près les objectifs et les pratiques policières, d'y faire valoir son point de vue et ses suggestions, ce qui est fort important en démocratie (Laplante, 1991). La police communautaire « rend compte » ainsi à la communauté de façon plus transparente et plus tangible. Pour la police, par ailleurs, les bénéfices de cette implication publique sont importants. Des bénéfices politiques, par exemple, car la population se sent plus solidaire des policiers et lui apporte un soutien accru, en temps de crise, en particulier. De plus, l'implication d'un certain public issu des minorités ethniques ou de milieux socio-économiques défavorisés permet à la police de mieux cibler ses interventions. Au niveau professionnel, le contact plus assidu avec un public qui apprécie cette visibilité et cette présence améliore sensiblement le climat de travail. La satisfaction au travail augmente grâce à une autonomie professionnelle plus large.

L'hypothèse du misonéisme : les résistances, les obstacles, les interrogations professionnelles

Le misonéisme correspond à des instincts profonds de conservatisme. Le conformisme, la méfiance de l'inédit, le refus de l'innovation en sont les éléments importants (Szabo, 1970). Adapté à l'avenir de la police communautaire, le « misonéisme policier » pourrait s'exprimer sous la forme de résistances personnelles au changement, d'obstacles objectifs et de certaines interrogations professionnelles, à savoir :

Les quatre résistances personnelles au changement

Une série de résistances de nature psycho-sociales sont importantes dans la perspective de la « prédiction créatrice », ce concept sociologique qui affirme que « ce qui est défini comme réel est réel dans ses conséquences ». Notre étude (Normandeau et Leighton, 1990) auprès de plus de 250 policiers canadiens, par exemple, nous a permis de constater une « immense frustration », une « insatisfaction profonde », un « découragement sensible », un « stress » et un « épuisement » professionnels soutenus par quatre séries de perceptions :

1. Une perception qu'ils doivent accomplir trop de tâches diverses et complexes qui exigent souvent une **formation** polyvalente et quelquefois spécialisée qu'ils n'ont pas reçue ou qu'ils ont reçue de façon **superficielle**. Que l'on songe à des problématiques nouvelles comme les relations communautaires, les relations avec les communautés culturelles, la violence conjugale et familiale, le « crack » et l'ensemble de l'univers de la drogue...

Doivent-ils être des policiers-criminologues-sociologues-psychologues-anthropologues?

2. Une perception que leur **pouvoir discrétionnaire** a été **dramatiquement limité** — et continuera de l'être — par les décisions des gouvernements et des tribunaux, en particulier en matière d'enquête et d'arrestation. En complément, une perception d'un contrôle sévère de leurs activités professionnelles quotidiennes par l'entremise de règlements et de directives de toutes sortes, ainsi que par des organismes publics comme les ministères, les commissions de police, les commissions des plaintes du public contre la police, les commissions de sécurité publique... et les comités de discipline interne, sans oublier les commissions des droits de la personne et les tribunaux.

3. Une perception que leur **travail** n'est **pas apprécié à sa juste valeur.** Le traitement des affaires policières par les médias d'information, de façon quotidienne ainsi qu'à l'occasion des commissions d'enquête spéciales, est perçu comme hautement critique et négatif, comme un «rejet professionnel».

4. Une perception, enfin, que les **ressources** financières, techniques et humaines des services de police sont et seront de plus en plus **plafonnées**, sinon diminuées, au cours des prochaines années, à l'image des restrictions imposées aux autres services publics (santé, services sociaux, éducation...). «Gérer la décroissance», selon l'expression, ne génère évidemment pas d'enthousiasme délirant!

À ces résistances, il faut ajouter un certain nombre d'obstacles objectifs (ou perçus comme tels) qui risquent de freiner l'élan et le développement d'une police communautaire au cours des prochaines années (Skolnick et Bayley, 1988; Brodeur, 1990, 1991; Moore, 1992).

Les six obstacles objectifs au changement

Une police communautaire exige un changement majeur au niveau des valeurs, des traditions, des attitudes et des comportements. Les obstacles sont donc nombreux. Par exemple :

1. La «culture» ou la «sous-culture» de la police est un frein au changement : la «méfiance» envers certains citoyens, la «solidarité» à tout prix entre eux, un certain «machisme» qui ridiculise à l'occasion l'approche sociale et préventive de la police communautaire sous l'expression : «C'est du travail social, on n'est pas payé pour faire çà.»

2. La confrontation entre une certaine perspective «manichéiste» et «cynique» du policier en uniforme par rapport à la perspective plus nuancée du policier en civil et des cadres intermédiaires et supérieurs.

3. La pression externe et interne toujours très forte pour «répondre le plus rapidement possible» à tous les appels des citoyens, ce qui laisse peu de temps aux autres tâches.

4. L'inertie de certains «syndicats policiers» qui ont peur de «perdre des emplois» si le public s'implique, qui n'ont pas confiance au travail des citoyens, qui ne veulent pas rendre compte à la communauté.

5. Certaines traditions organisationnelles bloquent le changement. Par exemple, la tradition des «deux policiers dans la même automobile» draine des ressources qui pourraient être utilisées différemment, sans compter l'isolement par rapport à la communauté qui en découle. De plus, la police est une institution traditionnellement «paramilitaire», très hiérarchisée, qui s'oppose naturellement à un modèle décentralisé de type communautaire.

6. « L'évaluation » de l'efficacité et de l'efficience de certaines activités des policiers « communautaires » fait problème pour l'instant. Le travail classique de « répression » se mesure depuis fort longtemps par le temps de réponse aux appels, les taux de criminalité, les taux d'arrestations, le nombre de contraventions. Le travail de « prévention » se mesure plus difficilement. Comment mesurer l'efficacité du partenariat, des comités consultatifs, des mini-postes de police communautaire ? Comment mesurer la cohésion sociale d'une communauté ? Comme le signale Brodeur (1990) : « Comment évaluer la performance d'un solutionneur de problèmes sociaux ? » Des progrès ont été réalisés, toutefois, au cours des dernières années, grâce à des instruments de mesure liés aux études de « victimisation », à la « peur du crime », à la « satisfaction » du public ou des policiers... (Normandeau, 1992).

À ces obstacles, il faut finalement ajouter un certain nombre d'interrogations professionnelles du modèle de police communautaire (Skolnick et Bayley, 1988 ; Sparrow, Moore et Kennedy, 1990 ; Goldstein, 1990 ; Moore, 1992).

Les dix interrogations professionnelles du nouveau modèle

1. Le modèle augmente-t-il l'efficacité du contrôle de la criminalité ? Réduit-il vraiment les taux de criminalité ?

2. Le modèle sape-t-il la volonté des policiers de maintenir l'ordre public ?

3. Le modèle affaiblit-il la capacité opérationnelle des policiers d'intervenir pour faire respecter la loi ?

4. Le modèle favorise-t-il une certaine corruption policière ?

5. Le modèle légitime-t-il encore plus le « pouvoir populaire » de la police au point de menacer le pouvoir politique légitime ?

6. Le modèle implique-t-il un certain retour à la « justice privée », la vengeance, le vigilantisme, la délation populaire... au détriment de certains citoyens socialement défavorisés, des minorités ?

7. Le modèle encourage-t-il l'essor d'une « société surveillée » de tous côtés, d'une extension du contrôle social (informel et formel), d'une érosion des libertés individuelles et collectives ?

8. Le modèle accroît-il le risque d'une application « discriminatoire » de la loi, d'une prestation « inégale » des services policiers selon les classes sociales et ethniques, les quartiers, les villes ?

9. Le modèle amoindrit-il le « contrôle de la qualité » des services policiers, du travail des policiers ? Le « professionnalisme » policier ?

10. Le modèle avantage-t-il à moyen et long terme la prolifération de services de sécurité privés, de « police privée » ?

L'hypothèse de la néoténie : les facilitateurs du changement

La néoténie socio-culturelle est un phénomène dont l'interprétation s'apparente aux théories évolutionnistes qui ont suggéré des parallélismes entre l'évolution génétique, le progrès technologique et les transformations socio-économiques. Cette théorie optimiste qui est à la base de la pensée libérale et de la pensée socialiste prévoit l'évolution de la société vers des formes toujours supérieures, assurant aux individus un progrès moral corollaire des progrès matériels. Cette tradition intellectuelle conçoit la nature de l'homme comme étant d'une grande flexibilité, d'une plasticité presque absolue devant les exigences des structures socio-économiques (Szabo, 1970). Dans cette perspective de « néoténie

29

policière», quels seraient les facilitateurs, les incitateurs du changement vers un modèle de police communautaire intégré ? À titre d'exemples :

Les sept facilitateurs du changement *(voir le tableau 1)*

1. Le retour dramatique, partout à travers le monde et en Occident, de l'**esprit de l'entreprise privée** au sein non seulement des services privés mais également des grands services publics, dont celui de la police. Certes, il ne s'agit pas d'une religion, car des nuances s'imposent entre le privé et le public. Toutefois, avec les touches appropriées et au-delà des clichés, les éléments de cet esprit, adaptés à la police, sont les suivants.

— le goût personnel et institutionnel du risque (calculé) ;

— le droit à l'erreur (à certaines conditions) ;

— la responsabilisation personnelle ;

— une certaine prime à l'effort personnel, à la qualité, à l'innovation, à l'imagination créatrice ;

— une perspective «client» et «service au consommateur» de sécurité publique ;

— l'excellence et la «qualité totale», l'efficacité et l'efficience.

2. Le développement, à l'image de l'évolution récente de l'entreprise privée, d'un modèle de **gestion participative** adapté à un service de police communautaire. Plusieurs entreprises ont compris depuis cinq ou dix ans que le gage de la réussite est lié à des relations de travail de qualité où l'employé participe activement à solutionner les problèmes. Plusieurs syndicats ont aussi compris récemment l'avantage d'une certaine concertation employeurs-employés qui dépasse le cliché classique. Ce nouveau

«syndicalisme de concertation» est appelé à remplacer le «syndicalisme de confrontation» traditionnel qui est dépassé.

3. Un **leadership novateur**, visionnaire, avec du «caractère», de type «entrepreneur», à tous les niveaux du service de police, y compris à la base.

4. Une **motivation professionnelle** renouvelée par: un recrutement et une formation de base de plus haut niveau; une formation continue de haute qualité; un système de promotion axé sur un équilibre entre la diversité des tâches, la spécialisation, l'autonomie professionnelle et l'imputabilité; une échelle de salaire plus différenciée.

5. **L'éclatement des bureaucraties**, l'éclatement de certains carcans administratifs qui étouffent l'initiative et le dynamisme des policiers. Moins de lois? Moins de règlements? Moins de directives? Un mouvement de «déréglementation»?

6. **L'éclatement du modèle paramilitaire**, par une redéfinition de l'autorité et de la discipline au sein des services de police. La jeune génération de policiers veut et voudra de plus en plus savoir pourquoi ils exécutent telle ou telle tâche, de telle ou telle façon. Ils questionneront la direction du service mais également celle de leur syndicat.

7. Un nouveau **partenariat**, sérieux et rigoureux, entre la communauté (via ses associations), les élus politiques, les gestionnaires du service et le syndicat policier. Ce partenariat est au cœur du modèle de «police communautaire», caractérisé par l'importance de la prévention de la criminalité.

Tout compte fait, le facilitateur clé qui va présider aux destinées de la police communautaire, si ce modèle doit prendre son envol, sera en bout de piste le même que celui que nous observons dans le monde de l'entreprise privée où les lois de la «compétence», de la «performance» et de la «productivité» sont maîtres, à savoir: la «recherche de l'excellence» (Toffler, 1970, 1980; Peters et Waterman, 1982), la «passion de l'excellence» (Peters et Austin, 1985; Toffler, 1990). De nouveau, disons-le, au-delà des clichés que ces concepts transportent!

Quelques enjeux critiques

En prolongement des projets nord-américains les plus pertinents, Trojanowicz et Bucqueroux (1993) ont émis certaines réserves que nous reprenons sous forme d'enjeux critiques, à savoir:

— Est-ce que les services de police vont adopter la police communautaire à titre de philosophie d'action et de pratique pour l'ensemble du service, évitant ainsi une brisure entre des policiers communautaires, minoritaires et marginalisés, et tous les autres policiers qui continuent leurs affaires comme auparavant?

— Est-ce que les services de police vont appliquer le modèle communautaire à toute la ville ou tout simplement à certains projets ou programmes sectoriels, dans certains quartiers seulement, les rendant ainsi vulnérables à des restrictions budgétaires sévères, sinon à leur élimination rapide?

— Est-ce que les services de police vont réviser vraiment leurs politiques — en particulier en matière de recrutement, sélection, formation, évaluation de rendement et promotion — pour refléter cet engagement envers une philosophie et à une pratique de police communautaire?

— Est-ce que les services de police vont trouver le moyen de dégager en temps suffisant le patrouilleur, pour permettre à ce dernier d'être «proactif», interactif avec la communauté, vraiment orienté vers la solution des problèmes?

— Est-ce que les cadres intermédiaires et supérieurs des services de police appuieront vigoureusement les policiers sur la ligne de feu en leur allouant à l'occasion un certain droit raisonnable à l'erreur?

— Est-ce que ces cadres seront suffisamment bien formés et expérimentés pour prendre des risques calculés et promouvoir des projets innovateurs?

— Est-ce que les syndicats de police pourront s'asseoir avec les cadres pour changer certaines règles du jeu afin d'ouvrir la porte à une plus grande autonomie, flexibilité et polyvalence des tâches des policiers à tous les niveaux de l'organisation?

— Est-ce que les services de police développeront de façon opérationnelle des mesures quantitatives et qualitatives pour mesurer de façon convenable et juste le travail d'expertise d'une police communautaire efficace?

— Est-ce que les citoyens eux-mêmes vont s'impliquer davantage à titre de bénévoles, par exemple, sans oublier leurs propres responsabilités dans la prévention communautaire et situationnelle de la criminalité?

— Est-ce que les citoyens seront suffisamment responsables pour appuyer financièrement un modèle de police communautaire qui ne vivra pas seulement d'air et d'eau fraîche, de bonnes intentions et d'un bénévolat forcément limité qui a lui-même besoin d'un encadrement sérieux?

— Est-ce que les citoyens accepteront un troc important, celui pour un service de police de ne plus
répondre toujours au plus vite à tous les appels téléphoniques 911, sauf lorsqu'il s'agit d'incidents de
violence ?

— Est-ce que les leaders communautaires vont se lever
et appuyer ouvertement et intelligemment le modèle
communautaire, même en temps de crise politique,
économique, sociale et culturelle ; que ces leaders
soient des élus politiques, des gens d'affaires, des
responsables des multiples associations communautaires, y compris des journalistes... ?

L'évaluation scientifique de la PPC

L'évaluation scientifique de certains projets de PPC indique que la **victimisation** et le **sentiment d'insécurité** des
citoyens a diminué de façon significative. De plus, la **satisfaction** des **citoyens** et celle des **policiers** ont augmenté de façon
aussi significative (Normandeau, 1992 ; Chacko et Nancoo,
1993 ; Bouchard 1994 ; Rosenbaum, 1994 ; Lurigio et Rosenbaum, 1994 ; Skogan, 1995). Quelques auteurs, toutefois, ont
exprimé des critiques de fond de la PPC, dont, à plusieurs
reprises, Jean-Paul Brodeur (1990 ; 1991) qui nous en présente
d'ailleurs une nouvelle dans l'avant-dernier chapitre de notre
livre. Des travaux québécois en cours jetteront également un
éclairage additionnel de nature évaluative (Castillou, 1996 ;
Fusey, 1996 ; Gauthier, 1996 ; Guilmette, 1996).

Conclusion : une stratégie organisationnelle intelligente et une police d'assurance de qualité

Tout compte fait, la police communautaire est une « stratégie organisationnelle » (Moore, 1992) nouvelle, une « stratégie alternative » (Skolnick et Bayley, 1988) de police très

prometteuse pour la fin du XXe siècle. L'objectif de cette stratégie est d'ouvrir le monde de la police à la communauté locale, à titre d'alliés, de «partenaires» dans le cadre d'un «contrat social» de «prévention communautaire» du crime, de «répression sélective» du crime, de «résolution de problèmes», pour une meilleure «qualité de vie». Le «sentiment de sécurité» (et la sécurité, *de facto*) est un élément fort important de cette qualité : «*To establish justice, to insure domestic tranquility*», clame à sa façon la Constitution américaine, un objectif que les services de police du monde entier pourraient reprendre.

La police communautaire est une «philosophie de police nouvelle» (et renouvelée) qui fait actuellement largement «consensus» au sein des démocraties. Ce modèle réduit-il vraiment la criminalité de façon significative ? Réduit-il le sentiment d'insécurité ? Redonne-t-il le contrôle réel de la police à la communauté, aux élus politiques, aux contribuables, aux électeurs ? La recherche évaluative répondra en partie à ces interrogations aux cours des prochaines années. Encore faudra-t-il mesurer un modèle de police communautaire suffisamment développé, où les principaux éléments théoriques et pratiques seront vraiment «au menu» dans l'action quotidienne. Sinon, on risque de se retrouver devant le cul-de-sac du modèle correctionnel communautaire (emprisonnement et solution de rechange) décrit par Morris et Tonry (1990). En effet, si le modèle n'atteint jamais sa «maturité» et s'il n'est pas appliqué de façon «sérieuse» et «rigoureuse», le risque est grand de n'évaluer que des «clauses secondaires» de cette police (d'assurance) communautaire et de conclure prématurément à la mort d'un autre «beau modèle».

Pour l'instant, la police communautaire est encore largement un projet ou un «pays en développement». Les «grands noms», les «grands vendeurs» de la police communautaire, malgré leur enthousiasme, sont prudents et modestes. Ainsi, Skolnick et Bayley (1988) espèrent qu'il ne s'agit pas seulement d'une belle étiquette de bouteille de vin appliquée à un vin ancien, d'un joli petit mot-clé sans conséquence, d'un slogan vide de sens, d'une «rhétorique de belle apparence» plutôt que d'une réalité (Greene et Mastrofski, 1988). «Il ne faut pas vendre la peau de l'ours avant...» On craint la vente sous pression sans résultat. Le modèle n'est pas une «panacée», un remède universel à la criminalité, à sa prévention et à sa répression. La police communautaire ne peut pas éradiquer en soi les causes socio-économiques classiques liées au crime. L'éclatement des valeurs traditionnelles, la rupture de la famille, la discrimination, le chômage, la drogue... La police communautaire ne remplace pas le changement socio-économique.

Ceci dit, il ne faut pas indûment «dramatiser» la différence entre la police communautaire et la police traditionnelle, entre une police «douce» (*soft policing*) et une «vraie» police (*hard policing*). Le citoyen tient toujours à ce que le voleur soit arrêté! Il s'agit plutôt d'un nouvel équilibre entre les objectifs et les fonctions de prévention et de répression du crime. Ce ne sera pas facile. Sparrow, Moore et Kennedy (1990) utilisent l'image d'un paquebot transatlantique. Changer de cap, trop soudainement, est risqué. Transformer la culture d'un service de police mais aussi de la communauté et de ses représentants (associations, élus politiques) n'est pas une sinécure. Un travail long et ardu sera requis.

Mais le jeu en vaut la chandelle, au dire des «grands vendeurs». Selon Skolnick et Bayley, des projets de police communautaire fonctionnent bien ici et là en Amérique et en Europe: «*Community policing makes a difference*» (1988, p. 91), affirment-ils. Et ailleurs: «*Community policing deserves to be as popular in professional circles as it has become*» (1988, p. 34). C'est le changement le plus dramatique d'une vision stratégique de la police depuis plus de 25 ans, depuis le développement du modèle de police dit «professionnel» (D'Eer, Gabor, Normandeau, 1991). Les études classiques sur la police professionnelle en sont le point de comparaison.

Le mot de la fin appartient à juste titre à celui que la plupart des criminologues nord-américains identifient comme le pionnier-fondateur intellectuel du modèle contemporain de «police communautaire», Herman Goldstein, professeur à l'Université du Wisconsin à Madison, USA. Considéré comme le «gourou gentil» de ce mouvement, Herman Goldstein eut l'occasion dans les années 60 de travailler à Chicago dans le domaine de l'administration publique et de la gestion policière, sous le leadership du célèbre O.W. Wilson, l'un des pionniers de la «police professionnelle» (1963). Ce dernier, criminologue-sociologue, professeur et directeur dans les années 50 de l'École de criminologie fort prestigieuse de l'Université de la Californie à Berkeley, avait accepté au début des années 60 le poste de directeur du Service de police de Chicago. Il était lui-même le disciple d'un pionnier tout aussi célèbre, August Vollmer (1936), policier-criminologue et directeur de la police de Berkeley à une certaine époque.

Par la suite, Herman Goldstein a participé activement, au tournant des années 70, à toutes les grandes commissions d'enquêtes nationales sur la justice pénale (Katzenbach, 1967), les émeutes raciales (Kerner, 1968), la violence (Eisenhower, 1969), le désordre sur les campus universitaires (Scranton, 1970), ainsi que celle sur les objectifs du système de justice (Petersen, 1973). Toutes ces commissions ont traité de façon spécifique du rôle de la police aux États-Unis. De plus, il a participé aux travaux de la Commission Knapp (1973) sur la corruption de la police de New York, dont le rapport a été retentissant. Depuis plus de vingt ans, il est l'un des consultants les plus recherchés et il poursuit assidûment des travaux avec le *National Institute of Justice* et l'Université Harvard, ainsi qu'avec deux fondations illustres, du genre «Think-Tank»: la *Police Fondation* et la *Police Executive Research Forum* (PERF). Auteur fort modeste, Herman Goldstein a pourtant publié deux «livres fétiches» et un «article culte» (Goldstein, 1979) qui ont définitivement marqué l'esquisse intellectuelle et l'armature conceptuelle du modèle communautaire: *Policing a Free Society* (1977) et *Problem-Oriented Policing* (1990).

En fait, le concept clé de Goldstein est celui de la «solution au problème» (*Problem-Solving*), plutôt qu'une réponse *ad hoc* pour chaque incident. Certains criminologues francophones appellent cette approche: la «police d'expertise». Cette approche est au cœur de la police communautaire. Quelquefois, les auteurs utilisent indistinctement les deux concepts, en complémentarité. C'est ainsi que l'article le plus récent de Moore (1992) est intitulé: *Problem-Solving and Community Policing*. Pour Goldstein, «l'approche-problème» (*Problem-Oriented*) bâtit sur ce qu'il y a de meilleur dans la tradition policière. Toutefois, c'est plus qu'une nouvelle tactique ou un nouveau programme additionnel. C'est plus que l'identification et l'analyse des problèmes communautaires et des solutions pour y répondre. «Dans son contexte le plus large», dit Goldstein, «c'est toute une nouvelle façon de penser la police. Les implications sont importantes: pour l'organisation, le personnel, les opérations» (1990, p. 3). Et d'ajouter:

> Ceux qui étudient sérieusement le domaine de la police apprennent rapidement que, malgré les stéréotypes, la police est un royaume fort complexe. Plus on pénètre ce monde, plus il est intrigant. Réunir les pièces du puzzle est tout un défi, au croisement du pragmatisme et de l'intelligence. Nous devons comprendre en profondeur les facteurs qui influencent le comportement quotidien des policiers. Nous devons bien saisir les règles et les valeurs de la démocratie. L'importance d'y être attaché. Nous devons appréhender le processus législatif et les méandres du système de justice pénale. Une évaluation réaliste de la capacité du système à répondre aux attentes de la population est nécessaire. Finalement, c'est le «challenge» d'une compréhension de fond des problèmes politiques et psycho-sociaux qui secouent nos sociétés, ainsi que du rythme des changements... (1990, p. xii).

La police de proximité, la police communautaire, si elle passe le test de l'action et de l'évaluation au cours des prochaines années, est le gage d'une société véritablement « policée », d'une démocratie de meilleure qualité. C'est vraiment une police d'assurance pour l'an 2000 !

La police professionnelle de type communautaire n'est pas une nouvelle religion. C'est une philosophie et une stratégie pour le présent et l'avenir. Les étiquettes de « professionnelle » et de « communautaire » sont de bons prétextes pour favoriser le changement. Un jour, toutefois, ces adjectifs ne seront plus nécessaires, le jour où la police et les citoyens auront vraiment compris que, de toute façon, une police de qualité en pays démocratique est une police automatiquement professionnelle et communautaire. C'est une « police publique » de grande qualité !

Références bibliographiques

Note au lecteur

Le lecteur retrouvera les références mentionnées dans ce chapitre dans le guide de lecture sur la PPC qui est proposé au dernier chapitre de notre livre (tome 2), sauf pour les références suivantes :

GOLDSTEIN, (Herman). «Improving Policing : A Problem-Oriented Approach», *Crime and Delinquency*, volume 25, n° 2, pp. 236-258, 1979.

MORRIS, (N.) et M. TONRY. *Between Prison and Probation : Intermediate Punishment in a Rational Sentencing System*, Oxford University Press, New York, 1990.

PETERS, (T.J.) et R.H. WATERMAN. *In Search of Excellence*, Harper and Row, New York, 1982.

PETERS, (T.J.) et N. AUSTIN. *A Passion for Excellence*, Random House, New York, 1985.

SKOLNICK, (J.H.) et D.H. BAYLEY. «Theme and Variation in Community Policing», *Crime and Justice*, volume 10, pp. 1-37, M. Tonry et N. Morris, University of Chicago Press, Chicago, 1988.

SZABO, (D.). *Ordre et changement*, Les Presses de l'Université de Montréal, 1970.

TOFFLER, (A). *Future Shock*, Random House, New York, 1970.

TOFFLER, (A). *The Third Wave*, Morrow, New York, 1980.

TOFFLER, (A). *Power Shift*, Bantam Books, New York, 1990.

La police au Canada : quelques statistiques utiles

Gail Young
Analyste
Centre canadien de la statistique juridique
Statistique Canada

Faits saillants

Les dépenses engagées au chapitre des services de police en 1994-1995 n'ont à peu près pas changé pour la deuxième année consécutive, après avoir enregistré des augmentations annuelles moyennes de 7 % entre 1985-1986 et 1992-1993. Le total de 5,78 milliards de dollars coûte aux Canadiens environ 200 $ par habitant annuellement.

L'année 1994 a été l'année où l'on a enregistré la plus forte baisse annuelle de l'effectif policier (2 %) depuis que l'enquête a commencé en 1962, et la deuxième baisse annuelle consécutive. C'est ainsi que le Canada a affiché le nombre le plus faible d'agents de police par habitant depuis 1972.

En dépit de la baisse générale de l'effectif policier, le nombre de femmes policières a continué à croître, celles-ci représentant maintenant 9 % de tous les agents de police.

Les services de police dans les années 90

Depuis le début de la décennie, plusieurs aspects des services de police du Canada ont subi des changements. Même si le public continue à accorder une importance prioritaire à la criminalité, les gouvernements ont été obligés de réduire les budgets de la plupart des services du secteur public, y compris les services de police. Les résultats de ces réductions dans le secteur public se reflètent dans les deux dernières années des dépenses des services de police, qui se sont stabilisées après des années d'augmentations soutenues. En outre, le nombre d'agents de police au Canada a diminué au cours de chacune des deux dernières années, affichant entre autres une réduction de 2 % entre 1993 et 1994.

La collectivité policière a réagi à cette situation de plusieurs façons. Dans un effort visant à maintenir le même niveau de service, elle tente de garder plus d'agents «dans la rue». Au cours des deux dernières années, elle a fait davantage de réductions dans les grades supérieurs à celui d'agent que chez les agents eux-mêmes, et c'est pourquoi le nombre d'agents affectés aux patrouilles a connu une baisse inférieure à celle de l'ensemble de l'effectif policier. Elle a aussi lancé de plus en plus de programmes de «police communautaire», et la police est devenue plus visible et plus accessible dans la collectivité.

Un autre changement a mené à la création de forces de police «régionales» pour réaliser des économies; ainsi, on a fusionné des forces urbaines et des forces suburbaines, comme dans le cas d'Ottawa et de Halifax, et divers petits détachements ruraux avec de plus gros détachements.

Dans le présent rapport, on analyse les changements survenus dans les ratios clés ayant trait aux dépenses et au personnel des services de police, et l'on montre comment, avec le temps, ceux-ci évoluent avec le milieu policier. Ces ratios clés comprennent les suivants : coût par habitant, nombre d'habitants par agent de police, ratio agents de police et employés civils, et nombre d'infractions au Code criminel par agent. Un examen de ces tendances peut également nous aider à comprendre la façon dont la nature des services de police a changé avec le temps, pour faire face à de nouvelles conditions financières.

Effectif policier

L'effectif policier comprend les agents de police assermentés, les employés civils et les personnes ayant une formation spécialisée qui fournissent des services tels la sécurité aéroportuaire et l'application des règlements municipaux. Aux fins du présent rapport, l'effectif est divisé en deux catégories : les agents de police assermentés et tous les autres membres du personnel dans la vaste catégorie du personnel civil.

La plus forte réduction de l'effectif policier a été enregistrée en 1994. C'est la première fois que l'effectif policier et l'effectif civil diminuent tous les deux au cours de deux années consécutives. Depuis 1962, la seule année où l'on a enregistré une baisse à la fois du nombre d'agents assermentés et du nombre d'employés civils a été 1983 (tableau 6, figure 1).

En 1994, les services policiers comptaient 74 902 employés au Canada, dont les trois quarts étaient des agents de police. Par rapport à 1993, il s'agit d'une perte de 1 494 employés (1 036 agents de moins et 458 employés civils de moins), soit une diminution de 2,0 %.

Au cours de la période de 1962 à 1975, l'effectif policier total au Canada a augmenté de 93 %, soit une hausse beaucoup plus marquée que celle enregistrée pour la population canadienne (25 %). De 1975 à 1992, l'effectif policier a augmenté à peu près au même rythme que celui de la population. Au cours des deux dernières années, la tendance a été à l'inverse, l'effectif policier diminuant de 2,2 % alors que la population augmentait de 2,5 %.

Au cours des trois dernières décennies, les deux composantes du personnel policier, soit les agents et les employés civils, ont connu des taux de changement différents, qui se reflètent dans le ratio agents de police : employés civils. Entre

45

Figure 1

Agents de police, Canada, 1962-1994

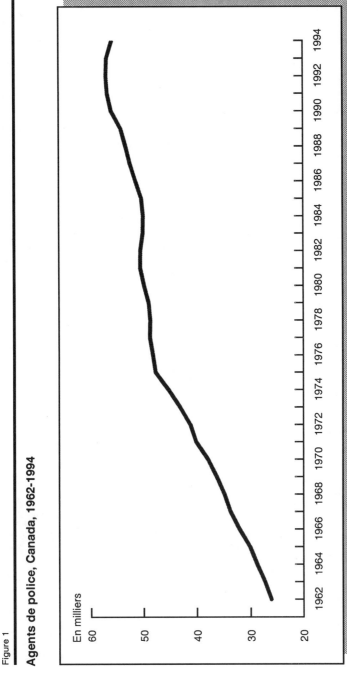

1962 et 1974, le nombre d'agents de police a augmenté (73,3 %) à un rythme beaucoup plus rapide que la population canadienne (23,1 %), mais à un rythme plus lent que les employés civils (112,1 %). C'est ainsi que le ratio agents de police : employés civils a été ramené de 4,58:1 à 3,75:1. Au cours des douze années suivantes, soit de 1975 à 1987, le nombre d'employés civils a continué de croître à un rythme plus rapide (38,8 %) que le nombre d'agents de police (10,1 %) ou le nombre d'habitants (14,4 %). Depuis 1988, l'effectif civil (0,3 %) et l'effectif policier (4,8 %) ont tous deux augmenté beaucoup plus lentement que la population canadienne (8,8 %). Dans l'ensemble, l'effectif civil a enregistré une hausse, passant de 17,9 % de tout l'effectif policier en 1962 à 25,4 % en 1994. Ce résultat s'explique par la redistribution de certaines fonctions policières à des employés civils (par exemple, répartition et application des règlements municipaux).

Agents de police

L'année 1994 a été la deuxième année consécutive où l'on a relevé une diminution de l'effectif d'agents de police assermentés au Canada, cette diminution étant la plus forte qui ait jamais été enregistrée. Le chiffre total de 55 865 agents de police représentait 1 036 (-1,8 %) agents de moins qu'en 1993 et 1 126 (-1,9 %) agents de moins qu'en 1992. La Direction générale et l'École de la Gendarmerie royale du Canada ont compté pour la moitié de la baisse en 1994, l'autre moitié étant répartie entre de nombreuses forces policières.

Depuis 1962, les seules autres années où l'effectif d'agents de police a diminué ont été 1978 lorsque le nombre d'agents a chuté de 59 (-0,1 %), et entre 1981 et 1984 où il a diminué chaque année d'une baisse totale de 553 (-1,1 %).

Agents de police selon le sexe et le grade

Les femmes accroissent leur représentation parmi les agents de police. En 1994, le nombre de femmes policières a augmenté de 10,9 % par rapport à l'année précédente, pour s'établir à 5 056. Alors que le nombre total d'agents de police assermentés a diminué depuis 1992, le nombre de femmes policières a augmenté de 770 (tableau 1). Après être demeurée constante pendant les années 60 et au debut des années 70 à moins de 1 % (moins de 200 agents), la proportion de femmes policières a augmenté à 2,2 % en 1980, 3,6 % en 1985, 6,4 % en 1990 et 9,0 % en 1994 (figure 2).

Tableau 1
Agents de police selon le sexe, Canada, certaines années

Année	Hommes		Femmes		Total
	Nombre	%	Nombre	%	
1965	29 956	99,4 %	190	0,6 %	30 146
1970	37 763	99,5 %	186	0,5 %	37 949
1975	47 151	98,8 %	562	1,2 %	47 713
1980	48 749	97,8 %	1 092	2,2 %	49 841
1985	48 518	96,4 %	1 833	3,6 %	50 351
1990	52 461	93,6 %	3 573	6,4 %	56 034
1993	52 340	91,9 %	4 561	8,1 %	56 901
1994	50 809	91,0 %	5 056	9,0 %	55 865

Depuis 1986, on a recueilli des données sur trois catégories de grades : les officiers, les sous-officiers et les agents. Le niveau d'officier comprend les policiers qui ont atteint le grade de lieutenant ou un grade plus élevé, les sous-officiers se situent normalement entre les lieutenants et les agents, alors que tous les niveaux d'agents sont regroupés.

De 1991 à 1994, le nombre de policiers occupant un grade supérieur à celui d'un agent a diminué de 2,5 % (officiers -3,7 %, sous-officiers -2,3 %). Le nombre d'agents a toutefois diminué à un rythme plus lent (-1,1 %) au cours de la même période. Ces chiffres témoignent du besoin qu'ont la plupart des gouvernements au Canada de réduire les coûts et de maintenir les niveaux de service. Les grades d'officiers sont constitués d'agents de police de niveau supérieur et d'agents qui sont le plus près de leur retraite, alors que les agents sont

Figure 2

Femmes policières, Canada, 1962-1994
(en tant que pourcentage du nombre total d'agents de police)

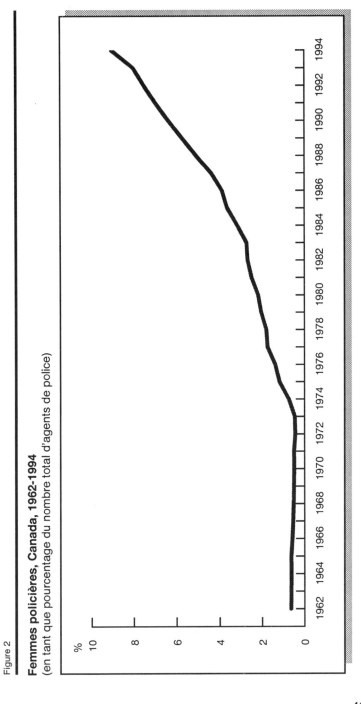

plus loin de leur retraite et représentent la majorité des agents de police visibles au public.

Comme il faut plusieurs années pour être admissible à un poste de niveau supérieur, la plupart des femmes policières (93 %) se trouvaient dans le grade d'agent. Parmi les autres femmes policières, 6 % étaient des sous-officiers et moins de 1 % avait accédé au grade d'officier. La première femme chef de police a été nommée à Guelph (Ontario) à l'automne de 1994. Les agents de police de sexe masculin se répartissaient de la façon suivante : 67,9 % des agents, 27,3 % des sous-officiers et 4,8 % des officiers.

Lorsque on analyse le nombre total d'agents de police partout au Canada, la répartition selon le sexe et le grade change légèrement, comme l'indique le tableau 2.

Tableau 2
Pourcentage d'agents de police, selon le grade et le sexe, Canada, certaines années, 1986 - 1994

	Officiers		Sous-officiers		Agents			
Année	Hommes	Femmes	Homme	Femmes	Hommes	Femmes	Total Hommes	Total Femmes
1986	5,14	0,01	25,32	0,12	65,66	3,74	96,12	3,88
1988	4,80	0,01	25,46	0,21	64,66	4,87	94,92	5,08
1990	4,65	0,02	24,75	0,32	64,23	6,04	93,62	6,38
1992	4,68	0,04	25,29	0,41	62,52	7,07	92,48	7,52
1994	4,43	0,06	24,79	0,56	61,73	8,43	90,95	9,05

Répartition des agents de police

En 1994, il y avait 523,5 Canadiens pour un agent de police, soit le ratio le plus élevé depuis 1972 et la troisième année consécutive où il augmentait (tableau 6, figure 3). Le ratio habitants : agent de police permet de comparer les changements survenus dans le nombre d'agents de police par rapport aux changements qui se sont produits dans la population canadienne.

De 1992 à 1994, le ratio habitants : agent de police a augmenté dans toutes les provinces et les territoires, sauf en Nouvelle-Écosse où il a diminué de 587:1 en 1992 à 581:1 en 1994 (-1,0 %).

En 1994, ce sont l'Île du Prince-Édouard (697:1) et Terre-Neuve (662:1) qui ont connu le rapport le plus élevé d'habitants par agent de police, tandis que le Yukon (266:1) et les Territoires du Nord-Ouest (275:1) enregistraient le plus faible (figure 4). Parmi les autres provinces, c'est le Québec qui avait le plus faible ratio (495:1), soit à peine inférieur à celui de l'Ontario (527:1), qui était suivie de près par la Saskatchewan (536:1) et le Manitoba (531:1). Les ratios enregistrés par le Nouveau-Brunswick (585:1) et la Nouvelle-Écosse (581:1) étaient semblables à ceux de la Colombie-Britannique (575:1) et de l'Alberta (607:1).

Les cinq corps policiers les plus importants au Canada, soit la Gendarmerie royale du Canada (GRC), le Grand Toronto, la Police provinciale de l'Ontario (PPO), la Sûreté du Québec et la Communauté urbaine de Montréal, emploient un peu plus de 60 % de tous les agents de police du pays (figure 5).

Le tableau 3 présente le ratio habitants : agent de police pour les 33 villes canadiennes comptant plus de 100 000 habitants. Les cinq villes qui ont enregistré des ratios de moins de 500 (le plus d'agents de police par habitant) étaient Montréal (410:1), Halifax (431:1), Toronto (434:1), Vancouver (463:1) et Windsor (487:1). À l'autre extrême se retrouvaient les cinq municipalités suburbaines ayant des ratios habitants : agent de police de plus de 800 : Richmond (937:1) et Surrey (900:1) en C.-B., Halton Regional (895:1), Nepean (855:1) et York Regional (814:1) en Ontario.

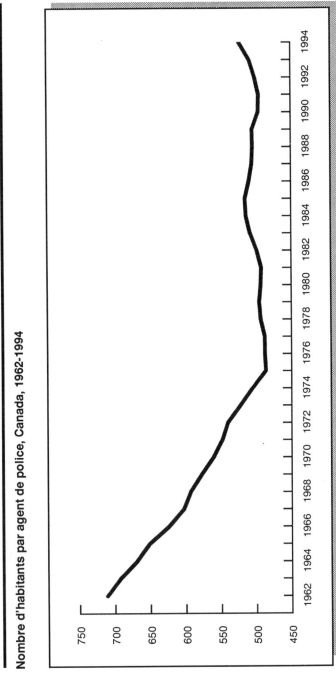

Figure 3

Nombre d'habitants par agent de police, Canada, 1962-1994

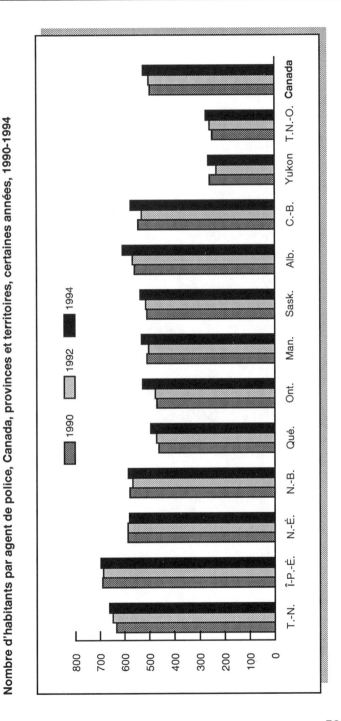

Figure 4

Nombre d'habitants par agent de police, Canada, provinces et territoires, certaines années, 1990-1994

Figure 5

Agents de police, cinq corps policiers les plus importants au Canada, 1994

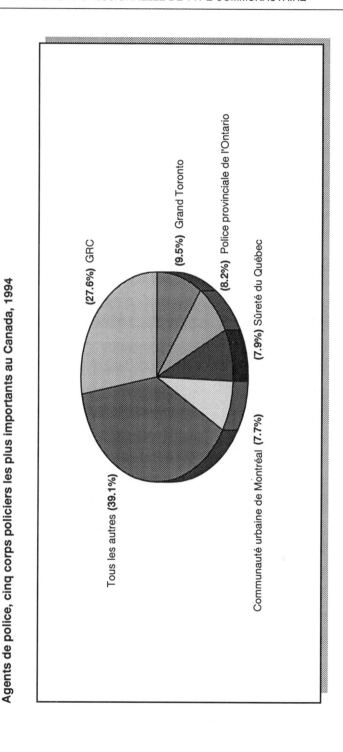

Tableau 3
Nombre d'habitants par agent, villes de plus
de 100 000 habitants, Canada, 1994

Corps policier	Population	Nombre d'agents	Nombre d'habitants par agent
Richmond, C.-B.	137 800	147	937
Surrey, C.-B.	278 100	309	900
Halton Regional Police, Ontario	328 200	367	895
Nepean, Ontario	112 800	132	855
York Regional Police, Ontario	553 500	680	814
Saanich, C.-B.	104 300	132	790
Burnaby, C.-B.	171 000	217	788
Gloucester, Ontario	106 500	137	777
Sudbury Regional Police, Ontario	164 800	214	770
Gatineau, Québec	117 200	153	766
Laval, Québec	331 300	434	763
Waterloo Regional, Ontario	392 000	515	761
London, Ontario	328 800	432	761
Niagara Regional Police, Ontario	402 300	544	740
Durham Regional Police, Ontario	423 400	588	720
Hamilton-Wentworth Regional Police, Ontario	456 800	648	705
Peel Regional Police, Ontario	759 500	1 084	701
Sherbrooke, Québec	100 400	147	683
Longueuil, Québec	134 400	200	672
Calgary, Alberta	744 700	1 150	648
St. John's, T.-N.	165 200	264	626
Québec, Québec	271 300	438	619
Saskatoon, Saskatchewan	188 000	313	601
Ottawa, Ontario	347 700	583	596
Edmonton, Alberta	633 700	1 089	582
Thunder Bay, Ontario	114 700	197	582
Regina, Saskatchewan	181 100	314	577
Winnipeg, Manitoba	619 200	1 078	574
Windsor, Ontario	195 400	401	487
Vancouver, C.-B.[1]	503 900	1 089	463
Toronto, Ontario	2 307 400	5 311	434
Halifax, N.-E.	116 500	270	431
Montréal, Québec	1 778 900	4 337	410

1. Sont exclus des totaux pour Vancouver ceux qui se rendent chaque jour dans cette municipalité et qui sont aussi nombreux, voire plus nombreux, que les résidents permanents.

Agents de police selon le niveau des services de police

Les policiers municipaux (y compris ceux qui étaient visés par les contrats de services de police municipaux de la GRC et de la PPO) représentaient 62,4 % (34 884) de tous les policiers au Canada. Les 14 327 policiers provinciaux (y compris ceux visés par les contrats de la GRC) comptaient pour 25,6 %. Les agents fédéraux de la GRC représentaient 9,3 % (5 180 agents), et les 1 474 agents de la GRC chargés des services administratifs et des services relatifs à l'application de la loi représentaient les 2,6 % restants (tableau 7).

Nombre d'affaires reliées au Code criminel par agent de police

Le nombre d'infractions au Code criminel (sauf celles touchant la circulation) qui sont signalées à la police peut servir d'indicateur partiel de la charge de travail des policiers. Les estimations indiquent qu'un policier consacre de 20 % à 25 % de son temps aux enquêtes sur les affaires criminelles[1]. Le nombre d'infractions au Code criminel par agent n'a pas cessé d'augmenter, passant de 20 en 1962 à un sommet de 51,1 en 1991, en dépit d'une forte augmentation du nombre d'agents entre 1962 et 1975 (figure 6).

En 1994, le nombre d'infractions au Code criminel signalées à la police et le nombre d'infractions au Code criminel par agent ont diminué pour la troisième année consécutive. Les 2,63 millions d'infractions au Code criminel signalées à la police représentent une baisse de 7,5 % par rapport à 1992 qui, alliée à la diminution de 1,8 % du nombre d'agents de police au cours de la même période, s'est traduite par une diminution du nombre d'affaires par agent, soit de 50,0 en 1992 à 47,1 en 1994.

---

1. *The Police Function in Canada.* Ouvrage publié sous la direction de William McGrath et de Michael Mitchell. Metheun : Agincourt, 1981, page 78.

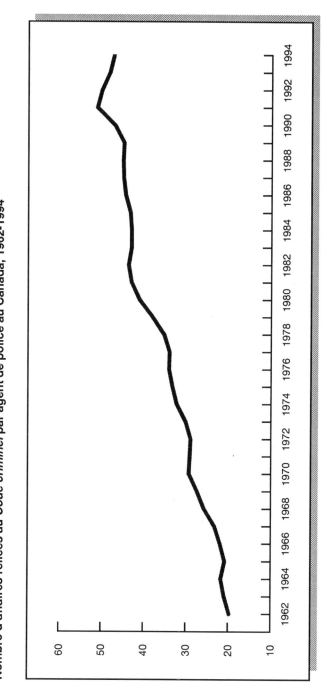

Figure 6

Nombre d'affaires reliées au *Code criminel* par agent de police au Canada, 1962-1994

Même si le ratio d'affaires par agent en 1994 (47,1) était deux fois et demie plus élevé que celui enregistré en 1962 (19,7), le taux global d'affaires classées[2] est demeuré relativement stable depuis les 32 dernières années : 37 % en 1962 et 35 % en 1994. Cela indique que la police a réussi à absorber la charge de travail de plus en plus lourde que représentent les enquêtes sur les infractions au Code criminel.

Personnel civil

Aux fins du présent rapport, le personnel « civil » s'entend de tout le personnel policier, y compris des « agents spéciaux » qui ne sont pas des agents de police assermentés.

À l'instar du nombre d'agents de police, l'effectif civil a diminué dans chacune des deux dernières années, soit de 2,9 % au total, passant de 19 614 en 1992 à 19 037 en 1994.

La répartition des hommes et des femmes dans la catégorie du personnel civil a beaucoup changé depuis 1962. En 1962, les femmes représentaient 44,6 % de ce personnel. En 1970, le nombre de femmes dans le groupe du personnel civil dépassait le nombre d'hommes, et en 1994 les deux tiers (67,5 %) du personnel civil étaient des femmes (figure 7, tableau 4).

Dépenses au chapitre des services de police

Les dépenses dont il est question dans le présent rapport représentent les dépenses d'exploitation payées à même les fonds prévus aux budgets des services de police. Les recettes, les recouvrements et les dépenses en immobilisa-

---

2. Le « taux d'affaires classées » représente la portion d'affaires réelles signalées à la police qui sont « classées par suite d'inculpation » ou « classées pour d'autres raisons ». Dans le cas d'une affaire classée « pour d'autres raisons », il existe suffisamment de preuves pour déposer une dénonciation (inculpation), mais la dénonciation n'est pas déposée pour diverses raisons telles que l'âge du contrevenant, le décès de l'accusé ou du plaignant ou le recours au pouvoir discrétionnaire de la police.

Figure 7

Personnel civil selon le sexe, Canada, 1986-1994

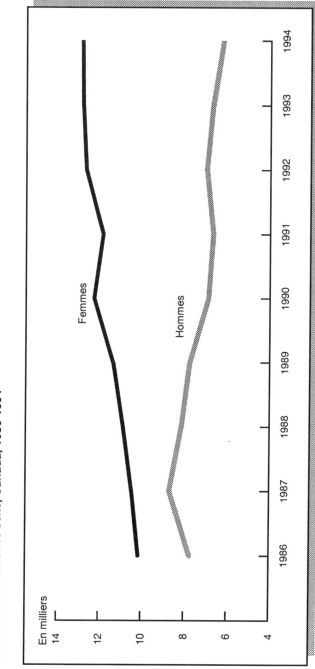

Tableau 4
Personnel selon le sexe, Canada, certaines années

Année	Hommes		Femmes		Total
	Nombre	%	Nombre	%	
1962	3 160	55,4 %	2 539	44,6 %	5 699
1965	3 842	53,9 %	3 291	46,1 %	7 133
1970	4 929	49,6 %	5 007	50,4 %	9 936
1975	5 218	37,8 %	8 577	62,2 %	13 795
1980	6 140	37,4 %	10 270	62,6 %	16 410
1985	5 950	33,6 %	11 752	66,4 %	17 702
1990	7 077	36,6 %	12 253	63,4 %	19 330
1993	6 695	34,3 %	12 800	65,7 %	19 495
1994	6 196	32,5 %	12 841	67,5 %	19 037

tions (sauf celles concernant l'achat ou la location de véhicules automobiles) ne sont pas inclus dans l'analyse. En raison des écarts entre les types de dépenses des services policiers, les chiffres fournis ne correspondent peut-être pas toujours au coût complet des services de police pour un corps policier particulier (voir ci-dessous :« Méthodologie — Couverture »).

Coût des services de police, de 1985-1986 à 1994-1995

En 1994-1995, les dépenses au chapitre des services de police au Canada ont totalisé 5,78 milliards de dollars. C'est la première fois depuis que l'on recueille des données sur les dépenses que celles-ci ont diminué (-0,1 %) (figure 8, tableau 5). Après ajustement en fonction de l'inflation, les dépenses relatives aux services de police ont diminué de 0,3 % au cours du dernier exercice financier.

De 1985-1986 à 1993-1994, l'augmentation annuelle moyenne des dépenses s'est établie à 6,4 %. Après ajustement pour tenir compte de l'inflation, les dépenses au chapitre des services de police ont augmenté, en moyenne, de 2,4 % au cours de cette période.

Figure 8

Dépenses en dollars courants et en dollars constants, Canada, 1985-1986 à 1994-1995

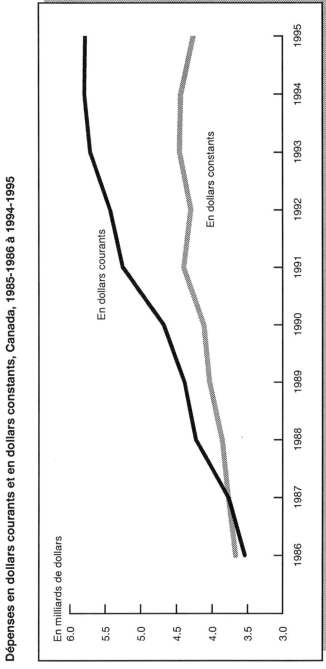

Tableau 5
Dépenses totales au chapitre des services policiers
en dollars constants et en dollars courants,
Canada, de 1985-1986 à 1994-1995

Année	En dollars courants		En dollars constants	
	En milliers	Taux de variation d'une année à l'autre	En milliers	Taux de variation d'une année à l'autre
1985/1986	3 542 240	..	3 674 523	..
1986/1987	3 772 217	6,5 %	3 772 217	2,7 %
1987/1988	4 027 809	6,8 %	3 858 055	2,3 %
1988/1989	4 389 414	8,9 %	4 041 818	4,8 %
1989/1990	4 684 760	6,7 %	4 109 439	1,7 %
1990/1991	5 248 530	12,0 %	4 392 075	6,9 %
1991/1992	5 426 887	3,4 %	4 300 227	-2,1 %
1992/1993	5 716 833	5,3 %	4 462 789	3,8 %
1993/1994	5 788 065r	1,2 %	4 438 700	-0,5 %
1994/1995	5 783 567	-0,1 %	4 425 070	-0,3 %

r Nombre rectifié.
.. Nombre indisponible.

Les dépenses de 5,78 milliards de dollars en 1994-1995 représentent un coût de 198 $ par Canadien, soit une légère diminution par rapport au coût de 200 $ par habitant en 1992-1993 et 1993-1994.

Entre 1985-1986 et 1994-1995, la répartition des dépenses selon les types de dépenses et entre les niveaux des services de police est demeurée stable. On continue de consacrer un peu plus de 80 % du budget aux salaires. Les services policiers municipaux continuent de représenter 55,1 % des dépenses des services de police, les services policiers provinciaux, 23,5 %, les services policiers fédéraux, 11,9 %, et d'autres coûts associés aux services assurés par la GRC représentent les derniers 9,5 % (tableau 8).

La figure 9 compare le coût par habitant des services de police municipaux et provinciaux pour 1994-1995. Seules les dépenses au chapitre des services policiers municipaux et provinciaux sont incluses parce que le gouvernement fédéral est responsable de l'ensemble des services policiers fédéraux et des autres dépenses liées à la GRC. Les coûts par habitant pour le Yukon et les Territoires du Nord-Ouest ont été exclus du graphique, car la petite taille de la population se traduit par des coûts sensiblement plus élevés que ceux du reste du Canada. Le tableau 8 fournit d'autres données sur le coût par habitant.

Le coût moyen par habitant des services de police municipaux et provinciaux dans les provinces en 1994-1995 était de 155 $, une baisse par rapport au montant de 158 $ l'année précédente. C'est le Québec qui avait le coût par habitant le plus élevé (171 $), suivi de près par l'Ontario (170 $), tandis que l'Île-du-Prince-Édouard (91 $), et Terre-Neuve (104 $) ont connu le plus faible (tableau 8). Cette tendance se maintient depuis le début de la collecte des données sur les dépenses.

Dépenses relatives aux services de police municipaux

Deux options s'offrent aux municipalités souhaitant offrir des services policiers municipaux : former un corps de police indépendant ou conclure un contrat avec un autre corps de police (un autre corps policier municipal ou les services policiers provinciaux) afin de répondre aux besoins de la collectivité à ce chapitre. En 1994, on comptait 578 corps policiers municipaux au Canada, dont 364 «corps indépendants», 13 contrats de services policiers avec la PPO et 201 contrats de services policiers avec la GRC. Au total, les services policiers municipaux comptaient 62,4 % de tous les agents de police et représentaient 55,1 % de l'ensemble des dépenses au chapitre des services de police. Le Yukon, les Territoires du Nord-Ouest, et Terre-Neuve étaient les seules régions du Canada à ne pas avoir de corps policier municipal.

Les services policiers municipaux à Terre-Neuve sont gérés différemment que dans les autres provinces. La Royal Newfoundland Constabulary, corps policier provincial, offre

Figure 9

Dépenses par habitant au titre des services de police, municipaux et provinciaux, par province, certaines années, 1990-1991 – 1994-1995

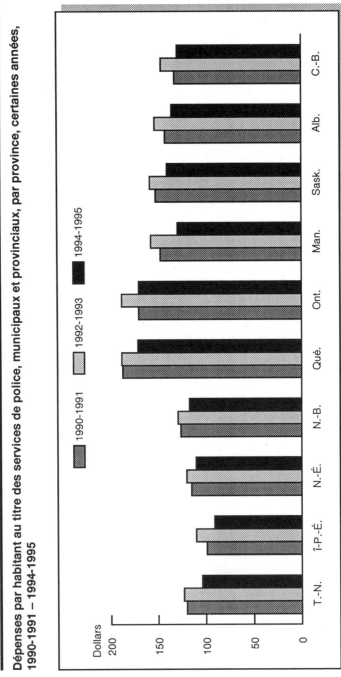

seulement des services aux plus grandes municipalités, soit St. John's, Corner Brook et Labrador City, dont les coûts sont assumés par le gouvernement provincial. Aux termes de cette entente, les coûts des services de police assurés à ces municipalités sont inclus dans les coûts des services policiers provinciaux.

Les 364 corps de police municipaux indépendants comptaient 31 227 agents, ou 90 % de tous les policiers municipaux du Canada, et représentaient 92 % du total des dépenses au chapitre des services de police municipaux.

La GRC employait 3 430 agents à contrat dans les 201 municipalités de toutes les provinces, sauf Terre-Neuve, Québec et Ontario. La répartition des frais des services policiers municipaux assurés à contrat par la GRC est fonction de la taille de la municipalité. Au cours de l'exercice 1994-1995, les municipalités de moins de 15 000 habitants assumaient 70 % des coûts des services policiers municipaux, tandis que les municipalités de plus de 15 000 habitants en assumaient 90 %. Cette formule de répartition des coûts tient compte des coûts associés aux services policiers fédéraux et autres services liés au maintien de l'ordre assurés par la GRC, qui viennent s'ajouter aux services policiers municipaux. Le tableau 9 fournit des détails sur les dépenses au chapitre des services policiers municipaux assurés par la GRC ; il présente la part assumée par la municipalité, ainsi que la part des coûts des contrats qui ne lui est pas facturée.

À l'exception des détachements « intégrés » assurant les services policiers municipaux et provinciaux de la Police provinciale de l'Ontario (PPO), 13 municipalités ontariennes ont conclu un contrat de services avec la PPO, pour un total de 227 agents chargés de fournir des services policiers municipaux.

Dépenses relatives aux services de police provinciaux

Les services de police provinciaux ont compté pour près d'un quart (23,5 %) du total des dépenses, dont 34,2 %

allaient aux contrats de services policiers provinciaux assurés par la GRC. Les trois corps policiers indépendants, soit la Royal Newfoundland Constabulary, la Sûreté du Québec et la Police provinciale de l'Ontario, représentaient les 65,8 % restants.

La GRC a conclu des contrats de services policiers provinciaux avec huit provinces (l'Ontario et le Québec sont les seules provinces à ne pas avoir ce genre de contrat avec la GRC) ainsi qu'avec le Yukon et les Territoires du Nord-Ouest. Dans les provinces et les territoires où la GRC assure des services policiers provinciaux à contrat, les provinces assument 70 % du total des coûts. Comme dans le cas des services policiers municipaux, cette formule de partage des coûts tient compte des coûts associés aux services policiers fédéraux et autres services liés au maintien de l'ordre assurés par la GRC, qui viennent s'ajouter aux services policiers provinciaux. Le tableau 10 donne de l'information sur la part des contrats de services policiers provinciaux qui est imputable à la province.

Terre-Neuve compte deux services de police provinciaux. Comme il est mentionné ci-dessus, la Royal Newfoundland Constabulary est un corps policier provincial qui offre des services aux trois plus grandes municipalités. La Gendarmerie royale canadienne assure, en vertu d'un contrat avec la province, des services de police aux autres municipalités et aux régions rurales.

Dépenses relatives aux services de police fédéraux

En 1994-1995, les dépenses engagées au chapitre des services policiers fédéraux ont totalisé 688,7 millions de dollars, ce qui comprend une somme de 129,8 millions pour la part des services à contrat considérés comme des services policiers fédéraux. La GRC est chargée de l'application des lois fédérales et des directives de l'Exécutif dans l'ensemble des provinces et territoires, ainsi que de la prestation de services de protection et de services de sécurité aéroportuaire.

Autres services de police assurés par la GRC

Les responsabilités assumées par la GRC sur les plans de l'administration et de la formation de même que dans les divisions et à la Direction générale ont occasionné des dépenses de l'ordre de 551,9 millions de dollars. Ces responsabilités comprennent des services comme les laboratoires judiciaires, le Collège canadien de police qui offre à tous les corps policiers, tant à l'intérieur qu'à l'extérieur du pays, une formation et des services de recherche, un soutien informatique aux fins de la gestion et de l'exploitation du CIPC (base de données nationale informatisée à laquelle ont accès tous les corps policiers), de même que des services de télécommunications pour la transmission radio et la transmission de données, qui permettent de garantir que tous les détachements reçoivent de l'information à jour.

Responsabilités policières

Les services de police au Canada relèvent de trois ordres de gouvernement: fédéral, provincial et municipal. Le gouvernement fédéral, par l'entremise de la GRC, est chargé de l'application des lois fédérales et des directives de l'Exécutif dans l'ensemble des provinces et des territoires, ainsi que de la prestation de services comme les laboratoires judiciaires, les services d'identité judiciaire, le Centre d'information de la police canadienne (CIPC) et le Collège canadien de police.

Chaque province est responsable de ses services de police municipaux et provinciaux. Les corps policiers provinciaux sont chargés de l'application du Code criminel et des lois provinciales dans les régions d'une province non desservies par un service de police municipal. Dans certains cas, les limites des territoires peuvent se recouper étant donné que les corps de police provinciaux exercent des fonctions liées à l'application des règlements de la circulation sur les principales routes provinciales qui traversent des municipalités. L'Ontario (Police provinciale de l'Ontario), le Québec (Sûreté du Québec) et Terre-Neuve (Royal Newfoundland Constabulary) sont les seules provinces qui ont un corps policier provincial. Quant aux autres provinces et territoires, les services policier provinciaux sont assurés à contrat par la GRC.

Les villes et les villages peuvent être tenus par la loi d'avoir leur propre corps policier municipal une fois que leur population atteint une limite minimum qui se situe entre 500 et 5 000 habitants, selon la province. Les services policiers municipaux peuvent être assurés par un corps policier indépendant, ou à contrat par le corps policier provincial ou un autre corps policier municipal. Les services policiers municipaux sont chargés de l'application du Code criminel, des lois provinciales et des règlements municipaux à l'intérieur des limites d'une municipalité ou de plusieurs municipalités voisines qui forment une région (p. ex., Durham Regional Police Force) ou une zone métropolitaine (p. ex., les services de police de la Communauté urbaine de Montréal).

Méthodologie — Couverture

Le présent rapport est fondé sur les données recueillies dans le cadre de l'Enquête annuelle de la statistique de l'administration de la police, qui est réalisée par le Centre canadien de la statistique juridique. Cette enquête est le principal outil de collecte de renseignements auprès de tous les corps de police municipaux, provinciaux et fédéraux à l'échelle nationale. D'autres renseignements ne figurant pas dans le rapport sont disponibles et peuvent être fournis pour l'établissement de rapports spéciaux ou en réponse à des demandes individuelles.

L'enquête a été révisée en 1986 en vue de recueillir des données sur les dépenses relatives aux services de police ainsi que des renseignements plus détaillés sur l'effectif policier et le fonctionnement des services de police. Comme l'ancienne enquête et la nouvelle ont été menées simultanément en 1986, on a pu examiner les effets du passage de l'une à l'autre. Une analyse des données a révélé de légères différences entre les deux enquêtes sur le plan de la répartition de l'effectif policier. Pour corriger ces différences, les données antérieures à 1986 qui figurent dans le tableau 6 ont été ajustées au niveau national.

Tous les corps policiers municipaux et provinciaux ainsi que la Gendarmerie royale du Canada sont inclus. Sont exclus les services de police fédéraux suivants : le Service canadien du renseignement de sécurité, Ports Canada, le Canadien National et la Police militaire. Les ministères fédéraux et provinciaux qui sont chargés d'appliquer certaines lois dans les domaines de l'impôt sur le revenu, des douanes et de l'accise, de l'immigration, des pêches et de la protection de la faune sont aussi exclus. Le sont également les gardiens de sécurité et les enquêteurs du secteur privé.

Les données sur la population nationale et provinciale, qui ont été fournies par la Division de la démographie à Statistique Canada, représentent des estimations postcensitaires et intercensitaires. Les données sur la population municipale proviennent de la base de données Quickstat du CCSJ et sont fondées sur des chiffres provenant de recensements officiels. Les données sur la population sont mises à jour régulièrement et, de ce fait, les taux publiés dans le présent rapport peuvent diverger légèrement des taux publiés dans des rapports antérieurs.

Comme les provinces sont chargées de la prestation des services de police municipaux et provinciaux, les dépenses au chapitre des services de police fédéraux assurés par la GRC ne sont pas incluses dans le calcul du coût par habitant des services provinciaux (tableau 8). De même, dans les provinces ayant conclu des contrats de services de police municipaux et provinciaux avec la GRC, la part fédérale n'a pas été incluse dans le calcul du coût par habitant.

L'une des principales préoccupations concernant les données de cette enquête a trait à la nature des renseignements sur les dépenses et aux éléments précis qui peuvent être comparés entre les services policiers. Toute comparaison entre les corps policiers doit être faite avec prudence, puisque seules les données sur les frais acquittés à même les fonds prévus au budget des corps policiers figurent dans le présent rapport. Par exemple, dans certains corps policiers et non dans d'autres, les frais d'hébergement, d'entretien et de soutien, ou les frais liés à l'application des règlements municipaux et aux services de sécurité dans les tribunaux, sont assumés par la municipalité plutôt que par le corps policier. De même, les dépenses au chapitre des services de police municipaux assurés à contrat par la GRC ne comprennent pas les coûts liés aux employés municipaux que les municipalités fournissent sans frais à la GRC.

Tableau 6
Tendances au chapitre du personnel policier[1]
et dépenses policières, Canada, 1962-1994

Année	Population[2] 1 000	Agents de police	Civils	Total Personnel	Ratio police : employé civil	Nombre d'habitants par agent de police	Infractions réelles au Code criminel[3]	Infractions par agent de police	Dépenses totales 1 000 $	Coût par habitant $
1962	18 583,0	26 129	5 699	31 828	4,58	711,2	514 986	19,7	…	…
1963	18 931,0	27 333	5 935	33 268	4,61	692,6	572 105	20,9	…	…
1964	19 291,0	28 823	6 655	35 478	4,33	669,3	626 038	21,7	…	…
1965	19 644,0	30 146	7 133	37 279	4,23	651,6	628 418	20,8	…	…
1966	20 014,9	32 086	7 583	39 669	4,23	623,8	702 809	21,9	…	…
1967	20 378,0	33 792	8 018	41 810	4,21	603,0	784 568	23,2	…	…
1968	20 701,0	34 887	8 351	43 238	4,18	593,4	897 530	25,7	…	…
1969	21 001,0	36 342	8 963	45 305	4,05	577,9	994 790	27,4	…	…
1970	21 297,0	37 949	9 936	47 885	3,82	561,2	1 110 066	29,3	…	…
1971	22 026,4	40 148	10 597	50 745	3,79	548,6	1 166 458	29,1	…	…
1972	22 284,5	41 214	11 762	52 976	3,50	540,7	1 189 805	28,9	…	…
1973	22 559,5	43 142	12 297	55 439	3,51	522,9	1 298 551	30,1	…	…

Tableau 6 (suite)
Tendances au chapitre du personnel policier[1]
et dépenses policières, Canada, 1962-1994

Année	Population[2] 1 000	Agents de police	Civils	Total Personnel	Ratio police : employé civil	Nombre d'habitants par agent de police	Infractions réelles au Code criminel[3]	Infractions par agent de police	Dépenses totales 1 000 $	Coût par habitant $
1974	22 874,7	45 276	12 085	57 361	3,75	505,2	1 456 885	32,2	...	...
1975	23 209,2	47 713	13 794	61 507	3,46	486,4	1 585 805	33,2	...	...
1976	23 517,5	48 213	14 377	62 590	3,35	487,8	1 637 704	34,0	...	...
1977	23 796,4	48 764	15 231	63 995	3,20	488,0	1 654 020	33,9	...	...
1978	24 036,3	48 705	15 749	64 444	3,09	493,5	1 714 297	35,2	...	...
1979	24 276,9	48 990	15 001	63 991	3,27	495,6	1 855 271	37,9	...	...
1980	24 593,3	49 841	16 410	66 251	3,04	493,4	2 045 399	41,0	...	...
1981	24 900,0	50 563	16 999	67 562	2,97	492,5	2 168 201	42,9	...	...
1982	25 201,9	50 539	17 738	68 277	2,85	498,7	2 203 668	43,6	...	...
1983	25 456,3	50 081	17 342	67 423	2,89	508,3	2 148 633	42,9	...	...
1984	25 701,8	50 010	17 503	67 513	2,86	513,9	2 147 697	42,9	...	...

1985	25 941,6	50 351	17 702	68 053	2,84	515,2	2 174 175	43,2	3 542 240	137
1986	26 203,8	51 425	17 855	69 280	2,88	509,6	2 277 749	44,3	3 772 217	144
1987	26 549,7	52 510	19 140	71 650	2,74	505,6	2 352 403	44,8	4 027 809	152
1988	26 894,8	53 312	18 985	72 297	2,81	504,5	2 392 419	44,9	4 389 414	163
1989	27 379,3	54 233	19 099	73 332	2,84	504,8	2 425 936	44,7	4 684 760	171
1990	27 790,6	56 034	19 330	75 364	2,90	496,0	2 627 193	46,9	5 248 530	189
1991	28 120,1	56 774	18 997	75 771	2,99	495,3	2 898 988	51,1	5 426 887	193
1992	28 542,2	56 991	19 614	76 605	2,91	500,8	2 847 981	50,0	5 716 833	200
1993	28 940,6	56 901ʳ	19 495	76 396	2,92	508,6	2 735 626	48,1	5 788 065ʳ	200
1994	29 248,1	55 865ʳ	19 037	74 902	2,93	523,5	2 632 830	47,1	5 783 567	198

1. Un nouveau questionnaire a été adopté en 1986. Pour maintenir une continuité historique, les chiffres d'avant 1986 ont été ajustés.
2. 1962 - 1980 : Estimations intercensitaires définitives. 1981 - 1990 : Estimations intercensitaires révisées. 1991 - 1992 : Estimations postcensitaires définitives. 1993 : Estimations postcensitaires mises à jour. 1994 : Estimations postcensitaires provisoires.
3. Source : Programme de la déclaration uniforme de la criminalité, Centre canadien de la statistique juridique.
ʳ Nombre rectifié.
... N'ayant pas lieu de figurer.

Tableau 7
Agents de police[1] selon les niveaux des forces de l'ordre, 1994

Province/ Territoire	Population[3] 1 000	Indépendant (sauf GRC)		GRC[2]					Total Agents de police	Taux de variation 1993-1994	Nombre d'habitants par agent de police
		Municipal	Provincial	Municipal	Provincial[4]	Fédéral	Autre[5]	Total			
T.-N.[6]	582,4	...	329	...	425	96	30	551	880	0,7 %	662
Î.-P.-É.	134,5	64	...	11	89	17	12	129	193	0,0 %	697
N.-É.	936,7	768	...	61	592	148	42	843	1 611	0,5 %	581
N.-B.	759,3	671	...	75	403	102	46	626	1 297	0,4 %	585
QC[7]	7 281,1	9 097	4 443	...	...	1 100	72	1 172	14 712	-0,3 %	495
Ont.[8]	10 927,8	14 461	4 346	...	...	1 826	109	1 935	20 742	-1,6 %	527
Man.	1 131,1	1 182	...	169	526	200	53	948	2 130	-1,3 %	531
Sask.[9]	1 016,2	803	...	193	709	144	47	1 093	1 896	-1,6 %	536
Alb.	2 716,2	2 485	...	636	876	399	76	1 987	4 472	-2,2 %	607
C.-B.	3 668,4	1 923	...	2 285	1 310	731	134	4 460	6 383	1,1 %	575
Yukon	30,1	...	...	...	78	22	13	113	113	-7,4 %	266

T.N.-O.	64,3	...	...	...	201	14	19	234	234	-1,7 %	275
Division « DG »et école de la G.R.C.	...	...	...	...	...	381	821	1 202	1 202	-32,1 %	...
Canada	29 248,1	31 454	9 118	3 430	5 209	5 180	1 474	15 293	55 865	-1,8 %	524

1. Il s'agit des effectifs policiers réels au 30 septembre 1994.
2. Sont exclus 100 agents en congé spécial et 49 cadets de l'École de la GRC.
3. Estimations postcensitaires provisoires, Division de la démographie, Statistique Canada.
4. Le total des agents de police provinciaux de la GRC ne correspondra pas aux effectifs des contrats provinciaux de la GRC puisqu'il peut inclure des agents spéciaux et des civils.
5. Comprend la prestation de services de police au Canada et l'administration du ministère et des divisions.
6. La Royal Newfoundland Constabulary partage avec la GRC la prestation des service de police provinciaux à Terre-Neuve.
7. La Sûreté du Québec assure tous les services de police provinciaux au Québec.
8. Exclut le personnel de la « DG » de la GRC. La Police provinciale de l'Ontario assure tous les services de police provinciaux en Ontario et utilise 227 agents à contrat.
9. Exclut le personnel de l'École de la GRC.
... N'ayant pas lieu de figurer.

Tableau 8
Dépenses totales[1] consacrées aux services de police, 1994-1995

Province/ Territoire	Population[2]	Services de police municipaux et provinciaux				Dépenses fédérale et autre de la GRC			Total des dépenses
		Municipal[3]	Provincial[3]	Total	Coût par habitant	Part fédérale des contrats[4]	Services de police fédéraux	Autres dépenses de la GRC[5]	
	1 000	1 000 $	1 000 $	1 000 $	$	1 000 $	1 000 $	1 000 $	1 000 $
T.-N.[6]	582,4	...	60 288	60 288	104	8 335	11 729	7 088	87 440
Î.-P.-É.	134,5	5 274	6 950	12 224	91	1 484	1 601	2 252	17 561
N.-É.	936,7	57 429	45 603	103 033	110	10 172	15 654	10 417	139 276
N.-B.	759,3	57 114	32 027	89 142	117	7 010	11 959	9 398	117 508
QC	7 281,1	831 048	414 747	1 245 795	171	...	106 201	21 309	1 373 305
Ont.[7]	10 927,8	1 400 308	456 822	1 857 130	170	...	187 263	76 661	2 121 054
Man.	1 131,1	108 857	48 381	157 238	139	12 533	17 638	12 015	199 424
Sask.[8]	1 016,2	81 634	60 745	142 379	140	14 007	13 900	11 574	181 861
Alb.	2 716,2	287 977	78 453	366 430	135	21 709	38 326	19 285	445 750
C.-B.	3 668,4	356 583	115 605	471 746	129	45 264	79 193	33 099	629 742
Yukon	30,1	...	9 978	9 978	332	1 652	2 815	2 956	17 401
T.N.-O.	64,3	...	27 170	27 170	423	7 638	2 300	4 115	41 224

Division « DG » et école de la GRC	29 248,1	…	3 186 225	1 356 770	…	155	70 337	341 684	412 021
Canada	…	…	…	4 542 995	…	129 802	558 916	551 854	5 783 567

1. Les chiffres sur les dépenses représentent les dépenses d'exploitation brutes et comprennent les frais acquittés à même les fonds prévus au budget des services de police. Les recettes et les recouvrements ne sont pas inclus, ni les dépenses en immobilisations, sauf celles qui ont été engagées pour l'achat de véhicules automobiles.

2. Estimations postcensitaires provisoires, Division de la démographie, Statistique Canada.

3. Les chiffres comprennent le montant facturé à la province, au territoire ou à la municipalité à l'égard des contrats de services de police assuré par la GRC, et non le coût total du contrat. Voir les détails aux tableaux 9 et 10.

4. Les chiffres représentent la part assumée par le gouvernement fédéral à l'égard des contrats de services de police provinciaux et municipaux assurés par la GRC. Voir les détails aux tableaux 9 et 10.

5. Au niveau provincial, le total comprend les frais d'administration de la Division qui ne sont pas inclus dans les contrats de services de police. Les services d'exécution de la loi et d'administration du Ministère sont inclus sous la rubrique Direction générale de la GRC.

6. Les chiffres des services de police provinciaux s'appliquent à la Royal Newfoundland Constabulary et à la GRC.

7. Exclut la Division « DG » de la GRC.

8. Exclut l'École de la GRC.

… N'ayant pas lieu de figurer.

Nota : Les chiffres ayant été arrondis, leur somme peut ne pas correspondre aux totaux indiqués.

Tableau 9
Dépenses¹ consacrées aux services de police municipaux, 1994-1995

Province/Territoire	Services de police municipaux (sauf à contrat par la GRC)			Services de police municipaux assurés à contrat par la GRC²					Total des dépenses des services de police municipaux
	Nbre de services de police	Population surveillée	Total des dépenses	Nbre de services de police	Population surveillée	Dépenses des municipalités	Dépenses fédérales	Total des dépenses	
		1 000	1 000 $		1 000	1 000 $	1 000 $	1 000 $	1 000 $
T.-N.	...	...	...	...	...	...	...	...	...
Î-P.-É.	5	28,4	4 479	3	10,3	795	338	1 133	5 612
N.-É.	26	344,9	53 604	10	35,3	3 825	1 605	5 430	59 034
N.-B.	25	315,3	52 010	12	54,9	5 104	1 715	6 820	58 830
QC	152	5 330,3	831 048	...	...	...	...	...	831 048
Ont.³	122	8 697,9	1 400 308	...	...	...	...	...	1 400 308
Man.	8	679,7	97 778	23	106,9	11 079	4 622	15 701	113 480
Sask.	17	474,3	68 933	34	147,0	12 701	4 245	16 946	85 879
Alb.	10	1 532,2	245 327	63	520,4	42 651	12 083	54 734	300 061
C.-B.	12	1 027,3	192 181	56	1 898,0	164 402	25 048	189 450	381 630
Yukon	...	...	...	...	...	...	...	...	...

T.N.-O.	...	377	...	18 430,3	...	201	...	2 772,8	...	240 557	...	49 656	...	290 214	...
Canada															3 235 881

1. Les chiffres sur les dépenses représentent les dépenses d'exploitation brutes et comprennent les frais acquittés à même les fonds prévus au budget des services de police. Les recettes et les recouvrements ne sont pas inclus, ni les dépenses en immobilisations, sauf celles qui ont servi à l'achat de véhicules automobiles.

2. Aux termes du contrat de 1994-1995, on a facturé 70 % des coûts, aux municipalités de moins de 15 000 habitants, et 90 % aux municipalités de 15 000 habitants ou plus.

3. Les dépenses au chapitre des contrats municipaux de la PPO sont incluses sous « Services de police municipaux (sauf à contrat par la GRC) ».

... N'ayant pas lieu de figurer.

Nota : Les chiffres ayant été arrondis, leur somme peut ne pas correspondre aux totaux indiqués.

Tableau 10

Dépenses[1] consacrées aux services policiers provinciaux/ territoires, 1994-1995

Province/ Territoire	Services de police provinciaux (sauf à contrat par la GRC)	Services de police provinciaux/ territoires assurés à contrat par la GRC			Total des dépenses des services de police Provinciaux/Territoires
		Part de la province (70 %)	Part du fédéral (30 %)	Total (100 %)	
	1 000 $	1 000 $	1 000 $	1 000 $	1 000 $
T.-N.[2]	21 091	39 197	16 799	55 996	77 087
Î.P.-É.	...	6 950	2 979	9 929	9 929
N.-É.	...	45 603	19 544	65 147	65 147
N.-B.	...	32 027	13 726	45 753	45 753
QC[3]	414 747	...	...	...	414 747
Ont.[4]	456 822	...	...	...	456 822
Man.	...	48 381	20 735	69 115	69 115
Sask.	...	60 745	26 034	86 779	86 779
Alb.	...	78 453	33 623	112 076	112 076
C.-B.	...	115 605	49 545	165 149	165 149
Yukon	...	9 978	4 276	14 255	14 255
T.N.-O.	...	27 170	11 644	38 814	38 814
Canada	892 661	464 109	198 904	663 013	1 555 674

1. Les chiffres sur les dépenses représentent les dépenses d'exploitation brutes et comprennent les frais acquittés à même les fonds prévus au budget des services de police. Les recettes et les recouvrements ne sont pas inclus, pas plus que les dépenses en immobilisations, sauf celles qui ont été engagées pour l'achat de véhicules automobiles.
2. À Terre-Neuve, les services de police provinciaux sont assurés par la Royal Newfoundland Constabulary et par la GRC. La Constabulary dessert environ 36 % de la population et la GRC, 64 %.
3. La Sûreté du Québec assure tous les services de police provinciaux dans la province.
4. La police provinciale de l'Ontario assure tous les services de police provinciaux dans la province.
... N'ayant pas lieu de figurer.
Nota : Les chiffres ayant été arrondis, leur somme peut ne pas correspondre aux totaux indiqués.

LA POLICE PROFESSIONNELLE DE TYPE COMMUNAUTAIRE AUX ÉTATS-UNIS ET EN FRANCE

La police et la sécurité du voisinage : les vitres cassées*

James Q. Wilson
Université de la Californie, Berkeley
George L. Kelling
Université Harvard, Boston

* L'article «Broken Windows» de J.Q. WILSON et G.L. KELLING a paru la première fois dans *The Atlantic Monthly* en mars 1982. Nous remercions *Les Cahiers de la sécurité intérieure* (Paris) qui nous ont permis de reproduire cet article publié à l'origine dans leur n° 15 (1994).

Présentation de l'article

L'article «Broken Windows» (Les vitres cassées) a connu un succès foudroyant: reproduit dans d'innombrables revues, constamment cité, commenté et discuté, il est vraisemblablement le texte le plus célèbre consacré aux questions de sécurité dans les villes américaines. Il n'est pas exagéré de penser qu'il a contribué à modifier les termes du débat public sur les causes et les remèdes de la violence urbaine. Comme toujours dans ce cas, il n'en est souvent retenu que la thèse la plus spectaculaire, à savoir le retournement de la causalité supposée entre délinquance et sentiment d'insécurité.

On connaît les termes initiaux de ce débat. Pour les uns, le développement d'un sentiment d'insécurité est la conséquence évidente, et d'ailleurs rationnelle, de la croissance continue de la délinquance, attestée par tous les indicateurs chiffrés. D'autres s'appuient sur des données tout aussi incontestables (par exemple la corrélation négative entre victimisation réelle et sentiment d'insécurité) pour mettre en doute cette relation et attribuer au sentiment d'insécurité des causes beaucoup plus générales (crise économique, emploi, modernisation accélérée, mobilité urbaine, etc.). On sait également, après de nombreuses polémiques, que les deux points de vue ne s'excluent pas. L'évolution des politiques publiques en témoigne, qui a vu l'intégration progressive et continue des mesures «sécuritaires» dans ce qui est devenu une politique de la ville.

Au regard de ce débat, l'apport de James Q. Wilson et George L. Kelling est d'abord d'avoir démontré la réciprocité de la relation entre délinquance et insécurité, en démontrant la dynamique par laquelle le sentiment d'insécurité lui-même ouvre la voie à la délinquance. Comme toujours lorsqu'il y a progrès dans la compréhension des phénomènes sociaux, c'est par l'introduction d'un troisième terme dans la relation que celle-ci s'éclaire. Ce troisième terme, c'est la « fenêtre brisée », la « vitre cassée », c'est- à-dire les premiers signes indiquant que la dégradation d'un espace n'est plus réparée et sanctionnée par ses propres habitants, que les contrôles sociaux communautaires s'effritent et que l'ordre conventionnel se délite. S'engrène alors, si rien n'est fait, une spirale du déclin : les habitants qui en ont la possibilité quittent le quartier. Comme ce sont, par définition, ceux qui disposent encore de quelques ressources, il ne reste que les démunis. Or, ces derniers sont plus incapables encore de s'opposer au délabrement, qui s'accélère et ouvre ces poches d'ombre, dépourvues de tout contrôle social, dans lesquelles la délinquance peut de déployer à loisir.

Les remèdes proposés par les auteurs sont d'abord techniques et, à ce titre, ils sont décevants. L'efficacité de la substitution de la patrouille pédestre aux rondes automobiles a été démontrée par une de ces études expérimentales en vraie grandeur auxquelles la *Police Foundation* nous a accoutumés. On doutera que ce soit suffisant et, de ce côté de l'Atlantique, on est encore peu disposé à admettre certaines préconisations des auteurs, comme l'abandon radical des quartiers jugés définitivement perdus ou le paiement direct par les habitants de policiers venant, hors services, effectuer dans leur quartier des heures supplémentaires.

Mais l'intérêt majeur de l'article de James Q. Wilson et George L. Kelling n'est pas là. Il est dans la mise à plat d'un débat essentiel sur les priorités policières et plus encore sur les missions légitimes de la police. C'est sans doute prendre à rebrousse-poil l'ensemble du corps policier que de mettre en question la priorité absolue qu'il accorde à la lutte contre le crime, mais c'est d'abord lui rappeler son histoire. En effet, ce n'est, dans le cas américain tout au moins, que très récemment — pour contrer la concurrence des agences privées de détectives — que la police s'est emparée de cette mission et en a fait sa raison d'être, de plus en plus exclusive. Et leurs auteurs ne sont pas loin de penser que ce faisant, la police a lâché la proie pour l'ombre, ne s'attaquant plus qu'aux conséquences en délaissant le traitement des causes : « On a oublié ce lien, si évident aux yeux des générations précédentes, qui existe entre le maintien de l'ordre et la prévention du crime. »

Il faut comprendre ici le « maintien de l'ordre » au sens anglo-saxon ; il ne s'agit pas du tout du « rétablissement de l'ordre », au sens de contrôle — et le cas échéant répression — des manifestations collectives par des unités spécialisées de la force publique. Il s'agit de l'ordre quotidien, celui qui est assuré par les mécanismes d'auto-contrôle que toute collectivité met en œuvre en son sein et dont le point d'application essentiel est le contrôle des usages de l'espace public. Ce fut la mission originelle des polices urbaines en Amérique du Nord que de soutenir et de renforcer ces mécanismes informels et c'est ce rôle qu'elles n'assureraient plus. Les auteurs ne prônent pas le retour à un supposé âge d'or d'une police communautaire en symbiose avec les normes et valeurs dominantes de la collectivité qu'elle sert. D'autant moins qu'ils soulignent les dangers de cette symbiose, lorsque les critères de l'ordre local font trop bon marché de la loi. Mais en transposant leurs concepts, on retrouvera entre le *law enforcement*, l'*order maintenance* et le *crime solving* les termes d'un débat sur les missions policières, leur hiérarchie et les instances à qui ils appartient de les définir. Un débat auquel il serait douteux que les polices européennes échappent.

Dominique Monjardet
Directeur de recherche au CNRS
(Paris)

Introduction

C'est au milieu des années 70 que l'État du New Jersey donna le coup d'envoi d'un «Plan sécurité et propreté» ayant pour but d'améliorer la qualité de la vie de quartier dans 28 communes. À cette fin, l'État attribua des subventions aux municipalités, afin de les aider à retirer les policiers de leur voiture de patrouille pour les affecter à des rondes à pied. Le gouverneur et les responsables de l'État étaient enthousiastes à l'idée d'utiliser de tels moyens pour réduire la criminalité, mais de nombreux responsables de la police étaient sceptiques. À leurs yeux, cette méthode réduisait la mobilité de la police, qui ne pouvait plus aussi bien répondre aux appels des gens, et affaiblissait le contrôle de la salle de commandement sur les policiers.

De nombreux policiers s'opposaient également à ce plan, qui les obligeait à rester dehors par des nuits froides ou pluvieuses, et qui réduisait leurs chances de faire «une bonne prise». Quant aux universitaires spécialisés dans l'étude de la police, ils doutaient que ce système ait un quelconque effet sur les taux de criminalité; ils estimaient dans leur grande majorité que la mesure ne dépassait pas le stade d'une simple concession à l'opinion publique. Cependant, puisqu'il s'agissait de l'argent de l'État, les autorités locales se dirent disposées à jouer le jeu.

Cinq ans après le lancement du plan, la *Police Foundation*[1] à Washington en publia une évaluation. Sa conclusion, basée sur l'analyse d'une expérience organisée à Newark, ne surprit presque personne: les patrouilles à pied n'avaient pas

---

1. Organisme de recherche indépendant, soutenu notamment par la Fondation Ford. *Les Cahiers de la sécurité intérieure* ont publié la synthèse d'une des recherches les plus célèbres de la *Police Foundation*: George L. KELLING, Tony PATE, Duane DIECKMAN, Charles E. BROWN, «L'expérience de Kansas City sur la patrouille préventive», *Cahiers de la sécurité intérieure*, n° 5, 1991, pp. 277-315 (NDLR).

réduit les taux de criminalité. Pourtant, les habitants des quartiers où se déroulaient les rondes semblaient avoir un sentiment de sécurité plus développé qu'ailleurs, inclinaient à penser que la criminalité avait diminué et paraissaient prendre moins de mesures de protection (par exemple en fermant la porte à clef lorsqu'elles étaient chez elles). De plus, les habitants des secteurs touchés par les rondes avaient une meilleure opinion de la police que les résidents d'autres zones. Les policiers eux-mêmes avaient un meilleur moral, retiraient une plus grande satisfaction de leur travail et faisaient preuve d'une attitude plus favorable envers les habitants du quartier que les agents affectés à des patrouilles motorisées.

À lire ces résultats, on pourrait croire que les sceptiques étaient dans le vrai — que la patrouille pédestre n'a aucun effet sur la criminalité et qu'elle donne seulement au citoyen l'illusion qu'il est mieux protégé. Pour autant, les habitants de Newark n'avaient pas été mystifiés. Ils s'étaient rendu compte que la présence de policiers à pied rendaient leur quartier effectivement plus sûr.

Ordre public, délinquance et comportements déviants

Comment un quartier peut-il être « plus sûr » quand le taux de criminalité n'a pas diminué — ou même a augmenté ? Trouver la réponse à cette question implique avant tout de comprendre quelle est la raison majeure des peurs ressenties dans les lieux publics. Assurément, nombreux sont les citoyens dont la principale crainte est la délinquance, particulièrement celle qui implique une agression violente et soudaine de la part d'un étranger. Ce risque est tout à fait réel, à Newark comme dans d'autres grandes villes. Cependant, on a tendance à oublier un autre type de peur : celle d'être dérangé par des individus au comportement déviant. Il ne s'agit pas forcément ici de personnes violentes, ni de

89

délinquants, mais plutôt d'individus louches, à la conduite imprévisible : mendiants, ivrognes, drogués, adolescents turbulents, prostituées, désœuvrés de tout poil, handicapés mentaux, etc.

L'apport des patrouilles à pied fut d'élever autant qu'il était possible le niveau de l'ordre public dans les secteurs concernés. Bien que ces quartiers fussent majoritairement noirs et les policiers blancs pour la plupart, la fonction policière de « maintien de l'ordre » fut menée à bien à la satisfaction générale.

L'un des deux auteurs de cet article (Kelling) a passé de nombreuses heures à déambuler en compagnie des hommes de ronde de Newark, afin de comprendre quelle était leur définition de « l'ordre » et ce qu'ils faisaient pour le faire respecter. L'une de ces rondes s'avéra extrêmement révélatrice : elle se déroulait dans une zone active mais délabrée du centre de Newark, comprenant de nombreux bâtiments abandonnés, des commerces marginaux (plusieurs boutiques allant jusqu'à mettre bien en vue dans leur vitrine des couteaux et des rasoirs à lame), un grand magasin et surtout une gare et de nombreux arrêts de bus. La sécurité de ce quartier était importante non seulement pour ceux qui y vivaient et y travaillaient, mais aussi pour ceux qui avaient à le traverser sur le chemin de la maison, du supermarché ou de l'usine.

Les passants étaient noirs dans leur grande majorité. Quant au policier de patrouille, c'était un blanc. Pour lui, les personnes rencontrées se divisaient en deux catégories : les « habitués » et les « étrangers ». Les « habitués » comprenaient à la fois les « braves gens » et quelques ivrognes et autres marginaux traînant systématiquement dans le secteur, mais qui savaient « rester à leur place ». Les étrangers étaient... « des étrangers, quoi... », et on les considérait, sinon avec appréhension, du moins avec suspicion. Le policier (nous l'appellerons Kelly) connaissait les « habitués » et ceux-ci le connaissaient également. Sa tâche, selon lui, consistait à surveiller les étrangers, tout en s'assurant que les habitués peu recommandables observent un certain nombre de règles tacites. Les ivrognes et drogués pouvaient s'asseoir sous les porches, mais non s'y étendre. Il était possible de boire dans les rues adjacentes, mais pas au carrefour principal. Les bouteilles ne devaient pas sortir des sacs en papier. Il était formellement interdit d'aborder et d'ennuyer quiconque attendait à l'arrêt de bus. Si une dispute éclatait entre un client et un commerçant, on partait du principe que le patron avait raison, surtout si le client était un étranger. Au cas où un étranger traînait dans la rue, Kelly lui demandait s'il avait une source de revenus fixe et ce qui motivait sa présence. Si ses réponses ne semblaient pas satisfaisantes, Kelly lui intimait l'ordre de dégager. Ceux qui ne respectaient pas les règles informelles, et plus spécialement ceux qui dérangeaient les gens attendant le bus, se faisaient arrêter pour vagabondage.

Ces règles étaient définies et appliquées en collaboration avec les «habitués» qui se trouvaient dans la rue. D'autres quartiers pouvaient avoir des règles différentes, mais tout le monde comprenait que c'étaient celles-ci qui s'appliquaient dans ce quartier-là. Si quelqu'un s'avisait de les violer, non seulement les habitués appelaient Kelly à la rescousse, mais ils ridiculisaient aussi le perturbateur. Les mesures prises par Kelly étaient parfois la pure application de la loi. D'autres fois, elles étaient informelles, sortaient du strict cadre légal et visaient à maintenir l'ordre public au niveau jugé idoine par les habitants du quartier.

Nous entendons déjà les commentaires des sceptiques endurcis : certes, un rondier exercé peut faire régner l'ordre, mais cette sorte «d'ordre» a peu de choses à voir avec la véritable source de peur urbaine qu'est la violence criminelle. L'affirmation est exacte dans une certaine mesure ; cependant, il faut bien garder à l'esprit deux notions. La première est que l'observateur extérieur ne dispose pas d'éléments suffisants pour décider si l'angoisse aujourd'hui endémique dans les grandes villes dépend de la véritable «criminalité» ou du simple sentiment que la rue n'est pas sûre, qu'elle est le lieu de rencontres déplaisantes ou inquiétantes. Les habitants de Newark, à en juger par leur attitude et leurs déclarations, semblent tenir énormément à l'ordre public et se sentent soulagés, rassurés, lorsque la police les aide à assurer la sécurité dans les rues.

En second lieu, la règle générale veut qu'au niveau urbain, le désordre et la délinquance soient intimement liés en une sorte d'enchaînement logique. De fait, les psychosociologues comme les policiers s'accordent à dire que, dans le cas où une vitre brisée n'est pas remplacée, toutes les autres vitres connaîtront bientôt le même sort. La chose se vérifie aussi bien dans les beaux quartiers que dans les quartiers défavorisés. Certes les déprédations n'interviendront pas forcément partout sur une large échelle : certains secteurs comptent des briseurs de vitres déterminés, tandis que d'autres abritent des personnes qui apprécient les vitres... Mais qu'une seule vitre brisée le reste et c'est un signal qu'en casser d'autres sera sans conséquence.

La théorie de la vitre cassée

En 1969, Philip Zimbardo, psychologue à l'Université de Stanford, a fait une communication sur certaines expériences visant à tester la «théorie de la vitre cassée». À son initiative, deux voitures dénuées de plaques d'immatriculation avaient été placées dans la rue, capot relevé, l'une dans le Bronx, l'autre à Palo Alto, quartier huppé de Californie. La voiture du Bronx fut attaquée par des «vandales» dans les dix minutes qui suivirent. Les premières personnes à arriver furent une famille, qui emporta le radiateur et la batterie. En 24 heures, presque tous les éléments de valeur avaient disparu. Commença alors une destruction aveugle — vitres fracassées, morceaux de carrosserie arrachés, garnitures éventrées, etc. Les enfants se mirent à utiliser la voiture comme terrain de jeu. La majorité des « vandales » adultes étaient des blancs bien habillés, apparemment « très comme-il-faut ». Quand au véhicule abandonné à Palo Alto, personne ne le toucha pendant une semaine. Zimbardo se mit alors à le défoncer à coups de masse et, bientôt, des passants furent de la partie. En quelques heures, la voiture se trouva retournée et entièrement détruite. Là aussi, les « vandales » se révélèrent être des blancs parfaitement respectables.

L'objet laissé à l'abandon est une proie idéale pour qui cherche à se distraire ou à voler le bien d'autrui. Il tentera jusqu'à celui qui ne s'imaginerait pas ordinairement faire de telles choses et considère qu'il respecte la loi. En raison de la nature de la vie sociale dans le Bronx — son anonymat, la fréquence des voitures abandonnées et des bris ou vols d'objets de toute sorte, l'idée que « tout le monde s'en fiche » —, le vandalisme s'y déclenche beaucoup plus rapidement qu'à Palo Alto, endroit chic où les habitants pensent que chacun se préoccupe de son bien et qu'un comportement agressif peut coûter cher. Mais, dès que sont franchies les limites sociales — sens du respect mutuel, obligations de la vie en société — et qu'un premier signe affirme « personne ne s'en préoccupe », la porte est ouverte aux actes de vandalisme, ceci quel que soit l'endroit.

À notre sens, les comportements « d'abandon » mènent également à l'effondrement des contrôles sociaux. Un quartier stable où des familles se préoccupent de l'état de leur maison, font attention aux enfants des autres et rejettent fermement les intrus, peut se transformer en quelques années (et même quelques mois) en une jungle terrifiante, inhospitalière. Qu'un bien soit abandonné, qu'on laisse pousser la mauvaise herbe ou briser une vitre... et les adultes cesseront bientôt de réprimander les enfants turbulents. Les enfants s'enhardiront et deviendront encore plus turbulents. Les familles quitteront l'endroit et seront remplacées par des personnes sans attaches. Les adolescents se rassembleront devant la boutique du coin et refuseront de partir quand le

93

propriétaire le leur demandera. Des bagarres surviendront. Les ordures s'accumuleront. Des gens se mettront à boire en face de l'épicerie.

À ce stade, on ne constatera pas forcément d'actes de délinquance grave ou d'agressions violentes contre des personnes étrangères au quartier. Cependant, de nombreux habitants auront le sentiment que la délinquance — tout particulièrement les actes de violence — connaît une augmentation, et modifieront leur comportement en conséquence : ils sortiront plus rarement et, lorsqu'ils seront à l'extérieur, resteront à l'écart des autres, se déplaçant l'œil aux aguets, le visage fermé, d'un pas pressé, appliquant le credo du « ne nous en mêlons pas ».

Pour certains habitants, cette atomisation sera sans importance puisque le quartier, au lieu d'être un « chez soi », n'est que « l'endroit où l'on vit ». Mais pour d'autres, ceux dont la vie trouve sa satisfaction et son sens dans l'attachement au lieu plutôt que dans les liens avec l'extérieur, la notion de quartier aura disparu (sauf à travers quelques visites rendues à des amis de confiance).

Une telle zone est éminemment vulnérable à l'invasion par la délinquance. En effet, bien que cette dernière n'y soit pas inévitable, elle est plus susceptible d'y survenir qu'en des lieux où les comportements sociaux sont « régulables » par le biais de contrôles informels.

La peur dans les villes

Parmi ceux qui ont souvent des difficultés à déménager pour échapper à de telles situations, on compte le troisième âge. Les enquêtes démontrent que les personnes âgées sont moins susceptibles d'être victimes d'actes de délinquance que ne le sont les jeunes, et quelques-uns ont voulu y voir la preuve que la fameuse peur du délinquant exprimée par le troisième âge est exagérée. À les en croire, on ne devrait prendre aucune mesure particulière pour protéger cette classe d'âge et il suffirait de dialoguer avec eux afin de leur ôter leurs craintes... En fait, cet argument passe à côté du problème réel. Chez la personne sans défense, la perspective d'une confrontation avec un jeune dur ou un mendiant ivrogne peut déclencher une peur aussi intense que l'idée de rencontrer un véritable malfaiteur. Pour qui ne peut se défendre, les deux types de confrontation sont souvent impossibles à distinguer. De plus, le taux plus faible d'agressions sur les personnes âgées se justifie par les mesures d'isolement que celles-ci ont prises afin de minimiser les risques. Si les hommes jeunes font plus fréquemment l'objet d'agressions que les vieilles dames, ce n'est pas parce qu'ils forment une cible plus facile ou plus lucrative, mais parce qu'ils sortent plus souvent dans la rue.

Les personnes âgées ne sont pas les seules à établir le lien entre désordre et angoisse. Susan Estrich, de la Faculté de droit de Harvard, a récemment rassemblé une série impressionnante d'études portant sur le thème de la peur urbaine. L'une d'elles, menée à Portland, dans l'Oregon, indique que les trois quarts des adultes interviewés changeront de trottoir à la seule vue d'un groupe de jeunes. Selon une autre, conduite à Baltimore, la moitié des interviewés traversent la rue pour éviter un jeune à l'air bizarre. Lorsqu'on a demandé aux résidents d'un grand ensemble quel est l'endroit le plus dangereux, ceux-ci citent un lieu où les jeunes se rassemblent pour boire un coup et jouer de la musique, bien qu'aucun acte de délinquance n'y ait jamais été commis. Dans les quartiers de Boston, la peur la plus vive a été exprimée par des habitants de bâtiments où le chahut et l'impolitesse — et non la délinquance — sont monnaie courante.

On comprend mieux, dès lors, la signification de ces manifestations, par ailleurs sans danger, que sont les graffiti du métro. Pour reprendre les termes de Nathan Glazer, la

95

prolifération de graffiti, même lorsque ceux-ci n'ont aucun caractère d'obscénité, met le passager face au fait que «l'environnement qu'il doit subir durant une heure ou plus est incontrôlé et incontrôlable» et que «n'importe qui peut se l'approprier pour se livrer à toutes les déprédations et tous les méfaits qui lui passent par la tête».

Parce qu'ils ont peur, les gens s'évitent, affaiblissant ainsi les contrôles sociaux. Parfois, ils appellent la police. Arrivent alors des voitures de patrouille, une arrestation est opérée de temps à autre, mais le crime persiste. Les gens vont se plaindre au chef de la police, mais celui-ci explique que son service manque d'effectifs et que la justice ne punit pas les petits délinquants. Aux yeux des habitants, les policiers semblent inefficaces, ou pire, négligents. Quant aux policiers, ils considèrent les habitants comme des «animaux», qui méritent de vivre en compagnie d'autres «animaux». Le citoyen n'appellera bientôt plus la police, parce qu'«ils ne font rien».

Ce que nous pouvons appeler le processus de «décadence urbaine», existe depuis des siècles dans toutes les villes. Cependant, le phénomène qui survient aujourd'hui se distingue du passé et cela de deux façons. Tout d'abord, dans la période qui a précédé la deuxième guerre mondiale, les urbains pouvaient rarement se soustraire aux problèmes du quartier: manque d'argent, difficultés de transports et attaches familiales ou religieuses. Lorsqu'il y avait migration, celle-ci intervenait généralement le long des axes de transport en commun. De nos jours, la mobilité est devenue aisée pour tous, mis à part les plus défavorisés ou ceux qui restent bloqués dans une zone déterminée en raison du racisme. En second lieu, la police de l'époque participait au processus de restauration de l'autorité en agissant, parfois avec violence, au nom de la collectivité. On secouait les jeunes durs, effectuait des arrestations sur de simples présomptions ou pour des motifs comme le vagabondage, tout en chassant les prostituées et les petits malfaiteurs. Les « droits constitutionnels » étaient l'apanage des gens honnêtes.

Du maintien de l'ordre à la lutte contre la criminalité

Cette forme de maintien de l'ordre n'était ni une chose aberrante, ni le fruit d'excès ponctuels, puisque la fonction originelle de la police américaine était essentiellement définie comme celle d'un veilleur de nuit : faire respecter l'ordre face à des menaces telles qu'incendies, animaux sauvages ou comportements contraires aux bonnes mœurs. La lutte contre le crime était alors considérée comme l'affaire, non de la police mais des citoyens. On est passé, dans le domaine des rôles dévolus à la police, du maintien de l'ordre à la lutte contre le crime. Cette évolution a commencé avec la mise en place d'enquêteurs privés (parmi lesquels figuraient de nombreux criminels reconvertis), rémunérés à la prime, qui travaillaient pour des personnes ou groupes de personnes ayant subi un dommage. Ces enquêteurs se fondirent finalement dans les services de police municipaux, qui se mirent à les salarier ; en même temps, la responsabilité des poursuites à l'encontre des malfaiteurs passa des mains du citoyen spolié à celles du ministère public. Il est utile de noter qu'en beaucoup d'endroits des États-Unis, ce processus n'a connu son aboutissement qu'au début du XXe siècle.

Dans les années 60, tandis que les émeutes urbaines faisaient rage et posaient de graves problèmes, les sociologues s'intéressèrent soudain au rôle que pouvait jouer la police dans le maintien de l'ordre. Ils suggérèrent alors certains moyens pour assurer plus efficacement cette fonction — non pas pour rendre les rues plus sûres, mais pour réduire l'incidence de la violence collective. L'idée de maintien de l'ordre est devenue, dans une certaine mesure, synonyme de qualité de vie de quartier. Lorsque la vague de délinquance qui avait déferlé dans les années 60 se prolongea dans les années 70, l'attention se porta sur le rôle de la police en tant qu'instrument de lutte contre le crime. Les études menées sur la police cessèrent de s'intéresser à sa fonction de maintien de l'ordre pour s'efforcer, au contraire, de proposer et de tester les moyens par lesquels elle pouvait résoudre plus d'affaires criminelles et effectuer plus d'arrestations. Les sociologues imaginaient que si l'on parvenait à de tels résultats, les craintes des citoyens diminueraient.

On progressa beaucoup durant cette transition. Les chefs de la police, ainsi que les experts, mirent l'accent sur la fonction de lutte contre le crime, dans leurs orientations dans l'allocation des ressources budgétaires et la répartition des personnels. À la suite de ces changements, il est possible que la police soit en effet devenue plus efficace contre le crime (tout en restant, sans doute, consciente de ses responsabilités vis-à-vis de l'ordre public). Cependant, on a oublié ce lien, si évident aux yeux des générations précédentes, qui existe entre maintien de l'ordre et prévention de la criminalité.

Ce lien est du même ordre que l'effet « vitres cassées ». Un citoyen qui a peur de l'ivrogne et de son odeur, qui s'effraie à la vue d'un adolescent tapageur et craint le mendiant importun, ne se contente pas d'exprimer son dégoût face à des comportements inconvenants ; il exprime également par là la sagesse populaire, somme toute exacte, qui veut que la délinquance grave prospère sur l'impuissance à maîtriser les comportement déviants. Dans ses effets, le mendiant laissé à lui-même est comparable à la première vitre cassée : c'est ainsi que les agresseurs et autres voleurs, qu'ils soient occasionnels ou professionnels, sont persuadés qu'ils réduisent les chances d'être pris, ou simplement identifiés, en opérant dans des rues où les victimes potentielles sont d'avance intimidées par une ambiance préexistante. Puisque le voisinage ne sait pas empêcher qu'un mendiant ennuie le passant, le voleur a toutes les raisons de croire que personne n'ira appeler la police pour identifier un agresseur potentiel, ou que nul ne s'interposera en cas d'agression effective.

Les vertus de la patrouille pédestre

Certains responsables de la police admettent le bien-fondé de ce processus, mais rétorquent que les policiers motorisés sont tout aussi efficaces que ceux qui patrouillent à pied. Nous n'en sommes pas si sûrs. En théorie, les premiers comme les seconds peuvent se livrer à la même surveillance et parler avec autant de gens. Pourtant, la réalité des contacts entre les citoyens et la police est profondément altérée par l'automobile. En effet, le policier à pied ne peut éviter les gens de la rue. Si on l'approche, son uniforme et sa personnalité représentent ses seules ressources pour dominer le cours des événements. Et il ne peut jamais savoir ce qui va survenir : demande de renseignements, appel à l'aide, dénonciation irritée, remarque ironique, galimatias incompréhensible, geste menaçant, etc. En revanche, il est probable qu'en voiture, le policier se contentera de baisser la vitre pour s'entretenir avec les gens de la rue. La porte et la vitre sont une barrière pour la personne qui s'approche. Certains policiers vont en profiter, peut être inconsciemment, pour manifester en voiture un comportement différent de celui qu'ils auraient à pied.

Nous avons constaté ce phénomène à de nombreuses reprises : la voiture de police s'arrête à un carrefour où est rassemblé un groupe d'adolescents. La vitre descend, l'agent dévisage les jeunes. Ils le dévisagent en retour. L'agent s'adresse à l'un d'eux : « Viens par ici ». Le garçon s'approche, l'allure décontractée, faisant ainsi sentir à ses amis que l'autorité ne l'impressionne pas. « Comment tu t'appelles ? — Chuck. — Chuck comment ? — Chuck Jones. — Qu'est-ce que tu fais là, Chuck ? — Rien. — Qui est ton contrôleur judiciaire (agent de libération conditionnelle) ? — J'en ai pas. — T'es sûr de ça ? — Ouais. — Marche à l'ombre, Chuckie. » Pendant ce temps, les autres garçons rigolent en échangeant des commentaires entre eux, probablement aux dépens du policier. Celui-ci les fixe plus durement. Il ne peut connaître avec certitude la teneur de leurs propos, pas plus qu'il ne

99

peut s'en mêler, démontrer son sens de la répartie et donc prouver qu'on n'a pas le droit de «se foutre de sa gueule». Dans l'histoire, l'agent n'a quasiment rien appris. Quant aux garçons, ils ont décidé une fois pour toutes que le policier est une force étrangère que l'on peut mépriser et même narguer.

L'expérience nous montre que la plupart des gens apprécient le fait de parler à un policier. De tels échanges donnent un sentiment d'importance, fournissent le point de départ de petits potins et permettent de faire part de sujets de préoccupation (ce faisant, on y trouve l'impression d'avoir «fait quelque chose»). On approche plus facilement une personne circulant à pied, on lui parle plus volontiers que si elle se trouve en voiture. En outre, il est plus aisé de garder l'anonymat en prenant à part un policier. Imaginons que vous vouliez fournir un tuyau du genre «X vole des sacs à main, Y m'a proposé une télé volée...». Il est probable que la personne en question vit à proximité. Faire le chemin jusqu'au véhicule de police et se pencher à la fenêtre, c'est signaler à la cantonade que vous être un «donneur».

L'essence même du rôle de la police dans le maintien de l'ordre réside dans le renforcement des mécanismes d'auto-contrôle de la collectivité. À moins d'engager des moyens énormes, la police ne peut fournir de substitut à ce mode de contrôle informel. D'un autre côté, pour renforcer ces défenses naturelles, la police doit s'adapter à elles.

Nous atteignons là le cœur du problème. L'activité de la police doit-elle être largement conditionnée par les normes des quartiers où elle opère, plutôt que par les lois de l'État? Durant les deux dernières décennies, le passage d'un rôle de maintien de l'ordre à un rôle d'application de la loi s'est traduit, à la suite des plaintes des médias, par la mise en place de restrictions juridiques, imposées par des décisions de justice et des décisions politiques. Il en a résulté que les fonctions de maintien de l'ordre sont aujourd'hui gouvernées par des règles originellement destinées à contrôler les relations de la police avec les criminels. Il s'agit là d'un développement entièrement nouveau. Durant des siècles, la fonction de surveillance de la police a été essentiellement évaluée, non sur la base du respect des procédures applicables, mais sur l'efficacité à atteindre un objectif donné. Cet objectif était l'ordre, terme intrinsèquement ambigu, mais état éminemment reconnaissable pour les membres d'une collectivité. Les moyens employés pour faire régner l'ordre étaient les mêmes que ceux qu'aurait employés un quartier donné si ses habitants s'étaient avérés suffisamment déterminés et courageux. Identifier et appréhender les criminels, à l'inverse, était un moyen et non une fin en soi; la décision de justice était le résultat attendu de ce mode de maintien de l'ordre. Même si les différents États américains se distinguaient par des réglementations plus ou moins rigoureuses, la police était a priori supposée respecter celles-ci. On tenait toujours pour acquis que le processus menant à l'arrestation du délinquant impliquait le respect des droits individuels et il était inacceptable qu'un policier viole ceux-ci, car alors il se serait comporté en juge et en jury, rôles qui n'étaient pas de son ressort. Le degré de culpabilité ou d'innocence devait être déterminé à l'aune de normes universelles, suivant les procédures spécialement désignées à cet effet.

Aucun juge, ni jury ne voit habituellement comparaître des personnes impliquées dans une discussion quant au niveau d'ordre souhaitable dans un quartier. Ceci est vrai non seulement parce que la plupart des cas de ce type sont traités informellement sur les lieux, mais aussi parce qu'il n'existe aucune norme universelle pour apaiser un tel différend. Un juge ne saura donc en un tel cas être plus juste ou plus efficace qu'un policier. Jusqu'à récemment, dans de nombreux États — et c'est encore le cas dans quelques régions — la police pouvait effectuer des arrestations pour des motifs du genre «individu suspect», «vagabondage» ou «ivresse sur la voie publique» — toutes accusations dénuées de signification légale solide. Or, si de telles charges existent, ce n'est pas que la société donne mission aux tribunaux de réprimer le vagabondage ou l'ivrognerie, mais bien qu'elle veut fournir aux policiers des outils juridiques leur permettant d'expulser les indésirables de tel ou tel quartier, lorsque tous les efforts informels pour faire régner l'ordre ont échoué.

Si l'on s'en tient, pour qualifier les activités de la police, à la définition «d'application de règles universelles dans des situations spécifiques», on en vient à se demander ce qui définit un «indésirable» et pourquoi on devrait «criminaliser» le vagabondage ou l'ivrognerie.

Un louable désir de justice nous conduit à nous demander s'il est juste de permettre que la police déloge les personnes indésirables sur la seule base de normes vagues ou locales. Sous l'effet d'un utilitarisme croissant, nous nous demandons si un comportement qui ne «blesse» quiconque doit être considéré comme illégal. De nombreux observateurs sont réticents à l'idée que l'on laisse librement les policiers remplir les fonctions que souhaitent leur voir jouer toutes les communautés locales. «Décriminaliser» les comportement déviants qui «ne font de mal à personne» — et donc supprimer la dernière sanction dont disposent encore les policiers pour faire régner l'ordre — serait, à notre avis, une erreur. Arrêter un ivrogne ou un vagabond qui n'a blessé personne en particulier peut paraître injuste (et l'est dans un sens), mais rester les bras croisés devant une bande d'ivrognes ou une centaine de vagabonds peut mener à la destruction de tout un quartier. Telle règle, qui semble sensée dans un cas particulier, n'a plus aucun sens si elle devient universelle et applicable à tous les cas. On oublierait, ce faisant, le lien qui existe entre la première vitre cassée et les suivantes. Les problèmes que pose la présence d'ivrognes ou de malades mentaux pourraient certes être traités par des organismes autres que la police, mais dans la plupart des villes les choses ne se passent pas ainsi.

Police et communautés locales

On peut s'accorder sur le fait que tel comportement rend certains individus plus indésirables que d'autres. Mais comment s'assurer que la distinction entre ce qui est désirable et ce qui ne l'est pas ne se fait pas sur la base de l'âge, la couleur de peau, l'origine ethnique ou même d'innocentes manies ? Comment garantir que la police ne deviendra pas l'instrument de préjugés locaux ?

Nous n'avons aucune réponse satisfaisante à fournir à cette question cruciale — et nous ne sommes pas même certains qu'une telle réponse existe. Le seul garde-fou en ce domaine est l'espoir que la sélection, la formation et le contrôle des policiers leur inculquent une idée claire des limites de l'autorité discrétionnaire qu'ils possèdent. Limites que l'on peut grosso modo décrire ainsi : la police existe pour réguler les comportements, non pour assurer la pureté raciale ou ethnique d'un secteur.

Prenons le cas de l'un des plus gros ensembles d'habitat social du pays, le Robert Taylor Holmes à Chicago qui abrite 20 000 personnes, toutes de race noire, et s'étend sur quatre kilomètres carrés le long de South State Street. Peu après la construction de la cité, en 1962, les relations entre les habitants et les policiers se dégradèrent gravement. Les premiers trouvaient que la police était insensible et brutale ; les seconds se plaignaient d'être l'objet d'agressions injustifiées. Certains policiers de Chicago se souviennent encore de l'époque où ils avaient peur de se rendre à Holmes.

Aujourd'hui, l'atmosphère a changé. Les relations police-citoyen se sont améliorées. Il n'y a pas si longtemps, un jeune s'est enfui avec un porte-monnaie volé. Plusieurs jeunes qui avaient vu le voleur sont allés d'eux-mêmes livrer ses nom et adresse à la police, ceci au vu et au su de leurs amis et voisins. Des problèmes persistent malgré tout, notamment la présence de bandes de jeunes terrorisant les résidants, qui recrutent leurs membres dans la cité. Les gens attendent de la police qu'elle agisse et la police est fermement décidée à le faire.

Mais que faire ? Les policiers peuvent évidemment arrêter un membre de la bande lorsque celui-ci enfreint la loi, mais la bande peut agir, recruter et se réunir sans enfreindre la loi. De plus, seule une part infime des délits commis par une telle bande pourra se solder par une arrestation — d'où le fait que, si l'arrestation est le seul moyen dont dispose la police, les craintes des habitants ne connaîtront pas d'apaisement. Les forces de l'ordre se sentiront impuissantes et les habitants croiront de nouveau que « la police ne fait rien ». L'action qui est entreprise par la police consiste en fait à chasser les membres avérés de bandes hors de la cité. Pour reprendre les termes d'un agent, « nous les mettons dehors à grands coups de pieds aux fesses ». Les résidants de Holmes en sont parfaitement conscients et approuvent la chose. L'alliance tacite entre citoyens et police est renforcée par le conviction des policiers que les flics et les voyous sont les deux pouvoirs concurrents dans le secteur et que ce ne sont pas les voyous qui vont gagner.

Toutes ces choses sont difficilement conciliables avec des notions telles que « procédure légale » et « juste traitement du prévenu ». Comment la police peut-elle renforcer les mécanismes de contrôle informels au sein d'une collectivité donnée, afin de réduire le sentiment d'insécurité dans les lieux fréquentés par le public ?

Faire respecter la loi n'est pas une réponse en soi. Une bande peut parfaitement affaiblir, ou même détruire, un quartier par sa seule attitude menaçante sans enfreindre la loi pour autant.

S'il est difficile de réfléchir à de tels sujets, ce n'est pas seulement parce que leurs implications éthiques et légales sont complexes ; c'est aussi parce que l'on s'est habitué à penser la loi en des termes essentiellement individualistes. La loi définit mes droits, punit son comportement et est appliquée par ce policier à cause de cette menace. À raisonner de cette manière, nous tenons pour acquis que ce qui est bon pour l'individu est bon pour la société ; et que ce qui n'a pas d'importance quand cela arrive à une seule personne, n'importe pas plus lorsque cela arrive à plusieurs. On peut admettre ces affirmations dans la majorité des cas. Mais dans les cas où un comportement tolérable pour un individu ne l'est plus pour le groupe, la réaction des autres — peur, retrait, fuite — peut rendre les choses bien pires pour tout le monde, à commencer par celui qui s'était d'abord déclaré indifférent.

Les habitants des petites communes se disent plus souvent satisfaits de leur police que ceux de quartiers similaires au sein des grandes villes, peut-être en raison de leur plus grande sensibilité aux besoins collectifs — et non individuels. Elinor Ostrom et ses collègues de l'Université de l'Indiana ont comparé la perception qu'avaient des services de police deux villes pauvres, majoritairement noires, de l'Illinois (Phoenix et East Chicago Heights) et celle de trois arrondissements de niveau comparable, entièrement noirs, dans la ville de Chicago. Le taux de victimisation et la qualité des relations entre la police et la collectivité étaient à peu près identiques. Mais les habitants vivant en « villages » étaient beaucoup plus enclins que les résidents de Chicago à affirmer qu'ils ne restaient pas chez eux par peur des agressions, à dire que la police avait « le droit d'entreprendre toutes les actions nécessaires à la résolution des problèmes » et à admettre que « la police répond aux besoins du citoyen moyen ».

On peut penser que les habitants et la police des petites communautés se considèrent engagés dans un effort concerté pour maintenir un certain niveau de vie sociale, tandis que ceux de la grande ville se voient comme de simples demandeurs/fournisseurs de services spécifiques sur des bases individuelles.

105

Police communautaire ou sécurité privée

Dans ces conditions, comment un responsable de la police doit-il déployer ses trop maigres effectifs ? Première réponse : personne ne le sait avec certitude et l'attitude la plus prudente consisterait à tenter de nouvelles variations sur l'expérience de Newark afin de déterminer plus précisément ce qui peut fonctionner dans quel type de secteur. La seconde réponse prend elle aussi la forme d'une esquive : de nombreux aspects du maintien de l'ordre peuvent certainement être mieux traités avec intervention minimale de la police. Un centre commercial très actif et une banlieue calme et bien entretenue peuvent pratiquement se passer de toute présence policière ostensible. Dans les deux cas, le ratio gens respectables/gens louches est habituellement si élevé que le contrôle social s'exerce de lui-même.

L'action des habitants, sans implication policière substantielle, peut également se révéler suffisante dans les zones menacées par des éléments perturbateurs. Que les adolescents qui aiment traîner à tel endroit rencontrent des adultes voulant eux aussi faire usage des lieux et il y a fort à parier que les deux groupes s'accorderont sur une série de modalités (combien de personnes peuvent s'y rassembler, à quelle heure et comment).

Lorsque aucun point de convergence n'est possible, les rondes d'habitants peuvent représenter une riposte suffisante.

Il y a en effet aux États-Unis deux traditions d'implication des communautés locales dans le processus de maintien de l'ordre. La première, celle des «gardiens de la communauté», remonte aux débuts de la colonisation du Nouveau monde. Jusqu'au XIXe siècle, les patrouilles destinées à veiller au bon ordre des communautés locales étaient composées, non de policiers, mais de volontaires. Ceux-ci ne s'arrogeaient généralement pas le droit d'appliquer la loi ; ils ne punissaient personne et ne faisaient aucun usage de la force.

Leur simple présence dissuadait le désordre, ou alertait la communauté sur les désordres impossibles à empêcher. On compte aujourd'hui aux États-Unis des centaines d'exemples de ce type. Le plus connu est sans aucun doute celui des Guardian Angels, ce groupe de jeunes gens sans armes, portant des tee-shirts et des bérets distinctifs, qui s'est fait connaître du grand public en patrouillant dans les couloirs du métro de New York et prétend aujourd'hui compter des émules dans plus de trente villes américaines. Nous ne possédons malheureusement que peu de données sur l'impact qu'ont de tels groupes sur la délinquance. Il est cependant indéniable que les habitants trouvent leur présence rassurante et que ces jeunes contribuent ainsi à assurer un sentiment d'ordre de respect des autres.

La seconde tradition est celle de l'autodéfense. Très peu répandue dans les communes de l'Est du pays, on la trouvait essentiellement dans ces villes-frontière des nouveaux territoires qui échappaient à toute juridiction. On a dénombré jusqu'à 350 de ces groupes de « miliciens ». Leur caractéristique essentielle était que leurs membres s'arrogeaient le droit d'appliquer la loi et faisaient office de juge, de jury, et parfois même de bourreau. De nos jours, de par sa rareté, le mouvement d'autodéfense est considéré comme suspect, malgré la crainte que les vieilles villes ne deviennent de nouvelles « frontières urbaines »[2]. Mais, dans certaines communes, les groupes de surveillance n'ont pas été loin de franchir les limites. Un cas ambigu, rapporté par le *Wall Street Journal*, mettait en cause une patrouille privée dans le quartier de Silver Lake à Belleville, dans le New Jersey. L'un de ses responsables déclara aux journalistes : « Nous recherchons les étrangers. Si un groupe d'adolescents extérieurs au quartier y pénètrent, nous leur demandons ce qu'ils ont à faire là. S'ils disent se rendre chez Mme Untel, très bien, nous les laissons

---

2. Le terme de frontière fait ici référence à la zone de « non-droit » qu'était l'Ouest sauvage américain.

passer. Mais on les suit alors pour s'assurer qu'ils vont bien voir cette Mme Untel.»

Bien que l'action des citoyens soit importante, la police reste l'élément-clé du processus du maintien de l'ordre. D'une part, de nombreuses communautés, à l'instar du Robert Taylor Holmes, ne peuvent assurer cette fonction elles-mêmes. D'autre part, aucun citoyen, même dans un quartier organisé, ne peut ressentir le sentiment de responsabilité que confère le port d'un insigne. De nombreux psychologues ont étudié les raisons par lesquelles on ne se porte pas au secours d'une personne agressée. Les raisons mises à jour ne relèvent pas de «l'apathie» ou de «l'égoïsme», mais au contraire de l'absence de raison crédible assignant une responsabilité à l'individu. Paradoxalement, il est plus facile de se soustraire à ses responsabilités au milieu d'un groupe. Dans la rue et les lieux publics, il y aura probablement de nombreuses personnes autour de vous, ce qui réduit les chances pour qu'une personne seule intervienne en tant que mandataire de la collectivité. À l'inverse, l'uniforme du policier le singularise comme une personne qui doit accepter cette responsabilité si on le lui demande.

Gérer des ressources limitées

Pourtant, la police américaine perd des hommes au lieu d'en recruter. Plusieurs villes ont subi des coupes sombres dans le nombre de policiers disponibles et il est probable que ces réductions d'effectifs ne s'inverseront pas dans un avenir proche. En conséquence, chaque service doit être très prudent dans les affectations de policiers. Certains quartiers sont si démoralisés, si frappés par le crime, que la patrouille pédestre y reste sans effet; avec des ressources réduites, ce que la police peut faire de mieux est de répondre aux appels de personnes réclamant une intervention. D'autres secteurs sont si stables, à l'inverse, que toute patrouille à pied s'y révèle inutile. Le point décisif consiste à identifier les quartiers sur le point de basculer, ceux où l'ordre public est en voie de détérioration, mais peut encore être rétabli. Les rues sont fréquentées, mais les gens y ont peur. Les vitres risquent à tout instant d'être brisées, et il faut les réparer rapidement si l'on veut éviter qu'elles ne subissent toutes le même sort.

La plupart des services de police ne détiennent pas les moyens indispensables pour identifier systématiquement ces secteurs et y affecter des policiers. Les affectations sont généralement fonction des taux de criminalité. Elles peuvent également dépendre du taux d'appel des habitants. Pour répartir rationnellement les patrouilles, le service concerné doit étudier ses secteurs et décider, sur la base d'informations de première main, à quel endroit un policier supplémentaire fera la différence, en contribuant au sentiment de sécurité.

Dans plusieurs grands ensembles américains, on tente aujourd'hui de faire face aux effectifs limités de la police. Les associations de propriétaires engagent des policiers pour patrouiller dans leurs immeubles en dehors de leurs heures de service. Le coût de telles opérations n'est pas très élevé, le policier apprécie cette source de revenus complémentaire et les résidents se sentent plus en sûreté. Prendre des dispositions de ce type est sans doute plus efficace qu'engager des vigiles privés. L'expérience de Newark nous aide à comprendre pourquoi. Par sa présence, un agent de sécurité privé peut dissuader le crime ou les comportements agressifs. Il peut également se porter au secours des personnes qui appellent à l'aide. Mais, il se peut qu'il n'intervienne pas, c'est-à-dire qu'il ne contrôle ni ne chasse ceux qui défient les règles de la communauté. Le fait d'être un policier — «un vrai flic» — semble donner la confiance, le sens du devoir et l'aura d'autorité nécessaires dans l'accomplissement de cette tâche difficile.

On peut également encourager les policiers à se rendre sur leur lieu de patrouille en empruntant les transports publics pour que, une fois dans le bus ou dans la rame de métro, ils fassent appliquer les règles sur le tabac, l'alcool et les comportements générateurs de désordre. Nul besoin d'aller au-delà d'une simple expulsion (l'infraction, après tout, ne relève pas de celles qui intéressent les enquêteurs ou les juges). Faire respecter les règles dans les bus — action menée certes au hasard, mais sans faiblesse — pourrait peut-être aboutir au niveau de civilité que nous tenons pour acquis dans les avions.

L'exigence la plus importante reste de considérer comme vital le fait de maintenir l'ordre dans les situations précaires. La police n'ignore pas qu'il s'agit là de l'une de ses fonctions et est justement convaincue que celle-ci ne doit pas empiéter sur ses rôles d'enquête et de réponse aux appels des gens. Pourtant, l'inquiétude du public à l'égard des violences criminelles graves l'a peut-être encouragée à supposer qu'elle serait exclusivement jugée sur sa capacité à combattre le crime. Tant que cette attitude perdurera, les responsables administratifs de la police continueront de concentrer les personnels dans les zones de forte criminalité (même si celles-ci ne sont pas les plus vulnérables à l'invasion criminelle) et à axer leur formation sur les règles légales et la manière d'appréhender les criminels (et non sur la gestion de la rue). Ils s'associeront avec toujours autant de hâte aux campagnes visant à décriminaliser les comportements réputés «non dangereux».

Ce qui importe par-dessus tout, c'est de revenir à la notion si longtemps délaissée d'une police qui doit protéger la communauté autant que les individus. Les chiffres et les études dont nous disposons sur la délinquance ne mesurent que les préjudices individuels, non les dommages subis par les communautés. Tout comme les médecins reconnaissent aujourd'hui la primauté de la prévention de la maladie sur son traitement, la police — et plus généralement chacun d'entre nous — devrait reconnaître l'importance de préserver des quartiers sans vitres cassées.

La police communautaire aux États-Unis*

Wesley G. Skogan

Politicologue et criminologue
Professeur de sciences politiques
Université Northwestern, Illinois

* Nous remercions *Les Cahiers de la sécurité intérieure* (Paris) qui nous ont permis de reproduire cet article publié à l'origine dans leur n° 13 (1993).

Actuellement, un important débat sur le rôle de la police dans la société s'est instauré aux États-Unis. Il est étonnant de constater qu'il se produit plus d'innovations et de changements dans l'activité policière en Amérique que dans les autres fonctions de gouvernement, particulièrement à l'échelon municipal. C'est une période passionnante, car beaucoup de ces changements s'effectuent sans une idée très claire ni de la direction dans laquelle ils sont menés ni du succès qu'ils auront. Bien qu'apparaissant sous des formes multiples et variées, cette grande vague d'innovations est souvent désignée par les termes de police communautaire (*community policing*).

L'intérêt manifesté pour la police communautaire ne se limite pas aux États-Unis ; des projets similaires se mettent en place en Grande-Bretagne, en Allemagne, en Belgique, en Hollande, au Canada, en Australie et dans bien d'autres pays. Je centrerai ici mon observation sur les innovations récemment intervenues dans l'action policière aux États-Unis. Je débattrai de la définition de la police communautaire et des argumentations sur lesquelles elle se fonde. J'étudierai également les raisons expliquant l'apparition de la police communautaire et examinerai son efficacité. Je conclurai par des commentaires critiques sur l'avenir de la police communautaire ainsi que par quelques recommandations.

Le concept de police communautaire

La police communautaire n'est pas un concept clair : loin de se limiter à être un plan tactique spécifique, il impli-

113

que la réforme des processus de prise de décision et l'émergence de nouvelles cultures au sein des services de police. C'est une stratégie organisationnelle qui redéfinit les buts de l'action policière afin d'orienter le développement futur des services (Moore, 1992). En Amérique du Nord, ces buts sont appelés « énoncés de mission » (*mission statements*) ; et partout dans le pays, les services sont en train de réécrire leurs énoncés de mission afin de se conformer aux nouvelles valeurs qui doivent gouverner l'action de la police et sa relation avec son environnement.

Selon moi, la police communautaire obéit aux principes généraux suivants :

— La police communautaire est fondée sur la décentralisation organisationnelle et une réorientation des activités de patrouille afin de faciliter une communication à double sens entre la police et le public.

— La police communautaire suppose une orientation vers une action policière largement concentrée et axée sur la solution des problèmes.

— La police communautaire oblige les policiers (lorsqu'ils définissent les problèmes locaux et leurs ordres de priorité) à être attentifs aux demandes des citoyens.

— La police communautaire implique d'aider les quartiers à résoudre par eux-mêmes les problèmes de la délinquance, grâce à des organisations de proximité et à des programmes de prévention du crime.

Ces principes sous-tendent un large éventail de programmes. Sous la rubrique de police communautaire, les administrations policières américaines ouvrent actuellement de petits commissariats annexes de quartier, mènent des études pour identifier les problèmes locaux, organisent des réunions et des séminaires sur la prévention du crime, publient des bulletins d'information, aident à la formation de groupes de surveillance de quartier, mettent en place des comités consultatifs pour informer les policiers, organisent des activités pour les jeunes, mènent à bien des projets éducatifs et des campagnes contre la drogue dans les médias, patrouillent à cheval et collaborent avec les autres services municipaux pour maintenir en vigueur les règlements de santé et de sécurité.

La police communautaire dans les cités américaines

La police communautaire est fondée sur la décentralisation organisationnelle et une réorientation des activités de patrouille afin de faciliter la communication entre la police et le public.

La police n'est pas indépendante du reste de la société. Les grandes organisations ont appris que la décentralisation est souvent nécessaire pour permettre une plus grande flexibilité dans la prise de décision, là où le contact avec les usagers et les problèmes s'établit effectivement. Les services américains de police étaient traditionnellement organisés sur l'hypothèse que les politiques et leur mise en œuvre étaient fixées au sommet et se diffusaient en aval sous forme de lois et règlements. Le rôle de l'encadrement était de veiller à ce que ces lois et règlements soient appliqués. Bien entendu, ce schéma d'organisation ne reflétait nullement la réalité de l'activité policière: la prise de décision opérationnelle est hautement discrétionnaire et la plus grande part du travail policier se fait hors du contrôle de la hiérarchie. Le modèle de police communautaire est plus en accord avec la façon dont les services fonctionnent en réalité. Il implique la délégation formelle, aux policiers agissant au niveau du quartier, de l'autorité décisionnaire dont ils ont besoin pour agir efficacement. Les policiers de terrain sont supposés travailler de

115

façon plus autonome pour analyser les situations, résoudre les problèmes et éduquer le public. On leur demande de découvrir et de déterminer leurs propres objectifs, d'organiser eux-mêmes leurs horaires de travail. La décentralisation facilite l'émergence de solutions locales aux problèmes locaux et dissuade de l'application automatique des politiques de l'autorité centrale. La patrouille est aussi réorganisée de façon à permettre aux citoyens d'entrer en contact avec la police, dans des conditions neutres et non angoissantes qui les encouragent à jeter les bases d'une confiance mutuelle et à échanger des informations. L'objectif central de ces programmes est une amélioration des relations entre la police et la communauté locale.

À Chicago, l'évolution vers une police communautaire est en passe de conduire à une réduction du nombre des circonscriptions administratives dont la ville se compose, à une baisse drastique de la bureaucratie dans les états-majors, au démantèlement d'un certain nombre d'unités spéciales et à la réorganisation du service de police autour de petites «équipes de ronde» qui s'auto-administrent. Les policiers pratiquant la police communautaire assistent à des réunions et partagent quelques tasses de café avec les commerçants.

La police communautaire implique une orientation vers une action policière largement concentrée et axée sur les problèmes à résoudre.

Une action policière orientée vers les problèmes à résoudre est une petite révolution en soi. Cela signifie une rupture avec le dédain dont témoignait depuis longtemps la police américaine à l'égard des tâches qui n'étaient pas à ses yeux «un vrai travail de police». Cela représente un changement qui tranche avec l'orientation que les services américains de police ont professé depuis les années 20 : la lutte contre le crime. L'adoption de cette attitude était utile à cette époque, mais les services de police paient aujourd'hui le fait de n'avoir conservé aucun lien étroit avec la communauté qu'ils servent. Une action policière centrée sur la résolution des problèmes encourage les policiers à chercher des solutions originales ou à s'adresser à des organismes, publics ou privés, à même d'apporter une aide. De manière plus significative, cette démarche souligne combien il est important de comprendre les situations qui génèrent les recours à la police, d'identifier leurs causes profondes et de concevoir des tactiques pour y remédier. Ceci implique la formation des agents de police aux méthodes d'identification et d'analyse des problèmes. Le travail de la police consiste traditionnellement à répondre en chaîne à des événements isolés, alors que la résolution de problèmes appelle la reconnaissance des types d'incidents pour mieux pouvoir en identifier les causes et suggérer une manière de les traiter. Les services de police peuvent faciliter cela en analysant, à l'aide de l'ordinateur, les «points chauds» qui concentrent les grandes masses de plaintes et d'appels à la police (Sherman, 1992). L'action policière axée sur les problèmes reconnaît aussi que les solutions à ces types d'incidents peuvent impliquer d'autres organismes et peuvent revêtir un caractère «non-policier» (ce qui aurait été jadis, dans les services traditionnels, une cause suffisante pour ignorer ces problèmes).

Ce type d'approches axées sur les problèmes est maintenant courant dans beaucoup de villes notamment Tampa, Tulsa, Atlanta, San Diego et Philadelphie. Une section ultérieure du présent article décrit un programme d'action policière à Baltimore, qui a évalué l'impact de la démarche «résolution de problèmes» dans des quartiers peuplés de Blancs et d'Afro-Américains.

La police communautaire oblige les policiers (lorsqu'ils définissent les problèmes locaux et leurs stratégies pour les résoudre) à être attentifs aux priorités des citoyens.

Une police communautaire efficace nécessite une réceptivité à l'apport des citoyens, à la fois quant aux besoins de la communauté et quant aux capacités de réponses de la police.

Elle doit prendre sérieusement en compte la définition par le public de ses propres problèmes. C'est une des raisons pour lesquelles la police communautaire est une stratégie organisationnelle et non une série de programmes spécifiques. Ses pratiques doivent varier considérablement d'un lieu à un autre pour apporter une réponse particulière à des situations et des circonstances locales et spécifiques.

Être plus à l'écoute de la communauté peut mener à un réaménagement de l'ordre des priorités de la police. Je sais d'expérience que les agents de police impliqués dans la police communautaire apprennent rapidement que beaucoup de personnes sont profondément préoccupées par des problèmes qui leur étaient invisibles auparavant. Les gens sont souvent obnubilés par les situations oppressantes ou provoquant la peur, plutôt que par des incidents juridiquement définis. Ils sont souvent plus préoccupés par le désordre social et la décadence matérielle de leur voisinage que par les «crimes graves». Les résidents ne sont pas sûrs qu'ils peuvent (ou même doivent) compter sur la police pour qu'elle les aide à traiter ces problèmes. De ce fait, leurs préoccupations ne vont pas se manifester par des plaintes ou des appels à la police. Il en résulte que la police est étonnamment peu au courant de leurs inquiétudes.

Les mains courantes (registres) attestent que les agents de police ont la plupart du temps à faire à des citoyens en détresse qui viennent d'être victimes d'une agression, ou à des suspects et des fauteurs de troubles. En conséquence, la police communautaire requiert que les services de police développent de nouveaux canaux pour s'informer des problèmes de quartier. Ces canaux, bien qu'étant à l'initiative de la police, ne doivent pas apparaître comme une menace mais au contraire comme une aide pour les intéressés. On verra plus loin les efforts faits dans plusieurs villes pour rassembler au moyen de questionnaires des informations sur les priorités qui intéressent le public.

Un corollaire important à cette orientation est que les policiers ont besoin de trouver des moyens d'évaluer eux-mêmes leur degré d'aptitude à répondre aux préoccupations exprimées par le public. La « satisfaction » du consommateur est un critère pour évaluer la qualité de l'action de la police. Certains services de police établissent actuellement des questionnaires destinés à être utilisés en continu pour l'évaluation de leurs programmes. La plupart prévoient de les adresser par la poste, procédé peu coûteux à ceux qui ont appelé pour réclamer du secours. D'autres (comme dans la ville de New York) mettent au point une campagne d'entretiens téléphoniques avec les habitants afin d'évaluer la visibilité et la qualité des services de la police.

La police communautaire implique d'aider les quartiers à résoudre par eux-mêmes les problèmes de crime, au moyen d'organisations de voisinage et de programmes de prévention du crime.

L'idée selon laquelle la police et le public sont « coproducteurs » de sécurité est antérieure à l'engouement actuel pour la police communautaire. En fait, le mouvement communautaire de prévention du crime des années 70 fut un précurseur important de la police communautaire. Il défendait l'idée que le crime n'était pas seulement l'affaire de la police. Les policiers ont été prompts à avaliser la proposition selon laquelle ils ne pouvaient pas résoudre les problèmes de criminalité sans le soutien et l'assistance du voisinage (ce qui permettait aussi de partager les critiques soulevées par la hausse des taux de délinquance). Ils découvrent aujourd'hui qu'on attend qu'ils soient le catalyseur de cet effort. On fait appel à eux pour prendre la tête de la mobilisation des particuliers et des associations pour la prévention du crime. Ces efforts comprennent la surveillance des quartiers, les patrouilles de citoyens et les programmes de sensibilisation prônant la protection des cibles domestiques et le signalement rapide du crime. L'une des stratégies de prévention les plus connues aux États-Unis, le programme DARE (*Drug*

Abuse Resistance Education) (formation à la résistance à l'abus de drogue), émane de la police de Los Angeles et a été adoptée partout dans le pays. Quelle que soit son efficacité réelle, la popularité de DARE a joué un rôle important pour inciter les services de police à lancer des programmes d'éducation communautaire.

Les origines de la police communautaire

Pourquoi en est-on arrivé là? Qu'y a-t-il derrière cette explosion d'innovations? Un certain nombre de facteurs sont à la base de ces innovations et expliquent leur expansion sous la forme de police communautaire. Certaines innovations sont propres à l'action policière, mais, comme pour beaucoup d'autres innovations sociales, la police communautaire ne s'est pas construite dans le vide. Des changements concomitants sont apparus dans la société, qui soutiennent son développement et sa diffusion.

Le facteur structurel qui est le plus important pour l'acceptation de la police communautaire est politique. En effet, les coalitions des groupes ayant eu fréquemment des relations conflictuelles avec la police, notamment les Afro-Américains et les Hispanophones, sont une force politique puissante dans plusieurs villes américaines. Leurs leaders politiques ont intérêt à contenir les abus de la police et à promouvoir un style d'action policière qui soit au service de leurs électeurs, plutôt que de les traiter comme l'objectif de politiques répressives. Les leaders politiques de tous les groupes ethniques ont également un intérêt commun : prévenir le genre de violence collective qui a éclaté après le passage à tabac télévisé d'un Afro-Américain (Rodney King) à Los Angeles en 1991. Depuis le milieu des années 60, les émeutes dans les villes américaines ont souvent éclaté à la suite de conflits entre des Afro-Américains et la police. Les études sur les émeutes des années 60, conduites par une commission présidentielle, ont montré que la moitié de ces émeutes avait pour point de départ des abus policiers et que les tensions entre la police et les Afro-Américains étaient vives dans les mois ayant précédé chaque émeute urbaine. Ce modèle perdure, comme le montrent les émeutes durant les années 80 à Los Angeles, Miami et autres villes. Chaque fois qu'il faut déterminer les orientations politiques des services de police et choisir leurs administrateurs, les politiciens des grandes villes sont très attentifs à la façon dont leur action sera perçue par les minorités raciales et ethniques. Le discours sur la police communautaire est bien reçu dans ce contexte politique.

Il est très important de noter qu'une orientation vers la police communautaire est aussi une façon, pour les cadres ambitieux de la police, de faire avancer leurs carrières. Les villes à la recherche de chefs de police ouverts au progrès, innovateurs et sensibles aux tensions raciales, considèrent la police communautaire comme une référence intéressante. La liste des responsables récemment nommés, ayant acquis leurs galons comme officiers supérieurs chargés de programmes de police communautaire, est longue. Un élément essentiel dans la sélection du nouveau chef de la police de New York a été son engagement à continuer l'action de police communautaire mise en place par son prédécesseur. Celui-ci avait déjà été choisi pour le poste parce qu'il voulait introduire la police communautaire à New York. Les officiers de police, ayant l'ambition d'accéder à des responsabilités élevées dans d'autres villes, seraient bien inspirés de s'impliquer dans des projets de police communautaire.

L'intérêt pour la police communautaire a aussi été renforcé par l'apparition, à la tête des principaux services de police, d'administrateurs dotés d'une formation spécialisée d'assez bonne qualité. Bardés de leurs diplômes universitaires en administration, droit, recherche opérationnelle et autres sciences sociales, ils sont ouverts à la libéralisation et au développement, dans les organismes publics, d'une nouvelle attitude tournée vers l'usager. Ces administrateurs ont consacré deux décennies à la recherche sur l'action policière, mettant en lumière les limites d'une police organisée de façon traditionnelle. Cette recherche a mis en doute non seulement l'efficacité des patrouilles de routine, de la réponse rapide à la plupart des plaintes par téléphone, des pratiques d'enquête des détectives, mais également l'efficacité des descentes de police sur les marchés en plein air où se vend de la drogue et de la façon dont la police traite les cas de violence domestique. L'efficacité des alternatives aux pratiques traditionnelles reste à prouver ; mais les faiblesses de celles-ci ont été mises à nu et la confiance des praticiens comme des observateurs extérieurs dans ces pratiques policières traditionnelles a été ébranlée.

L'intérêt pour la recherche et le maintien de la tranquillité raciale a été ravivé pour le degré d'inquiétude nouvellement atteint concernant l'efficacité de la police. Les taux de criminalité aux États-Unis ont continué à augmenter, en même temps que la crise fiscale que subissent les villes américaines empêchait d'accroître le nombre de policiers. Il est clair que la police aura à travailler dans le cadre des contraintes financières existantes et qu'il n'y aura plus d'embauche de policiers pour exercer une action policière traditionnelle.

L'idée de police communautaire a fait surface vers la fin des années 70, même si sa popularisation n'a été effective que vers le milieu des années 80. Les écrits des théoriciens de l'action policière tels que Albert Reiss (1971), Herman Goldstein (1979), John Alderson ainsi que James, Q. Wilson et George Kelling (1982) ont jeté les prémices de son émergence. Les premiers projets innovateurs, comme celui de San Diego (Bodystun and Sherry, 1975), qui ont encouragé la démarche d'identification des problèmes et leur résolution par les îlotiers, ont ouvert la voie tout à la fois à la police communautaire et à l'idée que les expériences devaient être systématiquement évaluées. Des équipes de police de proximité furent instituées dans plusieurs villes américaines à la suite des émeutes de la fin des années 60, souvent à l'aide de subventions fédérales exceptionnelles. Ces équipes étaient censées rétablir les relations civiles entre la police et les communautés minoritaires, mais elles ont toutes été dissoutes vers la fin de la décennie.

Le concept de police communautaire s'est propagé durant les années 80 du fait de la publicité agressive faite par des agences fédérales et des laboratoires d'idées de Washington. Leurs cibles ne sont pas seulement les chefs de la police. Elles visent également les managers professionnels qui dirigent la plupart des villes américaines. Ces «laboratoires à idées» ont fondé leur capacité à lever des fonds sur la présomption qu'ils sont à même de promouvoir efficacement la police communautaire. Les villes sont incitées à partager ces idées dans la mesure où elles doivent constituer des dossiers de sollicitation de crédits pour s'assurer des subventions fédérales. Ces dernières requièrent habituellement un examen des programmes similaires d'autres villes.

La diffusion du modèle de police communautaire à travers le pays a été soutenue par le développement national de réseaux de personnels d'administration, en relation les uns avec les autres, décideurs de la politique du gouvernement, consultants, planificateurs professionnels et théoriciens de la police. Ils communiquent entre eux par des conférences, des revues, des rapports de recherche et des bulletins professionnels. C'est ainsi, par exemple, que durant l'été de 1992, une conférence traitant du programme de la police communautaire à Portland, Oregon, a attiré 550 responsables de l'administration de la police afin d'échanger leurs points de vue sur la police communautaire avec d'autres services qui expérimentaient d'autres formes d'action policière. Les fonctionnaires de police font de fréquentes visites aux autres villes. L'une des premières actions entreprises par le nouveau chef de la police, choisi pour instaurer la police communautaire à St-Petersburg, Floride, a été d'envoyer ses cadres supérieurs faire le tour des polices innovatrices afin qu'ils puissent observer de près les nouvelles formes de l'action policière.

L'impact de tous ces facteurs est facilité par l'extrême décentralisation des polices américaines. La variété des problèmes, des ressources, des directions et des facteurs qui sont à l'œuvre dans les municipalités américaines donne une chance à toute innovation de rencontrer un écho. Il y a approximativement aux États-Unis 16 000 services de police de plein exercice (près de 130 ont un effectif de plus de 500 policiers, 850 autres en ont entre 100 et 500, et près de 25 % des services restants comptent au moins 25 policiers). Ils ne sont pas étroitement alliés; en fait, leurs administrateurs adhèrent à des organisations professionnelles concurrentes, telles que le PERF (*the Police Executive Research Forum*), la *Police Foundation*, l'IACP (*International Association of Police*), NOBLE (*National Organization of Black Law Enforcement Officials*). Chacune d'elles a une liste de priorités qu'elle souhaite promouvoir. Ceci contraste avec le contrôle étroit exercé sur l'activité policière par des groupes restreints d'administrateurs liés par les mêmes façons de penser, dans des systèmes plus centralisés, dont la Grande-Bretagne.

Par-delà ces facteurs, des changements de grande amplitude dans l'organisation sociétale ont également facilité le développement de la police communautaire. Parmi ces changements, il faut retenir la tendance générale à la décentralisation des grandes organisations en unités plus petites, plus souples et plus rapides à réagir, ainsi que le mouvement de privatisation des prestations des services au public, associé à une confiance grandissante dans les mécanismes du marché.

La technologie est une autre force puissante qui provoque un changement dans toutes sortes d'organisations. Même l'action policière — traditionnellement une des fonctions les moins consommatrices de capital — est touchée. L'analyse informatique des données criminelles d'une zone criminelle peut mettre en évidence des « points chauds » permettant de rationaliser les efforts. Nous sommes également à l'orée d'une révolution dans les communications mobiles qui pourrait remplacer la liaison par téléphone des voitures de la police. Dans certaines villes, la technologie est en passe d'être utilisée pour relier directement les agents de patrouille aux résidents de l'îlot, par des lignes de téléphone spéciales et des répondeurs téléphoniques. À New Haven, Connecticut, les policiers du quartier portent des systèmes électroniques d'appel par téléphone, qui permettent aux résidents du district dont ils ont la charge de les contacter directement par des messages, alors qu'ils sont sur le terrain. Lorsqu'un plus grand nombre de citoyens et de policiers disposeront de matériels portables de communication, l'instantanéité de leur communication augmentera. Dans la mesure où la capacité des citoyens de communiquer directement avec les agents de police augmentera, la capacité de contrôle des quartiers généraux diminuera.

La police communautaire fonctionne-t-elle ?

La police communautaire peut-elle satisfaire les espoirs mis en elle par ses adeptes ? La réponse à cette question n'est pas évidente pour une multitude de raisons. Il y a eu relativement peu d'évaluations systématiques des programmes de police communautaire et certains d'entre eux ont été entachés des difficultés inhérentes aux problèmes de mise en œuvre. D'autres actions de police communautaire n'ont pas été évaluées et certains des buts de la police communautaire — notamment «changer les cultures des services» — sont délicats et difficiles à évaluer. La présente section décrit plusieurs grandes évaluations de police communautaire et résume certains de leurs résultats. La plupart des évaluations comparaient l'impact des programmes de la police communautaire à celui des modes traditionnels d'action policière. Depuis le milieu des années 80, l'action policière a été concentrée sur les questions de drogue. Les évaluations de la police communautaire font état de quelques réussites significatives mais indiquent également que la capacité de la police communautaire à réduire de façon notable le taux de crimi-

125

nalité reste encore à prouver. Elles font aussi ressortir les difficultés rencontrées dans la mise en place effective de la police communautaire.

Dans chaque cas, les programmes décrits ci-dessous ont été évalués grâce à un dispositif de recherche systématique. Chaque programme a été mis en oeuvre dans une région différente ; une région équivalente, où aucun programme de police communautaire n'était entrepris, servant à chaque fois de « contrôle ». Des enquêtes auprès des résidants de la zone d'étude et de ceux de la zone témoin furent effectuées avant le début des programmes et, de nouveau, dix mois après leur commencement. Chaque fois, les entretiens ont été menés avec 400 à 500 résidants des zones concernées. Une multitude de données a été recueillie et la mise en place effective du programme a été contrôlée dans toutes les villes. Dans un cas (Birmingham, Alabama) ce modèle de recherche échoua. La zone de contrôle fut sujette à une vague de violences aveugles et de tirs peu après le début de l'évaluation. À telle enseigne que la pression de la population obligea à l'ouverture d'un petit poste de police dans la zone, pour servir de quartier général opérationnel à une nouvelle équipe policière. Dans certaines autres villes, les évaluations ont montré que les programmes de police communautaire n'avaient été mis en place que partiellement, réduisant d'autant nos attentes concernant leur impact.

Baltimore, Maryland

Deux versions de la police communautaire ont été testées à Baltimore. Chacune a été mise en place dans deux zones de la ville, dans des quartiers de Blancs et d'Afro-Américains aux niveaux de revenu et aux qualités d'habitat comparables. Des patrouilles y étaient assignées pour effectuer des rondes à pied totalisant près de 25 heures par semaine. Ces patrouilles ont choisi leurs propres itinéraires, portant leur attention sur les centres, les rues commerçantes très passantes et les lieux connus pour être des lieux à problèmes. Elles conversaient fréquemment avec les résidants, les commerçants et autres passants. Dans l'une des zones, les policiers ont mis l'accent sur l'application de la loi et le maintien de l'ordre ; ils passèrent beaucoup de leur temps à disperser des jeunes rassemblés aux coins des rues et à l'affût de trafics de drogue et autres infractions à la loi. Le policier qui a dirigé la plupart des patrouilles à pied dans l'autre zone s'est plus attaché au dialogue avec les résidants et les commerçants. L'enquête, effectuée après une année, montrait que près de 15 % des résidants de chaque zone se rappelaient avoir vu un policier à pied dans la rue au cours de la semaine précédente ; le chiffre à comparer avec la zone témoin atteignait seulement 2 % parmi les résidants de cette zone.

Dans deux autres zones, des policiers « médiateurs » ont été chargés de collaborer avec les résidents du quartier pour résoudre des problèmes locaux. Ils ont patrouillé à pied, assisté à des réunions d'habitants et passé une bonne partie de leur temps à s'entretenir avec les commerçants et les résidants des difficultés rencontrées localement. Ils ont mis au point un questionnaire qui évaluait ce que les résidents pensaient être les problèmes les plus graves dans la zone, ce qui était en cause, et ce qui pourrait être fait pour les résoudre. Les policiers devaient consigner, dans un rapport remis à leurs supérieurs, la façon dont ils avaient réagi à chaque problème. Le policier affecté à l'une des zones était agressif dans son approche des trafiquants de drogue éventuels. Il dispersa des groupes traînant dans la rue et dressa plusieurs procès-verbaux de contravention au code de la route. Il passa le plus clair de son temps dans les secteurs commerciaux animés du quartier. Dans l'autre zone cible, le policier passa plus de temps en réunions avec des résidents de la zone, s'attachant à résoudre les problèmes de jeunes, dirigeant une campagne de nettoyage du quartier et organisant un programme de surveillance de blocs d'immeubles. Il entraîna également dans ces efforts d'autres offices municipaux. Il fit enlever les épaves de voitures abandonnées, émonder les arbres et sceller des immeubles vides. Il collabora aussi étroitement, mais de façon discrète, avec les unités du service de police chargées de la circulation, des affaires de mœurs et de la répression des stupéfiants. Les enquêtes, au terme de la période d'évaluation, ont montré que 65 % et 75 % des résidents des deux zones se sont rappelés des policiers venant à leur domicile et jusqu'à 33 % estimaient que le policier avait mis l'accent sur le service local, patrouillant à pied au cours de la semaine écoulée (voir Pate et Annan, 1989).

Oakland, Californie

Deux programmes d'action policière ont été évalués à Oakland, tous deux tendant à réduire les niveaux de trafic de drogue et de délinquance ainsi que le sentiment d'insécurité qui s'y rattache. Chaque programme a été mis en œuvre dans sa propre zone cible et tous deux ont été appliqués ensemble dans une tierce zone. Une unité spécialisée dans l'application de la loi anti-drogue a utilisé des opérations de police traditionnelle dans ses quartiers cibles. Ils procédaient en civil à des arrestations après simulation de transactions (*buy-bust*), et utilisèrent des indicateurs pour acheter la drogue et identifier les distributeurs. Ils ont aussi monté une opération à grand spectacle, pour arrêter et fouiller des automobiles, et mené des interrogatoires sur le terrain, chaque fois que des groupes d'hommes se rassemblaient sur la voie publique. L'équipe fut extrêmement active, procéda à un grand nombre d'arrestations et appréhenda énormément de trafiquants de drogue importants dans la zone cible.

Ce programme d'action policière traditionnelle a été confronté à un programme de visites à domicile. Tant dans la zone expérimentale de la police communautaire que dans les autres zones cibles associées, des agents ont fait du porte-à-porte. Leur mission était d'informer les résidants des quartiers cibles des nouveaux efforts du service portant sur la répression de la drogue, de leur distribuer des livrets d'information sur les programmes de répression de la drogue et du crime et de mener un entretien avec eux pour savoir ce qu'ils pensaient des problèmes du quartier. Leur objectif était donc d'établir des contacts qui pouvaient conduire à des informations utiles, mettre en garde le voisinage à propos des problèmes de drogue et peut-être dissuader d'éventuels délinquants par leur simple présence. Ces entretiens sur le «pas de la porte» ont été conduits auprès de 60 % environ des ménages dans les zones cibles, ce qui représente un pourcentage élevé. Près de la moitié de ceux qui ont été interrogés ont déclaré que les stupéfiants étaient un problème majeur dans leur voisinage. (Dans beaucoup d'endroits, ce type d'activité est maintenant connu sous le terme de «patrouille dirigée» parce que les agents, effectuant ce type de patrouille à pied, ont des tâches spécifiques à accomplir). Contrairement au programme d'application de la loi, il s'est cependant avéré difficile de soutenir l'intérêt des policiers d'Oakland pour ces visites à domicile. Elles jouissaient de peu de soutien de la part du chef de district, qui croyait peu en leur efficacité. Un agent énergique observa que beaucoup d'entretiens avaient été organisés, mais qu'il n'y avait eu aucun suivi pour la résolution des problèmes. Aucune des actions policières prévues pour résoudre les difficultés n'a jamais été menée à bien et aucune exploitation des informations rassemblées par ces entretiens n'a été faite (voir Uchida, Forst et Annan, 1990, 1992).

Birmingham, Alabama

Trois programmes ont été évalués à Birmingham. Comme à Oakland, une unité spéciale a été constituée pour réprimer le trafic en plein air de stupéfiants, notamment de dilaudid et de cocaïne. L'équipe porta ses efforts surtout sur les opérations incognito. Les agents effectuèrent une série d'achats de drogue aux «dealers» dans la rue, secrètement enregistrés en vidéo, puis retournèrent à la zone cible pour procéder aux arrestations sur mandat. Les policiers se firent également passer pour des revendeurs, enregistrant également en vidéo leurs ventes de stupéfiants à des étrangers venus en voiture faire leurs achats de drogue dans la zone cible. Ils firent pourtant très attention à ce que leur action s'accomplisse dans l'absolu respect de la légalité pour assurer à ces opérations les plus grandes chances de succès lors de leur instruction. Dix policiers furent engagés dans ce programme pour une période de six mois, mais, bien qu'ayant procédé à de nombreuses arrestations, il était peu probable que leurs efforts fussent très apparents dans les enquêtes sur cette communauté.

Dans une autre zone, les policiers étaient chargés de faire des visites à domicile pour placer des brochures relatives à la prévention du crime et du trafic de drogue, et pour interviewer les résidents de la zone. Ils mirent au point un questionnaire pour recueillir les informations des résidents sur les problèmes du crime dans le quartier et les lieux du trafic de stupéfiants. Ils ont, par la suite, réalisé des entretiens avec 60 % des habitants des logements occupés dans leur zone cible. Quoiqu'ils eussent réalisé un grand nombre d'entretiens, aucun effort ne fut fait pour donner une suite aux informations qui avaient été rassemblées. Ils devaient s'attacher à résoudre en équipe les problèmes apparus à travers les informations rassemblées, mais certaines circonstances ont remis en cause le programme. Une augmentation du nombre d'appels urbains s'est en effet produite à l'époque des vacances de Noël, lorsque les postes sont dégarnis. Pressés de faire face à la détérioration du service qui en résulta, les agents qui étaient prévus pour effectuer le programme de la police communautaire ont été réaffectés aux patrouilles traditionnelles pour répondre aux appels du 911 (l'équivalent de 17 en France).

Le troisième programme de Birmingham a été établi dans la zone de contrôle d'évaluation après que 11 personnes eurent été abattues juste après le début du projet de recherche. Pour satisfaire la population locale, un commissariat de police annexe a été ouvert avec la présence effective de huit policiers 24 heures sur 24. Ils ont grandement contribué à la présence visible de la police dans le quartier. L'équipe du commissariat annexe a aidé au nettoyage du grand ensemble de logements sociaux qui domine la zone. Dans des entretiens de suivi, 72 % des résidents pensaient que le commissariat annexe était efficace pour la réduction de la criminalité liée à la drogue (voir Uchida, Forst et Annan, 1990, 1992).

Madison, Wisconsin

Madison a tenté d'introduire une dimension visant à considérer le citoyen comme client dans les prestations policières en restructurant le service de police et la façon dont il était dirigé. Il avait débuté comme un service traditionnel, hiérarchiquement organisé. Pour réformer l'organisation, une structure novatrice de direction fut mise en place, qui mettait l'accent sur le travail d'équipe, la participation des employés à la prise de décisions et sur un contrôle collectif par les pairs. Les policiers ont été amenés à travailler en équipes à l'identification des problèmes et à leur résolution, le rôle des cadres étant de travailler pour eux, en leur assurant l'assistance externe et les ressources dont ils avaient besoin pour mener à bien leurs plans. Un commissariat annexe décentralisé fut ouvert, pour expérimenter ces orientations, dans un district qui couvrait un sixième de la ville. L'équipe travaillait sur horaires variables et avait pris la responsabilité d'organiser son propre emploi du temps. Ces policiers mirent au point un plan pour une «action policière à valeur ajoutée» qui préconisait de consacrer plus de temps aux appels et aux contacts de suivi avec les victimes. Ils répondaient à la plupart des appels originaires de cette zone et ont essayé de les analyser afin d'identifier les problèmes de cette population.

L'impact du travail de cette équipe sur le public a été évalué par des enquêtes menées avant et après le programme, à la fois dans la zone cible et dans le reste de la ville. Après deux ans de fonctionnement, près de 70 % des résidants de la zone cible étaient au courant de l'existence du commissariat de police annexe. Comparé au reste de la ville, les enquêtes ont montré une amélioration modeste de la perception de la police par les résidents de la zone cible. La qualité perçue des rencontres dont la police prenait l'initiative s'améliorait dans le district particulier et plus spécialement la perception des policiers comme susceptibles d'apporter une aide. Il y eut également une légère amélioration dans la visibilité de la police, sans doute grâce au programme, et davantage de résidants de la zone expérimentale ont déclaré penser que les policiers concentraient leur attention sur la prévention du crime et sur les problèmes importants de la population. Les résidants de la zone-cible témoignaient d'une baisse des problèmes du quartier alors que ceux habitant ailleurs estimaient que ces problèmes avaient empiré.

La plupart des effets du programme semblent être internes au service. Des entretiens avec tous les policiers de la ville ont été conduits pendant trois périodes successives au cours des deux ans de l'expérimentation. Ils ont révélé que, comparativement à ceux affectés ailleurs, les policiers du district expérimental se voyaient travailler comme une équipe, que leurs efforts étaient encouragés par leurs supérieurs et par le service et que le service était vraiment en passe de se réformer lui-même. Ils étaient davantage satisfaits dans leur travail et plus fortement attachés à l'organisation. Ils étaient plus enclins à considérer les résidants comme « clients », avaient une foi plus ferme dans les principes qui s'attachent à résoudre les problèmes du quartier comme ceux de la police communautaire et sentaient qu'ils avaient une meilleure relation avec la population. De plus, les registres du service notent que les actions disciplinaires, l'absentéisme, les retards et les congés-maladie avaient diminué dans la zone d'expérimentation (voir Wycoff et Skogan, 1992). Ces changements sont conformes au résumé, fait par Wycoff (1988), des résultats des études sur les policiers assignés à la police communautaire. Il a été également constaté que, par rapport aux autres, ces policiers pensent que leur travail est plus important, plus intéressant, plus gratifiant et moins frustrant. Ils estiment qu'ils ont plus d'indépendance et qu'ils maîtrisent mieux leurs fonctions, ce qui s'avère déterminant dans la satisfaction au travail. Enfin, ils ont tendance à percevoir le public de façon plus aimable et plus confiante.

Houston, Texas

Trois programmes ont été évalués à Houston, le premier étant un commissariat annexe de quartier. L'équipe du programme s'est établie dans un petit immeuble commercial disposant d'un grand stationnement. Le bureau offrait un lieu de réunion entre la population et les policiers. Ceux-ci y consignaient des rapports sur les crimes, échangeaient des informations avec le public et certaines réunions avec la population s'y tenaient. Les policiers affectés au commissariat étaient libérés des patrouilles de routine pour la plus grande partie de leur temps de service. Le bureau était leur base opérationnelle pour faire connaissance avec les résidents du quartier et les commerçants, identifiant les problèmes locaux et aidant à les résoudre, cherchant les voies et moyens pour fournir un meilleur service à la zone et développant des programmes pour rapprocher la police et la population. L'équipe développa rapidement des programmes qui débordaient sur le voisinage immédiat du quartier, comprenant une série de grandes réunions de la population dans une église des environs. Les policiers du commissariat organisèrent des patrouilles spéciales dans les points chauds de la zone et des réunions régulières furent tenues avec les directeurs des écoles locales. Les églises et les clubs civiques furent invités à choisir parmi leurs membres des personnes pour accompagner les policiers dans leurs patrouilles motorisées dans le quartier. Enfin, à cinq reprises, pendant la période d'évaluation, l'équipe du commissariat distribua près de 550 bulletins d'information à travers le quartier. Ces bulletins annonçaient les programmes du commissariat et autres manifestations de la communauté et comprenaient des articles traitant de la prévention du crime. Le commissariat fournissait un test direct pour évaluer divers aspects de la police communautaire. Il attribuait aux policiers qui s'y consacraient une grande marge d'autonomie dans leur organisation et de souplesse dans la répartition de leurs propres temps et efforts. Cela entraîna le développement de programmes tournés vers la population dont il n'avait jamais été question dans la police de Houston; et ces policiers inventèrent une foule de nouveaux moyens et canaux, par lesquels citoyens et policiers pouvaient se rencontrer, échanger idées et informations et discuter de leurs priorités. Les enquêtes menées au terme de l'évaluation ont montré que 65 % des résidents de la zone connaissaient le commissariat annexe (voir Wycoff et Skogan, 1987 ; Skogan, 1990).

La *Community Organizing Response Team* (CORT) a essayé de créer une organisation locale de prévention du crime dans un quartier où il n'en existait aucune. L'objectif immédiat de cette équipe était d'identifier un groupe de résidants qui voudraient collaborer régulièrement avec elle pour définir les problèmes du quartier et aider à les résoudre. Leur objectif à long terme était de créer une organisation permanente, qui resterait active après le départ de CORT. Pour tester leur concept, ils ont d'abord essayé de se familiariser avec les problèmes de la zone. Pour ce faire, CORT a conduit sa propre enquête de porte-à-porte dans le quartier. Ses membres ont interrogé près de 300 résidants sur les problèmes susceptibles de retenir l'attention de la police et pour savoir s'ils étaient volontaires pour accueillir des réunions chez eux. L'enquête leur a appris énormément sur la nature des problèmes de la région et a mis en évidence la volonté des résidants de tenir de telles réunions. Ils organisèrent alors des réunions restreintes pour se présenter eux-mêmes aux résidants de la zone. Treize réunions de quartier furent tenues avec à chaque fois 20 à 60 personnes. À ces réunions, les membres du CORT identifièrent un groupe de leaders qui se sont réunis régulièrement avec leur chef pour discuter des problèmes de la communauté et imaginer des solutions engageant à la fois la police et les résidants. Le groupe a enfin organisé des élections, a formé des comités et, à la fin de la période d'évaluation, il était composé de 60 membres officiels. Durant la période d'évaluation, des bulletins d'information spéciaux furent adressés par la poste tous les mois à tous les résidants ayant été touchés par l'enquête ou qui avaient pris part à une activité. Le programme de CORT a testé la capacité des services de police à apporter aide et assistance dans le développement d'organisations de soutien mutuel au sein de la population.

Le programme de visites à domicile à Houston était prévu pour familiariser les policiers de patrouille aux résidants de leurs zones et par conséquent à leurs problèmes. Les policiers de l'une des zones cibles furent libérés d'une partie de leurs obligations de patrouille de routine. Ce temps était consacré à la visite des foyers établis dans la zone. En règle générale, les policiers affectés à ce programme se rendaient en visite dans un immeuble collectif ou un groupe de pavillons, se présentaient à quiconque leur répondait, expliquant l'objet de la visite et s'informaient des problèmes du quartier. Ils consignaient les informations recueillies sur une petite « carte de contact-citoyen » en même temps que le nom et l'adresse de la personne rencontrée. Les policiers laissaient leurs cartes professionnelles, signalant qu'en cas d'autres problèmes, ils devaient être directement contactés. Un registre de ces visites était tenu au commissariat de police du district, pour guider les contacts ultérieurs. Ce registre servait également de fichier pour adresser par la poste un bulletin d'information taillé sur mesure pour la zone, qui était distribué chaque mois à ceux avec qui un contact avait été pris. Pendant les mois du programme, les policiers de l'équipe se sont entretenus avec près de 14 % des résidents adultes de la zone. D'autres visites ont aussi été faites à des établissements commerciaux de la zone et, après dix mois, près de 45 % des commerçants avaient été contactés. Environ 60 % des personnes ayant accordé un entretien avaient quelque chose à déplorer. Les crimes habituels étaient les plus fréquemment cités, mais près d'un quart des résidants ont évoqué un problème s'apparentant au désordre, comme des disputes entre voisins, des problèmes d'environnement, des voitures abandonnées et des actes de vandalisme. Les policiers entreprirent plusieurs actions pour répondre aux problèmes identifiés à l'occasion de ces visites (voir Skogan, 1990).

Newark, New Jersey

Deux programmes ont été évalués à Newark. Dans l'une des zones, la police a tenté de réprimer le crime et le désordre sur la voie publique en utilisant des procédés traditionnels d'application intensive de la loi. Ces agents exécutèrent des « balayages de rues » extensifs dans le but de réduire le vagabondage et l'ivresse en public, la vente de drogue, les vols à l'arraché et les harcèlements par des groupes d'hommes se rassemblant régulièrement dans les rues commerçantes des quartiers résidentiels. Ces groupes étaient dispersés par des mises en garde de la police et des arrestations faites sur une large échelle. Des policiers en patrouille pédestre sillonnaient les zones le soir ; ils se familiarisaient ainsi avec les problèmes locaux, nouant des relations avec les commerçants, dispersant des attroupements et infligeant des procès-verbaux pour stationnement interdit aux automobilistes en infraction. Des efforts particuliers étaient faits pour appliquer les réglementations de la circulation automobile dans la zone, par l'emploi de radars et en arrêtant fréquemment des voitures pour faire des alcootests. Des barrages itinérants étaient établis pour contrôler les papiers des conducteurs, récupérer des véhicules volés, arrêter les conducteurs n'ayant pas réglé leurs contraventions et enfin, procéder à des arrestations sur mandat. Ils ont également tenté de mettre de l'ordre dans les parcs et les terrains vagues, ainsi que d'assurer de meilleurs services urbains. Ce programme mettait à l'épreuve la capacité de la police à réaffirmer son autorité défaillante, à contrôler les rues de Newark et à réprimer toutes formes de désordre supposées pouvant conduire à des crimes graves.

Dans une autre zone de Newark la police mit en place différents projets de la police communautaire. La zone test était située dans la partie de Newark à la plus haute densité de population et de crime et qui était la plus fréquentée. L'évaluation mesurait la capacité d'un programme d'intervention ambitieux et polyvalent à réduire le crime et la peur qui lui est liée dans une zone extrêmement difficile. La police a ouvert un commissariat annexe qui consignait les procès-verbaux de crimes, dispensait des informations sur la prévention du crime, rassemblait les plaintes concernant les services urbains pour en référer aux autres offices municipaux et répondait aux questions. Des groupes locaux tenaient des réunions le soir dans les locaux du commissariat annexe et près de 300 personnes utilisaient le commissariat annexe chaque mois.

À la fin de la période d'évaluation, 90 % des résidents de la zone connaissaient l'existence du commissariat annexe. Comme à Houston, la police fit aussi des visites à domicile dans la zone. Les policiers se rendaient dans les foyers et remplissaient de brefs questionnaires concernant les problèmes du quartier. Les équipes dispensaient également des informations sur la prévention du crime, informaient les résidents sur les programmes de surveillance d'immeuble et faisaient connaître le commissariat annexe. Au cours de l'évaluation, les policiers ont interrogé les résidants de 50 % des foyers de la zone. Dans les enquêtes d'évaluation, 40 % des résidents de la zone se sont rappelés avoir été interviewés. Le sergent dirigeant l'équipe revoyait les questionnaires et soit son équipe traitait les problèmes identifiés par les résidants, soit elle les transmettait à l'unité spéciale pour l'application de la loi, pour attribution. L'équipe a aussi organisé un programme de nettoyage du quartier et distribué un bulletin d'information de la police : 45 % des résidants de la zone se souvenaient d'en avoir reçu un exemplaire. Comme dans la zone d'application de la loi, une unité spéciale prenait pour cible le désordre sur la voie publique (voir Bayley et Skolnick, 1986 ; Skogan, 1990).

Conclusions des évaluations

Le tableau 1 représente un résumé de certaines des conclusions des évaluations mentionnées ici. Chaque projet avait un certain nombre d'objectifs, représentés par des mesures de résultats incluses dans les enquêtes d'évaluation des résidants du quartier. Ce résumé se focalise sur un sous-ensemble de quatre résultats et en ignore beaucoup d'autres. La crainte du crime a été mesurée par des questions sur l'inquiétude ou le souci à propos des personnes et des biens dans le voisinage immédiat. Il a été rendu compte de l'impact sur le désordre par des questions au sujet du vagabondage, de l'ivresse sur la voie publique, de la mendicité, du harcèlement sur la voie publique, de l'école buissonnière et des bandes organisées. Ces désordres n'impliquaient pas tous une activité illégale mais sont étroitement liés à la peur du crime et au déclin du quartier. Parmi les questions, celles concernant la peur et le désordre témoignaient du degré de crainte des résidants vis-à-vis de leur environnement.

La prédominance de la victimisation a été mesurée par des questions sur les expériences des personnes interrogées en matière de cambriolage, vol qualifié et agression. Ces mesures fournissaient une meilleure estimation de l'étendue du crime que les statistiques officielles, surtout lorsque ce sont les programmes de la police qui sont évalués.

La réussite des policiers était mesurée par des questions sur la qualité de leurs prestations dans des tâches particulières et surtout pour savoir s'ils avaient été corrects, secourables et courtois.

La disponibilité des stupéfiants a fait l'objet de questions sur l'étendue du trafic de drogue dans leur quartier (les questions concernant ce point ne faisaient pas partie des évaluations de Houston et de Newark).

Excepté à Birmingham, les effets de chaque programme étaient attestés par les changements intervenus dans des périodes situées avant et après ces mesures dans les zones cibles comparés aux temps de service dans les zones contrôle ; et ce, au moyen d'une analyse statistique à variables multiples qui prenait en compte d'autres facteurs. Les appréciations concernant Birmingham sont fondées sur les changements avant/après dans ce qui fut appelé la zone des trois programmes, après l'installation en urgence d'un programme dans la zone prévue pour servir de zone témoin.

Tableau 1
Aperçu sommaire des conclusions d'évaluation
de la police communautaire

	Peur du crime	Désordre	Victimisation	Service de la police	Disponibilité des stupéfiants
Oakland					
Application de la loi	baisse			ok	baisse
Visites à domicile	baisse		baisse	hausse	baisse
Application de la loi et visites à domicile	baisse				baisse
Birmingham					
Application de la loi				ok	
Visites à domicile			baisse	hausse	
Commissariat annexe	baisse			hausse	
Baltimore					
Patrouille à pied					
Médiateur	baisse	baisse		hausse	
Madison					
Commissariat annexe				hausse	
Houston					
Visite à domicile		baisse	baisse	hausse	N.m.
Commissariat annexe	baisse	baisse		hausse	N.m.
Organisant		baisse		hausse	N.m.
Newark					
Application de la loi		baisse		ok	N.m.
Îlotage multiple	baisse	baisse		hausse	N.m.

Nota : «hausse» et «baisse» désignent des effets significatifs d'un programme. «ok» signifie que des effets négatifs éventuels d'un programme ont été évités. «N.m.» signifie qu'il n'y a pas eu de mesure de résultat pour l'évaluation concernée. L'absence de mention indique qu'il n'y a aucun effet significatif de programme.

Dans le tableau 1, la mention «hausse» désigne une augmentation statistiquement significative d'une conséquence qui était probablement due au programme. La mention «baisse» désigne une réduction statistiquement significative d'une conséquence probablement due au programme. La mention «ok» pour des témoignages d'action policière signifie que les mesures de résultats n'ont pas été affectées par les programmes d'application de la loi qui auraient pu effectivement élever la tension entre la police et la population. Dans ce cas, ce fut une conséquence positive.

La vue d'ensemble offerte par le tableau 1 est mitigée. Il y a eu des effets significatifs de programme dans 31 comparaisons sur 65. Il est clair que ces programmes ont eu un effet réel sur les attitudes à l'égard de la qualité du service policier. Presque tous ont amélioré l'opinion qu'on en avait ou, dans le cas des programmes d'application musclée de la loi, n'ont pas détérioré cette opinion. Les programmes d'application de la loi n'ont pas atteint leurs buts contrairement à ceux de la police communautaire. Ils n'ont réussi que dans six cas sur quatorze; alors que les programmes de la police communautaire ont été couronnés de succès dans 25 cas sur 51.

Il est bien entendu que ce simple décompte ne prend pas en considération l'hétérogénéité des programmes quant à la qualité de leur mise en œuvre. Dans une analyse statistique qui intègre une mesure de l'étendue d'application, j'estime que l'impact supposé de ces programmes s'élève considérablement.

Autres évaluations

Plusieurs évaluations de la police communautaire ne sont pas contenues dans le tableau 1. Ce sont des études auxquelles j'ai été mêlé et pour lesquelles j'ai personnellement étudié les données. D'autres évaluations, utilisant des enquêtes sur «échantillon de populations cibles» pour évaluer la visibilité et l'efficacité de la police communautaire, ont trouvé des résultats positifs.

Les effets positifs des visites à domicile ont été partiellement reproduits à Londres et Birmingham. La baisse des niveaux de peur dans ces deux villes anglaises n'a pas été significative, mais les échantillons concernés étaient petits (Bennet 1989). Une étude, dans le Comté de Baltimore, de l'impact d'un programme comportant des visites à domicile (dans sept zones), des efforts de la police pour prévenir le crime (sept zones) et quelques actions policières axées sur des problèmes (dix zones), a aussi trouvé une modeste réduction des niveaux du sentiment d'insécurité entre deux vagues d'entretiens. Toutefois, il n'y avait pas de groupes de contrôle pouvant servir de repères à ces changements (voir Cordner 1986). Des relations de réductions substantielles des niveaux de peur ont été rapportées dans une série d'évaluations méthodologiquement moins rigoureuses de patrouilles à pied à Flint, Michigan (voir Trojanowicz 1986, 1983). Ces évaluations ont été handicapées par la taille réduite des échantillons et l'absence de zones de contrôle. Cependant, l'une de leurs forces est qu'elles comportent divers échantillons de contributeurs, s'échelonnant des petits patrons jusqu'au clergé. L'expérience d'une équipe policière de Cincinnati a conclu que les résidants d'une zone, servie par une équipe policière décentralisée de quartier, avaient des sentiments plus positifs à l'endroit de la police, étaient moins enclins à se déclarer effrayés par le crime et à se dire vigilants quand ils sortaient à la nuit tombée. Les patrouilles à pied de l'équipe étaient très visibles et autant les particuliers que les professionnels du quartier étaient plus disposés à faire connaissance avec les policiers chargés de leur zone. Les taux de victimisation étaient inchangés, mais les policiers faisaient état d'une augmentation des vols qualifiés et des cambriolages (voir C.I. Arren et Schwartz, 1976 ; Schwartz et C. I. Arren, 1977).

Le projet de Hartford de prévention du crime a examiné l'impact d'un ensemble complexe de traitements qui comprenaient un petit remodelage matériel des flux de circulation, un soutien aux organisations de proximité pour traiter les problèmes de délinquance et l'établissement d'une équipe policière locale de quartier dans une zone cible. Le programme fut évalué sur une période de quatre ans. Le reste du programme a été implanté avec succès, mais les composants policiers de l'ensemble ont perdu de leur valeur après les deux premières années. Une série d'enquêtes a laissé entendre que les problèmes de vol qualifié, tels qu'ils étaient ressentis, et les perceptions du risque de victimisation, avaient baissé dans la zone traitée, relativement aux zones de contrôle; et que les efforts spontanés de défense des résidants de la communauté avaient augmenté. Toutefois, d'autres mesures du sentiment d'insécurité n'ont montré aucun changement notable parvenu à différencier, en l'espèce, la zone du programme (voir Fowler et Mangione, 1986).

Un projet d'organisation de la communauté à Minneapolis se concentrait sur l'impact d'un programme extensif d'organisation de la communauté dans les quartiers de Minneapolis. Intégrant la composante «un policier près de chez vous» (*cop on the block*), dans la moitié des zones de traitement, un policier de patrouille avait été désigné pour assister les organisateurs dans leurs efforts. Cependant, des enchevêtrements bureaucratiques ont rendu difficile l'application de cet élément du programme et ce ne fut pas une surprise pour les évaluateurs que ces zones ne se fussent pas distinguées des autres zones traitées, en termes de niveaux de participation ou de mesures de résultats (voir Pate, Mc Pherson et Silloway, 1987).

L'expérience de l'équipe d'action policière de quartier de Champaign a étudié l'impact de cette stratégie sur un quartier largement peuplé de Noirs. L'équipe travailla de manière décentralisée avec une structure participative de gestion. Elle était parfaitement rompue à la planification et l'analyse criminelles, à la prévention du crime et aux relations humaines. Elle fit un grand usage de la patrouille à pied. Les résultats de l'intervention ont été évalués par de vastes enquêtes sous forme de coordonnées où zone de programme et zone de contrôle étaient en abscisse et en ordonnée, et ce, sur vingt mois. Comparés à la zone de contrôle, les résidants de la zone de programme, à la conclusion du projet, craignaient moins le crime et pensaient que la police leur fournissait un meilleur service et traitait les gens de manière plus professionnelle. Ils auraient aussi été plus enclins à avoir appelé la police pour un secours individuel et à avoir été satisfaits du résultat. Le programme n'avait pas d'impact sur le taux de la criminalité, mais le taux d'élucidation dans la communauté cible s'est élevé (voir Nardulli, 1980).

Enfin, le projet de patrouille à pied de Newark tendait à la réduction du crime sur la voie publique par adjonction de patrouilles à pied dans quatre zones du projet où il n'y en avait eu aucune, éliminant les patrouilles à pied de quatre zones où elles avaient été mises en place et maintenant les patrouilles à pied déjà existantes dans quatre autres zones. Les niveaux de peur et les perceptions des problèmes de crime ont baissé dans les zones où une patrouille à pied avait été adjointe, en même temps que la reconnaissance des policiers sur la voie publique et la satisfaction du service de la police étaient en hausse. Les niveaux de victimisation n'avaient pas été modifiés (voir Pate, 1986).

Enjeux et problèmes de la police communautaire

Mise en œuvre

Le premier problème auquel la police communautaire a eu à faire face est illustré par les évaluations décrites ci-dessus. Les problèmes de mise en œuvre ont été une plaie pour ces projets pourtant étroitement contrôlés. Ceux-ci ont échoué pour au moins trois raisons : devant l'afflux des appels, certains ont été abandonnés afin de revenir aux niveaux d'activité habituels ; d'autres ont été mis en cause par les cadres intermédiaires, mécontents de perdre leur autorité au profit de leurs subalternes ; enfin, d'autres n'ont

143

pas été poursuivis faute de parvenir à changer la culture organisationnelle des départements de police.

Les programmes de police communautaire qui veulent réussir ne peuvent, tout particulièrement, ignorer le problème du 911 (numéro d'appel des services d'urgence). Depuis que les appels à destination des départements de police des grandes villes sont montés en flèche au milieu des années 70, l'engagement pris par la police de répondre à ces appels aussi vite que possible a absorbé les ressources de nombreux départements. Résultat : de nombreux départements de police sont aujourd'hui dirigés par les milliers de citoyens qui appellent la police, et non par leurs responsables. Dans la zone de Birmingham, l'obligation de répondre rapidement aux appels des particuliers, alors que le district manquait de personnel, a conduit à l'abandon des parties du programme qui devaient être consacrées à la résolution des problèmes. Le chef de district, responsable de l'application du programme, a été déplacé pour avoir laissé des appels sans réponse du fait de son implication dans l'expérience de police communautaire. À peu près à la même époque, le travail de proximité effectué au niveau de la ville de Houston a été interrompu : la police était accusée d'avoir laissé se détériorer son service d'urgence — ceci étant dû, selon les critiques, au fait que les policiers étaient déchargés de cette tâche afin de pouvoir mettre en oeuvre le programme. Le programme a eu des opposants très influents parmi les lieutenants et les cadres intermédiaires ; rapidement, le chef de la police a été remercié et, aujourd'hui, il ne reste pas grand chose de son programme.

Ayant tiré les leçons de cette expérience, le plan de Chicago pour une police communautaire comprend une évaluation précise des effectifs nécessaires pour assurer la continuité des services d'urgence et prévoit le traitement des autres demandes d'intervention par téléphone ou par courrier. La ville de New York a, quant à elle, créé une petite unité de police communautaire autonome. Elle a profité de la crise politique provoquée par la criminalité dans cette ville pour obtenir des subventions supplémentaires de l'État de New York. Dans les deux cas, les chefs de la police s'efforcent d'éviter les problèmes rencontrés à Houston et Birmingham, qu'ils connaissent bien.

Dans d'autres villes, les actions de police communautaire se sont heurtées aux schémas traditionnels de lutte contre la criminalité des départements de police. À Oakland, les policiers désignés pour ce programme n'ont démontré qu'un faible enthousiasme pour le travail de proximité. Si quelques-uns, parmi les plus consciencieux, se sont acquittés de la tâche la plus facile à contrôler — les visites à domicile et les entretiens —, ils n'ont rien fait pour assurer le suivi des informations recueillies. Leur supérieur immédiat a rabaissé leur effort au rang de travail d'assistance sociale et n'a rien fait pour que le programme conçu au sommet soit effectivement mis en oeuvre sur le terrain. Frustré de voir ses efforts si peu soutenus, un policier chargé de visiter la population a été jusqu'à quitter son emploi. À Baltimore, les policiers retirés de leurs tâches habituelles, pour remplacer les membres de l'équipe d'îlotage en congé, n'ont manifesté aucun enthousiasme pour leur mission. L'un des médiateurs de la police a préféré dresser des contraventions plutôt que faire des entretiens ou participer à des réunions.

Efficacité

Les évaluations mentionnées plus haut indiquent aussi que les partisans de la police communautaire doivent apporter de meilleures réponses à la question «Est-ce que ça marche?». Comme on l'a déjà dit, la réponse est nuancée. Jusqu'à présent, l'enseignement le plus solide des évaluations est que la police communautaire améliore l'enracinement de l'activité policière dans la population. C'est sans aucun doute un point positif, notamment dans les quartiers noirs et hispaniques où beaucoup de ces projets ont eu lieu. Cependant, la police communautaire continue à être suspectée de n'être qu'une opération réussie de relations publiques :

145

en effet, la démonstration que la criminalité a été réduite est rarement faite. Comme on l'a dit plus haut, les évaluations indiquent que l'enracinement de l'action policière s'est amélioré dans 13 cas sur 15 alors que le nombre de victimes n'a significativement baissé que dans trois cas. Je n'ai connaissance d'aucune évaluation de police communautaire qui montre une réduction du niveau de criminalité conventionnelle. De surcroît, si davantage de projets avait mis en évidence une telle réduction, les critiques auraient pu alors suggérer l'hypothèse d'un déplacement plus que d'une véritable prévention de la criminalité, puisque, en effet, aucune des évaluations n'a prévu de mesurer cette hypothèse.

Pour être complet, il faut ajouter que la mesure précise du nombre de victimes est très difficile. Les questionnaires d'évaluation n'ont pu réserver suffisamment d'espace à ce point. Il est établi que les enquêtes sous-évaluent certaines formes de criminalité (comme la violence domestique) et que, pour d'autres (trafic de stupéfiants, vandalisme forain), leur utilité est marginale. Les taux de criminalité locale sont très dépendants du nombre de victimes multiples et répétées, un indicateur que les enquêtes mesurent mal. À cet égard, le fait que plusieurs évaluations indiquent une baisse significative du sentiment d'insécurité ou de l'étendue des problèmes de criminalité locale pourrait être la preuve que ces interventions ont aussi une influence sur la criminalité.

Impartialité de la police

Les actions de police communautaire risquent, par ailleurs, de devenir un enjeu politique. L'évaluation du cas de Houston a montré que la façon dont les programmes étaient menés favorisait les intérêts des propriétaires immobiliers et des notables locaux. Le commissariat local s'est appuyé sur les associations bien établies localement pour enrôler les gens dans ces programmes. Ce sont elles qui choisissaient les personnes accompagnant les îlotiers ou assistant aux réunions du responsable du district. Ce sont encore elles qui ont facilité l'organisation des réunions de quartier au cours desquelles des personnalités, comme le chef de la police, venaient parler aux habitants. Cette approche a bien fonctionné pour les membres de ces associations. En revanche, les habitants des quartiers les moins favorisés n'ont pas été informés de ces programmes et n'y ont pas participé. L'équipe d'organisation locale a tenu plusieurs petites réunions afin d'identifier les leaders locaux et démarrer le processus ; pratiquement toutes eurent lieu dans les zones où les Blancs, propriétaires de leur pavillon, étaient majoritaires. Les locataires, principalement Noirs, des immeubles collectifs ont été rapidement identifiés comme étant la source des problèmes locaux et ont été la cible prioritaire des activités des policiers. Tout ceci est apparu dans le bilan que nous avons effectué : dans les deux cas, les effets positifs des programmes ont été limités aux Blancs et à ceux qui étaient propriétaires de leur maison. Les causes de ce phénomène sont subtiles mais importantes. Travaillant en toute liberté, les policiers ont, dans les deux zones, concentré leurs efforts sur les quartiers où ils étaient bien accueillis. L'équipe d'organisation a pu tenir des réunions seulement là où on voulait bien accueillir ses membres. Ceux-ci, agissant en dehors de l'antenne de quartier, se sont aperçus que travailler par l'intermédiaire de groupes établis localement facilitait leur mission de mobilisation rapide des soutiens au sein de la communauté.

Ceci suggère qu'une action policière qui s'appuie sur la concertation est difficile là où la population est fragmentée en races, classes et modes de vie différents. Si, au lieu de rechercher des intérêts communs dans cette diversité, la police travaille principalement avec des individus de son choix, elle ne sera plus neutre. Il est aisé pour les policiers de centrer la police communautaire sur l'assistance aux personnes avec lesquelles ils ont des affinités et celles qui partagent leurs vues. Les priorités locales qu'ils signalent alors seront celles d'une partie de la communauté et non de la communauté toute entière. Ceux qui critiquent la police communautaire craignent qu'elle favorise une connivence entre citoyens et policiers telle que le comportement de ceux-ci ne serait plus régi par leur devoir de réserve, leur professionnalisme et le strict respect de la loi. Pour agir impartialement et suivant la constitution, pour protéger les droits des minorités, la police doit parfois agir à contre-courant de l'opinion majoritaire. Ainsi que le note Stephen Mastrofsky (1988-65), la police communautaire doit organiser un processus qui donne aux policiers une autonomie suffisante pour faire le bien sans accroître leur propension à faire le mal.

Respect de la loi

Faire de la police communautaire tout en respectant la loi est un enjeu majeur. La police communautaire met l'accent sur la collaboration avec les résidants des quartiers comme moyen pratique de résolution des problèmes locaux et confie cette tâche à de simples policiers. Ceux-ci jouiront d'une grande marge de liberté et les règles pour résoudre les problèmes seront toujours ambiguës. Bien souvent, ils ne seront pas contraints par des statuts juridiques et peuvent se retrouver libres d'agir selon leurs préjugés ou stéréotypes. Tout cela va à l'encontre des pratiques de police traditionnelles.

Au fil du temps, la police américaine a restreint son rôle en abandonnant progressivement nombre de ses fonctions traditionnelles de maintien de l'ordre et même de service, ceci afin de limiter les risques d'illégalité. Entre les années 50 et les années 70, les départements de police se sont soumis à des règles encore plus contraignantes afin d'éviter la corruption (voir ci-dessous) et d'instituer un comportement impartial décourageant la discrimination ouverte, la brutalité et la violence. Comme on l'a souligné plus haut, cela s'est souvent fait en réaction à des pressions politiques locales dans l'intention d'éviter des conflits. À de multiples égards, ce type de professionnalisme a eu des résultats très positifs. Ainsi, le recours aux armes à feu, de la part des policiers ou contre eux, a chuté au cours des deux dernières décennies, même dans le contexte de violence de la guerre contre la drogue et compte tenu des calibres sans cesse croissants des armes en circulation dans les rues. L'adoption d'un mode d'action légaliste et neutre, et l'observation stricte et bureaucratique des règlements restent une bonne méthode pour éviter les ennuis dans la plupart des départements de police.

Absence de corruption

La corruption est un problème endémique dans les départements de police. La police communautaire ne facilite en aucune façon son contrôle. Certains des problèmes organisationnels auxquels la police communautaire doit faire face résultent des dispositions qui ont été prises pour lutter contre la corruption. La façon dont cette question sera traitée n'est pas claire.

Les partisans de la police communautaire plaident pour la stabilité des affectations et des équipes de ronde. Selon eux, les policiers doivent être affectés à une zone donnée pour une longue période, ce qui leur permet de connaître les problèmes qui s'y posent, d'identifier les fauteurs de troubles et de nouer des relations avec les habitants et les associations locales. Toujours selon eux, ces policiers doivent être en mesure de traiter le plus grand nombre possible des appels — urgents ou non urgents — que le département de police reçoit en provenance de leur zone d'intervention. Le problème est que les changements d'affectation sont devenus une méthode de lutte contre la corruption. Les policiers sont mutés de poste en poste afin d'éviter qu'ils n'aient le temps de se lier avec de possibles corrupteurs (notamment ceux qui violent la réglementation sur l'alcool, ceux qui tentent d'échapper aux lois sur l'environnement et aux règlements fonciers, ceux qui cherchent une protection pour leurs activités de jeux ou de proxénétisme).

Les réformateurs de la police, déterminés à contrôler la corruption et à professionnaliser complètement les départements de police, ont cherché aussi à supprimer tout lien entre les policiers et les politiciens. Par exemple, quand O.W. Wilson est arrivé en 1961 à la tête du département de police de Chicago, qui était alors corrompu, il s'est rendu compte que les districts de police avaient été découpés de façon que leurs limites correspondent à celles du conseil municipal. De la sorte, chaque circonscription avaient sa propre police. Ce découpage permettait aux politiciens de contrôler la promotion et l'affectation des policiers, de fixer leurs objectifs et de partager les produits des accords que la police corrompue passait avec toutes sortes de trafiquants. Wilson entreprit immédiatement la refonte des districts de police de manière à ce qu'ils englobent plusieurs circonscriptions électorales. Ainsi, des politiciens rivaux devaient partager un même district de police. La direction des activités opérationnelles fut centralisée afin de restaurer un contrôle sur le comportement des policiers. La police devint progressivement plus autonome pour le recrutement et la promotion de son personnel.

Aujourd'hui, les agents de police communautaire sont à la recherche d'attaches locales. Pour eux, être politique — c'est-à-dire chercher à représenter les intérêts de la communauté — est devenu une qualité. Les policiers sont encouragés à repérer des leaders locaux, à s'allier aux porte-parole de la communauté, à représenter les intérêts locaux. Dans les sociétés démocratiques, c'est ce que les politiciens font aussi. Justifier que les «représentants du peuple» soient tenus à l'écart du processus de décision et de définition des priorités devient alors difficile. Lorsqu'on a gagné une élection, on peut à juste titre prétendre avoir le droit d'exprimer les intérêts de la communauté là où se définissent les politiques publiques. Car c'est ainsi que le choix entre des intérêts concurrents sont légitimés par les Américains.

Conclusion

Ceux qui critiquent la police communautaire ont vite fait de prétendre qu'elle se résumait en réalité à de la rhétorique. Il est sans doute exact que la police communautaire comporte une part de rhétorique puisque — ainsi que je l'ai expliqué au départ — il s'agit d'une stratégie organisationnelle destinée à redéfinir les buts de l'action policière et à offrir une nouvelle vision des objectifs des départements de police. La rhétorique est utilisée, car elle est un des instruments de leadership. La police communautaire fait aussi appel à la rhétorique parce que les départements de police ne fonctionnent pas dans le vide. Ils dépendent des communautés qu'ils servent pour leur financement. À la différence des organisations privées, ils doivent avoir le soutien des élus et de la population quelles que soient leurs orientations. La rhétorique de la police communautaire informe la population des objectifs pour lesquels on lui demande de payer.

Maintenant, la police communautaire est-elle plus que de la rhétorique? J'ai montré plus haut que la police communautaire se développe de façon heurtée. Les exemples d'expérimentations qui ont échoué et de grandes villes où le concept même s'est dissout sont nombreux. D'un autre côté, de nombreuses évaluations ont démontré qu'il existe une population qui désire qu'on s'intéresse à elle, qui a beaucoup à dire à la police et qui est heureuse d'en avoir la possibilité. Quand les gens voient davantage de policiers marcher dans les rues ou travailler en dehors des commissariats, ils ont moins peur; là où les policiers ont développé une coopération étroite avec les associations locales et favorisé l'aide mutuelle, on a assisté à un déclin du désordre social et des dégradations matérielles.

Références bibliographiques

BAYLEY (David H.) et Jérôme SKOLNICK . *The New Blue Line*, The Free Press, New York, 1986.

BENNETT (Trevor). *Contact Patrols in Birmingham and London: An Evaluation of a Fear Reducing Strategy*, Institute of Criminology, Cambridge, 1989.

BOYDSTUN (John E.) et Michael E. SHERRY . *San Diego Community Profile: Final Report*, The Police Foundation, Washington DC, 1975.

CLARREN (Sumner) et Alfred SCHWARTZ. «Measuring a Program's Impact: A Cautionary Note», *Sample Surveys of the Victims of Crime*, pp. 121-134, Wesley G. Skogan, éditeur, MA Ballinger, Cambridge, 1976.

CORDNER (Gary W.). Fear of Crime and the Police: An Evaluation of a Fear-Reduction Strategy, *Journal of Police Science and Administration*, n° 14, pp. 223-233, 1986.

FOWIER (Floyd J.) et Thomas MANGIONE. «A Three-Pronged Effort to Reduce Crime and Fear of Crime: The Hartford Experiment», *Community Crime Prevention*, pp. 87-108, Dennis Rosenbaum, éditeur, CA Sage, Newbury Park, 1986.

GOLDSTEIN (Herman). Improving Policing: a Problem-Oriented Approach, *Crime and Delinquency*, volume 25, pp. 236-258, 1979.

GOLDSTEIN (Herman). *Problem-Oriented Policing*, Mc Graw-Hill, New York, 1990.

MASTROFSKY (Stephen D.). «Community Policing as Reform: A Cautionary Tale», *Community Policing: Rhetoric or Reality?*, Jack R. Greene et Stephen Mastrofsky, éditeurs, Praeger, New York, 1988.

MOORE (Mark H.). «Problem Solving and Community Policing», *Modern Policing*, pp. 99-158, Michael Tonry et Norval Morris, éditeurs, University of Chicago Press, Chicago, 1992.

NARDULLI (Peter F.). «The Delivery of Police Services: An Experiment in Team Policing», *Law and Policy Quarterly*, volume 2, pp. 420-444, 1980.

PATE (Antony M.). «Experimenting with Foot Patrol: The Newark Experience», *Community Crime Prevention*, pp. 137-156, Dennis Rosenbaum, éditeur, CA Sage, Newbury Park, 1986.

PATE (Antony M.), Marlys Mc PHERSON et Glenn SILLOWAY. *The Minneapolis Community Organizing Experiment*, Police Foundation, Washington DC, 1987.

PATE (Antony M.) et Annan SAMPSON. *The Baltimore Community Policing Experiment: Technical Report*, Police Foundation, Washington DC, 1989.

REISS (Albert, J. Jr.). *The Public and the Police*, Yale University Press, New Haven, 1971.

SCHWARTZ (Alfred) et Summer CLARREN. *The Cincinnati Team Policing Experiment: A Summary Report*, The Urban Institute, Washington DC, 1977.

SHERMAN (Lawrence W.). «Attacking Crime: Policing and Crime Control», *Modern Policing*, pp. 159-230, Michael Tonry et Norval Morris, éditeurs, University of Chicago Press, Chicago, 1992.

SKOGAN (Wesley G.). *Disorder and Decline: Crime and the Spiral of Decay in American Cities*, The Free Press, New York, 1990.

153

SPELMAN (William) et John E. ECK. « Problem-Oriented Policing », NIJ Research in Brief, National Institute of Justice, US Department of Justice, Washington DC, 1987.

TROJANOWICZ (Robert C.). « An Evaluation of a Neighborhood Foot Patrol Program », *Journal of Police Science and Administration*, n° 11, pp. 410-419, 1983.

TROJANOWICZ (Robert C.), « Evaluating a Neighborhood Foot Patrol Program », *Community Crime Prevention*, Dennis Rosenbaum, éditeur, CA Sage, Newbury Park, pp. 157-178, 1986.

UCHIDA (Craig), Brian FORST et Annan SAMPSON. *Modern Policing and the Control of Illegal Drugs: Testing New Strategies in Two American Cities*, Washington DC, Police Foundation (Final Technical Report), Washington DC, 1990.

UCHIDA (Craig), Brian FORST et Annan SAMPSON. *Modern Policing and the Control of Illegal Drugs: Testing New Strategies in Two American Cities*, National Institute of Justice; US Department of Justice (Summary Report), Washington DC, 1992.

WILSON (James Q.) et George KELLING. Broken Windows, *The Atlantic Monthly*, March 1982, pp. 29-38.

WYCOFF (Mary Ann). « The Benefits of Community Policing: Evidence and Conjecture », *Community Policing: Rhetoric or Reality?*, pp. 103-120, Jack R. Greene et Stephen D. Mastrofsky, Praeger, New York, 1988.

WYCOFF (Mary Ann) et Wesley SKOGAN. « Storefront Police Offices: The Houston Field Test », *Community Crime Prevention*, pp. 179- 201, Dennis Rosenbaum, éditeur, CA Sage, Newbury Park, 1986.

La police de proximité en France

Barbara Jankowski
Chercheure
Institut des Hautes études de la sécurité intérieure (IHESI), Paris

Présenter un bilan* des recherches sur la police de proximité en France suppose l'existence d'un corpus numérique assez conséquent pour justifier une mise au point. Ce n'est pas, aujourd'hui, ce qui caractérise la situation française. Si le concept de police de proximité s'est progressivement imposé dans les déclarations sur les missions de la police urbaine, jusqu'à devenir une priorité, ce fait est récent. Il est facile d'imaginer que la mise en œuvre de la police de proximité n'a donné lieu qu'à un nombre fort limité de recherches du fait de sa nouveauté, mais également parce que la recherche sur les stratégies et pratiques policières est elle-même relativement nouvelle dans notre pays. Il n'est pas, en outre, d'un usage répandu en France de mettre en place, parallèlement, des politiques publiques et des recherches évaluatives sur ces politiques.

Bien qu'il ne s'agisse pas ici de comparer le *community policing* tel qu'il s'est développé dans les pays d'Amérique du Nord ou en Grande-Bretagne et ce qui se pratique en France, il est tout de même indispensable de revenir sur les éléments constituant le modèle anglo-saxon pour soutenir un raisonnement sur la police de proximité dans notre pays, dans la mesure où, implicitement, le concept français renvoie à ce modèle. Le *community policing* repose principalement sur l'hypothèse voulant que la police obtienne de meilleurs résultats en s'appuyant sur les relations qu'elle développe avec la population. Cela implique notamment :

* Nous remercions *Les Cahiers de la sécurité intérieure* (Paris) qui nous ont permis de reproduire cet article publié à l'origine dans leur nº 13 (1993).

— que la police ne doive plus concentrer ses activités exclusivement sur la lutte contre la criminalité, mais accorder la priorité à la résolution des problèmes que rencontre la population;

— que soit établi un partenariat avec le public et ses représentants, invités à exprimer leurs demandes, mais aussi avec les autres organismes concernés par les problèmes d'insécurité;

— que ce partenariat s'établisse à un niveau local, ce qui nécessite une décentralisation des structures.

Ces orientations ont au moins deux répercussions importantes:

— Elles correspondent à un changement d'optique dans la manière de qualifier le travail policier, la priorité étant accordée aux problèmes rencontrés par la population. À cet égard, la coopération du public avec la police est indispensable et détermine l'efficacité de la police.

— Elles permettent de mesurer l'efficacité non plus sur la rapidité d'intervention ni sur le nombre d'arrestations, mais sur l'«absence de désordre». Les problèmes qui troublent le plus la vie des habitants doivent être pris en compte en premier lieu par les services de police[1].

En France, le concept de police de proximité est loin d'être aussi formalisé qu'en Amérique du Nord ou qu'en

---

1. Ces quelques points de définition ne sont que des repères tant il est vrai que le *community policing* n'est pas un concept ou un modèle homogène, que de nombreuses différences existent entre les pays et les types d'expériences, sans compter celles qui apparaissent dans les évaluations qui en sont faites. Les textes présentant le *community policing* (police communautaire au Canada) sont nombreux. Nous nous référons plus particulièrement à ceux qui sont énumérés à la fin de l'article.

Grande-Bretagne. Aux États-Unis, par exemple, le *community policing* revêt le caractère d'une véritable réforme des missions de la police, après que des recherches expérimentales aient démontré que les fondements mêmes du professionnalisme policier des années 50-60 étaient inopérants, eu égard à l'objectif fixé : faire baisser la criminalité et le sentiment d'insécurité. Cette stratégie s'appuie sur l'effort conjoint du ministère de la Justice américain, de chercheurs et de chefs de départements de police particulièrement impliqués. Le *community policing* a déjà donné lieu à la publication d'une imposante quantité de livres, d'articles et de fascicules, et à de nombreuses expériences et évaluations, même si aucun département de police ne fonctionne intégralement selon les règles du modèle. Les instances fédérales déploient d'énormes efforts pour convaincre les départements de police urbaine d'adopter cette nouvelle stratégie qui, d'ailleurs, est loin de faire l'unanimité.

Trois points seront successivement abordés dans ce texte. Une première partie, appuyée sur un bref historique, sera consacrée à la police de proximité et sur ce qu'elle représente en France. Dans la deuxième partie, les résultats de recherche sur certains aspects de cette police seront retracés. Enfin, nous poserons les questions qui découlent de ces résultats, aussi partiels soient-ils.

La police de proximité en France : l'état des lieux

L'apparition du concept : bref historique

Si la notion de proximité commence à apparaître dans les discours officiels sur la police dans les années 1988-1989, le terme « police de proximité » s'impose plus tard[2].

---

2. Cette sous-partie s'appuie sur les discours et déclarations des ministres de l'Intérieur et sur les rapports et avis rendus par différentes commissions du Sénat et de l'Assemblée nationale entre 1984 et 1992.

159

Dans les années 1983-1984, pour qualifier le travail et les missions de la police urbaine, qui aujourd'hui relèvent de la police de proximité, on évoque plutôt la lutte contre la petite délinquance avec, pour y remédier, des mesures telles que l'intensification de la présence policière sur la voie publique et l'îlotage.

À partir de 1988, il est de plus en plus question de « police au quotidien », de « sécurité dans la vie quotidienne » et de la nécessité, pour les services de police, de se rapprocher de la population. À cette époque, on évoque la police comme outil de « proximité sociale » ou encore de « gestion de proximité ». Dans les déclarations officielles, on mentionne souvent la nécessité d'un « rapprochement police/population », mais on ignore le terme « police de proximité[3] ».

C'est dans les derniers mois de 1990 que les notes internes à l'administration font référence à la police de proximité : « Une forte demande s'exprime en faveur d'une police de proximité, plus impliquée dans la vie quotidienne des habitants[4]. »

Au cours de l'année 1991, l'usage de ce concept se répand. « Dès à présent la police nationale s'est fixée des objectifs favorisant l'émergence d'une police de proximité, réservant à la relation police/population une place essentielle » écrit le sous-directeur à l'action préventive de la direction centrale des polices urbaines, en septembre 1991[5]. Au Conseil des ministres du 20 novembre 1991, Ph. Marchand, ministre de l'Intérieur, déclare : « La sécurité quotidienne des

---

3. Cf. Intervention de P. Joxe, ministre de l'Intérieur, au Sénat le 1er décembre 1988.

4. Note du directeur central des polices urbaines en date du 11 décembre 1990.

5. « Le rôle de la police », communication au séminaire international « Prévention de la criminalité en milieu urbain », Aix-en-Provence, septembre 1991.

Français implique une police de proximité efficace. Celle-ci doit avoir une dimension préventive et s'insérer dans la politique de la ville, et une dimension répressive pour que l'ordre public soit assuré en permanence et partout sur le territoire national.»

En 1992, la police de proximité est affichée comme une priorité de la police urbaine. Le ministre de l'Intérieur, P. Quilès annonce : «Le plan d'action pour la sécurité que j'ai présenté le 13 mai dernier [...] contient deux orientations essentielles pour l'avenir. D'abord, l'idée d'une police de proximité, c'est-à-dire d'une police proche des citoyens et qui puise dans cette proximité plus de reconnaissance et de légitimité. Cela correspond à une évolution tout à fait positive dans l'histoire de la police française qui a longtemps trouvé sa légitimité dans sa proximité avec l'État et dans l'expression de la force plus que dans sa relation avec les citoyens[6]».

On voit donc combien le concept est récent. Il a mis beaucoup de temps à s'imposer et on l'accepte maintenant un peu mieux qu'au départ. Utilisé d'abord comme simple équivalent de la lutte contre la petite et moyenne délinquance, il est ensuite devenu synonyme du rapprochement police/population. À l'objectif signifiant la nécessité de favoriser une meilleure compréhension entre l'institution et ses usagers, s'est ajouté le symbole de la légitimité procurée par ce rapprochement : «Dans cette conception de la sécurité publique, l'institution policière n'est pas un corps refermé sur lui-même, au service exclusif de la défense de l'ordre et de l'État. Il est au service des citoyens. L'institution policière doit être à l'écoute de la demande sociale, et elle doit engager

---

6. Discours de P. Quilès, ministre de l'Intérieur, le 2 octobre 1992. Quelques mois auparavant, le ministre déclarait : «J'y vois un autre avantage (dans les projets locaux de sécurité), c'est de parvenir enfin à mettre sur pied une police de proximité, proche des citoyens et reconnue dans son utilité sociale. Le service public est au service du public et il doit donc placer l'usager au cœur de ses préoccupations» (20 mai 1992).

un dialogue avec l'ensemble des acteurs responsables de la sécurité [7]. »

On ne trouve cependant pas, au-delà de ces énoncés, de consignes sur la manière dont cette priorité est sensée se traduire en actions concrètes. Malgré la multiplicité des textes de référence, les contours de la police de proximité semblent plutôt flous. Elle est souvent présentée comme un équivalent du rapprochement police/population qui, lui-même, passe par le développement de l'îlotage, l'amélioration de l'accueil dans les commissariats et le renforcement de la présence policière sur la voie publique. Ces modalités, plutôt que de s'intégrer, forment une mosaïque ; elles paraissent plus interchangeables que hiérarchisées [8].

L'orientation des missions de la police urbaine vers la police de proximité

Il est possible d'appréhender d'une autre manière le concept de la police de proximité, aujourd'hui, en France. Il s'agit, en s'appuyant sur la définition anglo-saxonne du *community policing*, d'essayer de repérer certains aspects relevant de ce modèle dans la façon de définir les missions et les structures de la police urbaine en France. Analysée sur cette base-là, la police de proximité n'est pas aussi récente que le laisserait entendre l'utilisation du concept.

1. Les quatre dimensions suivantes, progressivement apparues depuis une dizaine d'années, peuvent servir de base — du moins en théorie — à la mise sur pied d'une véritable

7. Rapport de la commission des finances, de l'économie générale et du plan sur le projet de loi de finances pour 1993.

8. À l'exception d'un document très récent destiné à la formation des gardiens de la paix, qui décline précisément les compétences et les missions à développer en police de proximité. Scolarité des gardiens de la paix — police de proximité. DPFP-INF — École nationale de police de Marseille, octobre 1992.

police de proximité, suivant le modèle anglo-saxon (*community policing*) :

— Accorder plus d'attention au public et à ses attentes en matière de sécurité ;

— Mettre l'accent sur la nécessité de travailler en partenariat ;

— Répartir les services de police sur des territoires ;

— Mettre de l'avant un programme d'îlotage comme mode d'intervention prioritaire de la police urbaine.

Ces quatre dimensions découlent de la politique de modernisation de la police, propre au ministère de l'Intérieur, et de la politique inter-ministérielle de prévention de la délinquance, mise en œuvre en concertation avec les élus locaux, après les événements de l'été 1981[9] (notamment par la création du Conseil national de prévention de la délinquance et, au niveau local, par les conseils communaux de prévention de la délinquance [CCPD], auxquels participent les représentants des services de police).

La politique de prévention de la délinquance, mise en œuvre en 1982, prônait le rapprochement police/public et la nécessité de travailler en «partenariat». Ces deux thèmes ont été intégrés progressivement aux objectifs de la police : dès 1983, une meilleure compréhension entre les usagers et les policiers devenait un objectif de la Charte de la formation de la police nationale. Quant à la nécessité de travailler en partenariat, elle est désormais clairement énoncée : «Il faut bien se persuader que la sécurité publique est une coproduction. Il s'agit d'une mission où l'État joue un rôle majeur, mais cette

---

9. L'été chaud des «Minguettes», cité de la banlieue lyonnaise.

politique n'a de chance de réussir que si elle est partagée entre tous les groupes concernés[10].»

L'idée de «territorialisation» des services de police répond à la volonté d'adapter la police à son territoire. Elle s'est traduite notamment par la départementalisation des services de police[11], initiée en 1990 et généralisée à la fin de 1992. Ces services territoriaux sont responsables de la police de proximité. Mais cette «territorialisation» ne s'effectue pas uniquement dans une réforme des structures. Il est également avancé que les politiques de sécurité doivent s'inscrire au niveau local: «Cette réorganisation de la police nationale vise principalement à offrir au préfet de département un instrument opérationnel de mise en œuvre de politiques locales de sécurité. 1. En mobilisant l'ensemble des forces de police. 2. Cet outil pourrait s'avérer efficace contre, en particulier, la petite et moyenne délinquance[12].»

L'îlotage, quant à lui, revient sans cesse à l'ordre du jour depuis vingt ans. Ces dernières années, ce mode d'intervention est devenu la pièce maîtresse du dispositif de rapprochement police/population. Rappelons qu'en 1974, un note de service du ministère de l'Intérieur généralise la technique de l'îlotage à toutes les circonscriptions de police, en tant que «méthode de base pour développer la sécurité en milieu urbain». Soulignons qu'à l'époque, les îlots étaient choisis en priorité dans les quartiers périphériques et dans les grands

---

10. Discours de P. Quilès, ministre de l'Intérieur, le 13 mai 1992, dans lequel est présenté le plan d'action pour la sécurité.

11. La départementalisation est une réforme des services de police qui place sous une autorité unique (celle du directeur départemental de la Police nationale), tous les services de police du département, c'est-à-dire la police urbaine, les renseignements généraux, et, le cas échéant, la police de l'air et des frontières.

12. Rapport au nom de la Commission des finances de l'Assemblée nationale sur le projet de loi de finances pour 1992. Voir également l'importance donnée à l'élaboration des projets locaux de sécurité par le ministre de l'Intérieur, P. Quilès.

ensembles nouvellement édifiés[13]. L'îlotage est ensuite remis à l'ordre du jour en 1982 par la Commission des maires sur la sécurité qui en fait une de ses propositions pour lutter contre l'insécurité urbaine. En 1990, le ministère de l'Intérieur relance l'îlotage en l'inscrivant dans la politique de développement social urbain[14]. L'îlotage est défini comme «une technique de surveillance de la voie publique assurant une présence personnalisée, régulière, ostensible et sécurisante dans les quartiers. [...] L'îlotage favorise, par la dimension de convivialité qu'il introduit, le rapprochement entre la police et la population[15]». Dans le bilan du rapport de la Commission des maires sur la sécurité, l'îlotage est considéré comme un des éléments essentiels de l'évolution de la police vers une police de proximité[16].

Les résultats des recherches

Si le concept de police de proximité repose sur une quantité importante de déclarations officielles, s'il se traduit maintenant dans les organigrammes[17] et les programmes de formation, peu de recherches ont été réalisées à ce jour sur la manière dont ce concept s'applique réellement sur le terrain ou pour en évaluer l'impact.

---

13. Note du 18 juin 1974. Cf. MARION (F.), «Les fonctions d'assistance de la police nationale», IEP de Toulouse, mémoire présenté sous la direction de M. Loubet Del Bayle, 1981.

14. Circulaire ministérielle du 14 août 1990 sur «La participation de la police nationale à la politique de prévention de la délinquance».

15. Note du directeur central des polices urbaines du 11 décembre 1990 sur «Le renforcement de l'îlotage».

16. Bilan des 64 propositions du Rapport de la Commission des maires sur la sécurité: 1982-1992. Conseil national des villes, juin 1992.

17. L'organigramme actuel du service central de la police urbaine comprend un bureau de l'action préventive, de la police de proximité et de la communication.

Les éléments d'analyse que l'on peut tirer des recherches disponibles[18] s'articulent autour de quatre aspects qui seront successivement développés : la mise en œuvre de l'îlotage ; le partenariat au niveau local ; les demandes du public en matière de sécurité et les relations police/population ; l'évaluation de l'impact de cette stratégie policière.

La mise en œuvre de l'îlotage

En matière d'îlotage, les seules évaluations faites jusqu'à tout récemment ne s'intéressaient qu'à l'aspect quantitatif de la question : il s'agissait de dénombrer les îlotiers ainsi que les îlots[19]. Quelques recherches récentes sont allées un peu plus loin et on dispose désormais d'éléments pour établir un premier diagnostic des problèmes que soulève la mise en œuvre de l'îlotage sur le terrain.

Les résultats de ces travaux montrent que ce mode d'intervention est très bien accueilli par les habitants, mais ne constitue en aucun cas une solution systématique pour résoudre les problèmes de sécurité dans les banlieues difficiles (deux recherches sur deux sites différents attestent que, dans un cas, les îlotiers ont pu faire leur travail alors que, dans l'autre, il a été impossible de mettre en place ce type de

---

18. Les recherches empiriques sur lesquelles nous nous appuyons sont énumérées à la fin de l'article.

19. Ces chiffres ne sont d'ailleurs pas évidents à analyser dès lors que l'on cherche à mesurer une évolution. Il fut un temps où les îlotiers étaient soit « à pied », soit en « cycle », soit en « véhicule ». Puis, dans les bilans, une distinction a été faite entre les îlotiers à temps plein et ceux à temps partiel, et entre les îlots permanents et les îlots périodiques. Une analyse longitudinale est impossible avec les données accessibles. Pour situer ce que représente l'îlotage aujourd'hui, citons ces quelques chiffres : « 2 534 îlots en 1990 contre 2 284 en 1983. Au 1er janvier 1991, 3 666 policiers étaient affectés à cette mission, sans compter les effectifs de la préfecture de police » (Bilan du rapport de la Commission des maires sur la sécurité, 1992, citant les chiffres tirés d'un article d'E. Inciyan dans Le Monde). Le rapport de la Commission des finances de l'Assemblée nationale sur le projet de loi de finances pour 1993 fait état de 2 393 îlots tenus par 3 676 îlotiers.

patrouilles à pied). Sa mise en place soulève une série de problèmes de fonctionnement interne qui, s'ils ne sont pas pris en compte et traités, peuvent non seulement marginaliser ce mode d'intervention mais en annuler les effets positifs auprès de la population.

Nous développerons rapidement quatre aspects mis en lumière dans les recherches :

— La difficulté d'accepter l'îlotage des policiers de base ;

— L'absence de modalités d'évaluation spécifiques à ce mode d'intervention ;

— Les difficultés internes liées au cloisonnement entre les services de police et à l'absence de circulation de l'information ;

— L'îlotage dans les quartiers difficiles.

■ La difficile acceptation de l'îlotage par les policiers de base

Lorsqu'on leur demande leur opinion, une majorité de policiers se montrent favorables à l'îlotage. L'enquête menée en 1982 auprès de l'ensemble du personnel de police[20] révèle qu'à cette date, 79 % des policiers pensaient que « l'îlotage est un bon moyen de prévention et de rapprochement avec le public », 17 % estimaient que « l'îlotage demande beaucoup de moyens pour peu de résultats » et 3 % que « l'îlotage pouvait être ressenti comme une surveillance trop étroite par le public[21] ». La même question posée lors d'une enquête simi-

---

20. HAUSER, (G.) et S. TIEVANT, « 67 451 policiers : Sociographie des personnels de la police nationale », juillet 1985.
21. Il s'agissait d'une question fermée et d'un choix entre ces trois modalités de réponse.

laire en 1988[22] obtient respectivement 82 %, 15 % et 2 % aux trois mêmes items. En quelques années, nombre de policiers favorables à l'îlotage semble avoir augmenté. Mais l'opinion des policiers est loin de refléter à elle seule la réalité. Sur le terrain, ce consensus ne suffit pas.

Le recrutement des îlotiers repose sur le volontariat. Or, la difficulté à trouver des volontaires est bien réelle dès lors qu'il est question de créer des unités d'îlotage spécifiques. Comme cela est souvent le cas, ces gardiens de la paix ne font de l'îlotage que lorsqu'aucune autre mission prioritaire — comme un service d'ordre — ne réclame leur participation.

Les fonctionnaires qui choisissent l'îlotage le font bien plus pour bénéficier de ses avantages (horaires, pas de travail le dimanche, possibilité d'être promu sur place) que par intérêt pour le contenu même du travail. En l'absence d'une véritable politique d'incitation, reposant en grande partie sur la volonté des supérieurs hiérarchiques locaux, il est difficile de constituer ce genre d'unités[23].

Selon les gardiens de la paix affectés au service général, et parmi lesquels sont recrutées les équipes d'îlotiers, ce qui constitue l'essentiel des missions de police de proximité, c'est-à-dire ce qui contribue à la paix sociale sur un quartier, n'est pas valorisé. Ils travaillent dans des quartiers défavorisés où ils ne sont pas toujours bien accueillis et où ils ont affaire à une population dont ils ne se sentent pas spontanément proches. Une bonne partie de leur temps est consacrée à un travail qui, à leurs yeux, n'est pas du ressort de la police, alors qu'ils ne peuvent pas accomplir « le vrai travail poli-

---

22. Enquête INTERFACE, « La formation dans la police nationale : 1982-1988 », décembre 1988.

23. À Roubaix, c'est le DDPU qui a décidé de créer cette unité sur la circonscription en y mettant des moyens qui jusque-là n'existaient pas. Il a fallu pourtant, là aussi, vaincre la méfiance de ceux qui étaient, *a priori*, partants.

cier», celui qui consiste à saisir le flagrant-délit et à arrêter les délinquants (Cunhia et Delcroix, 1991 ; Gorgeon, 1992).

L'îlotage a du mal à s'imposer, car il n'est pas partie intégrante de la culture professionnelle des policiers français. Le bilan des propositions de la Commission des maires sur la sécurité fait état d'un certain nombre d'obstacles qui freinent le développement de cette technique de surveillance de la voie publique. La culture professionnelle de la majorité des policiers pour lesquels l'îlotage est perçu comme une mission de travail social — alors que seule l'activité de la police consistant à arrêter des délinquants est considérée comme véritablement noble — constitue l'un de ces freins. Ce constat reprend l'analyse de Dominique Monjardet à propos de la difficulté des policiers à s'impliquer dans les politiques de prévention de la délinquance[24]. Ce dernier explique notamment pourquoi, en l'absence d'une véritable politique, les activités qui concernent la prévention de la criminalité reposent sur des pratiques qui relèvent plutôt du militantisme : «La culture professionnelle hiérarchise les compétences, les pratiques, [...] privilégie toujours le flagrant-délit plutôt que l'activité dissuasive qui aurait empêché le cambriolage. Le policier qui croit en la prévention est un militant, c'est-à-dire qu'il agit au nom d'une croyance personnelle plutôt que d'une politique et, en cela, c'est aussi un marginal. L'îlotage est vu par les services comme une pratique militante, marginale, coupée de la nature profonde de la profession policière : cause et conséquence, les îlotiers sont marginalisés dans leur service.»

L'enquête faite à Montfermeil confirme ce caractère militant et marginal des fonctionnaires de police qui font de la prévention mais aussi de ceux qui, affectés au service général, n'hésitent pas à aller patrouiller alors que les autres y ont

---

24. MONJARDET (D.). «Une mission sur un territoire ; de la difficulté des policiers à entrer dans les politiques de prévention de la délinquance», *Bulletin*, la revue du CLCJ n° 26, «L'état de la police» 1991.

renoncé. Ces volontaires ont souvent un profil particulier tant du point de vue de leur passé personnel que professionnel (ils ont vécu dans une cité ou ont travaillé avant d'entrer dans la police, notamment comme ouvrier ; ils possèdent une « intelligence sociale » qui leur permet de savoir doser entre répression et prévention avec les mêmes personnes, en fonction des situations dans lesquelles ils se trouvent ; ils sont motivés par leur travail, puisqu'il semble que seul ceux qui croient à leur métier font encore du travail d'initiative dans la cité).

L'îlotage qui repose en grande partie sur le volontariat est davantage le reflet de pratiques militantes que la traduction d'une orientation fondamentale de l'institution. Les propos des fonctionnaires interviewés témoignent de la marge de manœuvre, assez importante, qui existe dans la mise en œuvre de l'îlotage ; ils trahissent le manque de directives claires sur la façon d'exercer cette fonction et d'en pratiquer l'évaluation (Bourgeois et al., 1992). Une réelle volonté hiérarchique jointe à une véritable politique du personnel pour pallier aux freins engendrés par la culture professionnelle policière sont indispensables pour ancrer la police de proximité dans les pratiques professionnelles et dans les missions de la police urbaine. Cette politique devrait pouvoir s'appuyer sur des critères d'évaluation du travail, distincts de l'activité à caractère répressif.

■ L'absence de modalités d'évaluation spécifiques à ce mode d'intervention

Même si 75 % des policiers considèrent qu'un service est efficace si « le nombre d'affaires à traiter est en diminution[25] », faire du « chiffre », des « bâtons », du « crâne », c'est-à-dire des actions qui peuvent être quantifiées et intégrées dans les statistiques, demeure un critère extrêmement valorisé jusqu'à présent par les policiers. Ce critère continue

---

25. Enquête INTERFACE, 1988, op.cit.

d'être amplement utilisé comme unique mesure du travail d'une unité, même lorsqu'il s'agit de l'îlotage.

Toutes les recherches montrent que la hiérarchie se mesure quasi exclusivement sur le nombre d'interpellations, le nombre de ces actions prouvant aux supérieurs l'efficacité des services. Les fonctionnaires y attachent eux aussi beaucoup d'importance (Cunhia et Delcroix, 1991 ; Gorgeon, 1992 ; Mouhanna, 1991). Même lorsqu'on tente établir un modèle différent comme à Roubaix, la coexistence, sur les fiches d'activité, de critères à caractère répressif (nombre d'interpellations, de verbalisations) et préventif (réunions ou contacts établis avec tel ou tel partenaire) indispose les policiers. Ils ignorent sur quels critères ils seront jugés (Mouhanna, 1991).

Si on en juge par la déclaration ministérielle suivante, évoquant les bienfaits de l'îlotage — qui rapproche la police de la population —, il est clair que la seule mesure de l'efficacité relève des statistiques criminelles : «La pratique de l'îlotage a donné lieu, en province, à une répression des faits de petite et moyenne délinquance de l'ordre de 5 %.»

Les résultats de l'îlotage, difficilement mesurables par les outils existants, ne sont pas sanctionnés positivement. Le problème de la mesure constitue ce que Dominique Monjardet appelle l'obstacle organisationnel : selon lui, tant que les activités de prévention ne donneront pas lieu à une batterie d'indicateurs, acceptés par tous comme significatifs et pris en compte dans l'évaluation hiérarchique, elles ne seront pas prises au sérieux par les exécutants[26].

■ Cloisonnement et absence de circulation de l'information

Quand l'îlotage est établi en permanence en y affectant entièrement le personnel, il peut être perçu de manière négative par les fonctionnaires des autres services. La création de

---

26. MONJARDET (D.), op. cit.

l'îlotage à Roubaix s'est faite sans apport d'effectifs. Il a donc fallu réduire certains services pour porter de 18 à 60 le nombre d'îlotiers. De nombreux fonctionnaires de police ne jugent donc pas l'îlotage en fonction des avantages qu'il peut apporter à la population, mais en fonction des conséquences, en général perçues comme négatives, que sa création a eu sur leur propre travail.

Pour la plupart des policiers, la création de l'îlotage signifie l'apparition de nouvelles tâches, exigeant un effectif constant. Pour le roulement, le travail de patrouille a été totalement reconsidéré et est devenu plus contraignant; pour l'unité qui s'occupe de la circulation, la charge de travail s'est accrue. Les inspecteurs chargés de la réception des plaintes souffrent de la réorganisation qui s'est traduite pour eux par la perte des gardiens de la paix, auparavant affectés à ces tâches. Les inspecteurs voient d'un mauvais oeil que des policiers en tenue retournent sur la voie publique alors qu'eux-mêmes sont débordés. Ils déplorent de ne plus pouvoir accomplir le travail de voie publique qui est aussi le leur (Mouhanna, 1991).

Si l'îlotage offre, à ceux qui l'exercent, des avantages tels que l'autonomie, la confiance obtenue par la hiérarchie, la valorisation tirée des relations avec la population, les autres services ont l'impression de subir une perte de responsabilité et de prérogatives.

On perçoit en général un surcroît de travail avec effectif restreint. Il est dommage que rien ne permette aujourd'hui d'émettre et de vérifier cette hypothèse : les îlotiers ne couvrent-ils pas un certain nombre de demandes provenant du public? Et ces demandes trouvant sur place leur réponse, n'y a-t-il pas moins de plaintes qui proviennent jusqu'aux inspecteurs — donc, moins de travail pour eux? N'y a t-il pas non plus moins de demandes d'intervention au 17 (le 911 en Amérique), qui mobilisent le service général?

Le cloisonnement des services — traditionnel dans la police — représente un important handicap pour l'îlotage. Le travail des îlotiers nécessite la coopération des autres policiers, notamment pour répondre correctement aux demandes du public et assurer le suivi des affaires. Le cloisonnement a pour conséquence d'entraver l'îlotier qui n'a pas toujours les moyens de répondre aux sollicitations d'un public exigeant des actions concrètes en échange des informations données. Ceci s'avère particulièrement pertinent dans le domaine de la drogue où, malgré la sensibilité du public, il est très difficile d'intervenir. En effet, une information pouvant revêtir de l'importance pour les habitants d'un immeuble n'est pas forcément utilisable pour entamer une procédure de flagrant-délit, et cela, même si la brigade des stupéfiants est en mesure d'agir.

Le manque de coopération entre les services risque d'éloigner l'îlotage de son objectif : au lieu de favoriser le rapprochement police/population, le cloisonnement peut entraîner une coupure entre la population et les îlotiers d'une part, et les policiers des autres services d'autre part. La mise en place de l'îlotage dans un service doit donc tenir compte de la coopération entre les services et favoriser cette stratégie d'intervention. Un service d'îlotage déconnecté, même s'il est parfaitement organisé et compétent, est sans aucun doute condamné. La présence parmi les îlotiers d'anciens fonctionnaires ayant de bonnes relations avec leurs collègues peut limiter momentanément les risques de coupure, mais, à long terme, elle ne sera pas suffisante (Mouhanna, 1991).

- L'îlotage dans les quartiers difficiles

La mise en place de l'îlotage dans les quartiers difficiles se heurte à de fortes réticences chez les fonctionnaires. Il leur faut faire face à une hostilité verbale et physique de plus en plus manifeste à l'endroit des forces de police en tenue, leur donnant le sentiment de courir un danger lors des interventions. La crainte du « pépin » et surtout l'impression de manquer d'appuis administratifs en cas d'incident contribuent également à ces réticences (Cunhia et Delcroix, 1991; Bourgeois, 1992). Ce sont les constats qui ressortent de quelques mois d'observation et d'entretiens, réalisés avec les fonctionnaires de police et les habitants de la cité des Bosquets à Montfermeil. Pour une bonne partie des policiers, pénétrer dans le quartier est une gageure; plusieurs ont renoncé à y patrouiller, même en voiture. La démotivation affecte un grand nombre de fonctionnaires. L'îlotage, qui est censé être le mode d'intervention privilégié d'une police de proximité, ne fonctionne pas à Montfermeil faute, entre autres, de volontaires. Les policiers se représentent l'îlotier, dans un quartier comme les Bosquets, comme un «héros, super assistant social mais avec une âme de flic», et ce profil rejoint ce qui a été décrit ci-dessus à propos du caractère militant et exceptionnel de cette fonction.

En revanche, il est très intéressant de constater que d'autres modes d'intervention peuvent contribuer à asseoir les fondements d'une présence policière: dans la cité, le Centre de loisirs de jeunes (CLJ) est bien accepté par la population, même s'il est peu reconnu au sein du commissariat. La Brigade de surveillance de la voie publique (BSVP) est présentée par une bonne partie des policiers comme un moyen d'intervention adéquat pour répondre aux problèmes d'insécurité du quartier, ce qui n'est guère étonnant puisque l'activité de ce type d'unité correspond à l'idée du travail policier. Cette unité est aussi relativement bien admise par les habitants et cela tient surtout de la personnalité de son chef, capable de jouer un rôle de médiateur et de maintenir un dialogue, y compris avec les jeunes qui «préfèrent» ces policiers «en civil» à ceux de la tenue.

L'utilisation des Compagnies républicaines de sécurité (CRS) peut également servir à stopper l'enchaînement de comportements qui engendrent le sentiment d'insécurité dans les quartiers dits «sensibles». Les missions dites de sécurisation, effectuées par les CRS, sont intéressantes puisqu'elles utilisent une force spécialisée dans le maintien de l'ordre, et dont le professionnalisme dans ce domaine est largement reconnu, pour un travail qui relève de la police de proximité. L'utilisation des Compagnies républicaines de sécurité s'est développée à partir de 1990 pour diminuer le sentiment d'insécurité dans les zones les plus criminogènes[27]. L'évaluation qui en a été faite montre que ces missions sont bien perçues par la population qui distingue les CRS des autres policiers. Leur présence est jugée utile et positive, même si la population est consciente qu'elle est sans grand effet sur la délinquance, parce qu'elle symbolise le maintien d'un État de droit. C'est un «réconfort» pour les habitants, écrivent les chercheurs, parce que c'est la preuve qu'en dépit de situations sociales difficiles, personne n'est exclu de l'autorité de l'État. «La présence de la police apparaît ainsi comme une forme de reconnaissance sociale.» (Tievant, 1991)

À l'inverse, l'expérience de Roubaix prouve qu'il n'est pas totalement impossible d'implanter des îlotiers dans des quartiers difficiles. Dans plusieurs de ces quartiers déshérités, qui forment l'essentiel du tissu urbain de cette ville, les seuls contacts entre la population et la police se limitaient auparavant aux interventions ponctuelles de police-secours. Les patrouilles évitaient certains secteurs. La redistribution des effectifs a été favorable aux quartiers les plus déshérités, dans lesquels la police était peu présente et n'avait pas le temps de juger de la crédibilité des appels et du fondement des plaintes. Les problèmes entre voisins, au départ infimes, s'éternisaient et devenaient des causes de tensions plus graves. Avec l'îlotier, le public a enfin l'impression que la police

---

27. L'emploi des CRS en mission de sécurisation figurait au rang des 16 mesures de lutte contre la délinquance annoncées par P. Joxe, ministre de l'Intérieur le 16 octobre 1990. Ces missions ont un caractère dissuasif. Les CRS patrouillent par groupes de 5 à 6. Ils interviennent à la demande du préfet. Cette manœuvre a pour but explicite de rassurer la population. Le rapport du bilan de la Commission des maires conclut à ce propos : «En aucun cas, la présence de ces forces déterritorialisées ne peut se substituer à la mise en place d'une véritable police de proximité.»

est présente et qu'elle s'intéresse à ses problèmes. Au moment où l'enquête a été réalisée, l'expérience de Roubaix était concluante, y compris à l'égard des jeunes, puisqu'on y donnait l'exemple d'un conflit entre jeunes et policiers du service général que l'îlotier a pu désamorcer.

Il est certes difficile de dire si la situation de Montfermeil est plus difficile que celle de Roubaix et à quel point; et pourquoi l'îlotage fonctionne dans un cas mais pas dans l'autre. Il est certain que les situations ne sont pas comparables, car dans un cas, la hiérarchie a mis en place une unité d'importance en lui fournissant des moyens, alors que ces conditions ne semblaient pas être remplies dans l'autre situation. On ne sait donc pas ce qu'aurait donné un dispositif équivalent à celui de Roubaix s'il avait été appliqué dans une cité comme celle des Bosquets. Au-delà de quelles limites peut-on ne plus envisager de patrouiller à pied dans une cité? On est tenté de se poser la question, mais il est peu probable qu'une quelconque échelle puisse permettre d'y répondre.

Ce qui est certain, en revanche, c'est que l'îlotage, qui est toujours la solution à laquelle les pouvoirs publics pensent lorsqu'une banlieue devient le théâtre de troubles et de désordres violents, n'est pas une solution applicable sans qu'un diagnostic de faisabilité soit établi au préalable. Il est évident qu'on ne peut le mettre en place partout.

Le partenariat au niveau local et la « territorialisation » de l'activité de la police

Trois dimensions sont implicitement présentes dans le concept de partenariat et de politiques locales de sécurité[28] :

---

28. L'idée de politique locale de sécurité est officialisée par les projets locaux de sécurité qui visent justement à inscrire l'action de la police urbaine dans son environnement local. L'élaboration de ces projets doit associer les partenaires locaux; le travail en partenariat est cependant un impératif sans cesse répété depuis 1982.

le partenariat avec les autres instances et institutions en charge de la sécurité, qui implique concertation et coopération entre des organisations dotées de missions différentes ; le partenariat avec la population, pour connaître et répondre à ses attentes ; l'inscription locale force les politiques mises en œuvre à s'adapter aux particularités de leur environnement, à chaque fois spécifique.

▪ Le partenariat inter-organisationnel

La coopération entre les services publics qui ont en charge la sécurité publique constitue désormais une priorité. Mais que connaît-on de la capacité des acteurs à travailler ensemble ? Une recherche a été réalisée sur la coopération entre les services extérieurs de l'État, chargés des problèmes de sécurité (Gatto et Thoenig, 1992). Il s'agit donc d'un partenariat qui se situe au milieu des pyramides hiérarchiques des administrations. Pour assurer la coordination entre police, gendarmerie, parquet et préfecture, de nombreuses structures formelles existent. Sont-elles efficaces ? Les chercheurs ont voulu analyser la capacité des acteurs à coopérer dans leurs activités quotidiennes. Il est impossible de rendre compte ici de l'ensemble des analyses livrées dans ce rapport. Retenons toutefois quelques constats.

La gestion de la sécurité publique se caractérise par la forte interdépendance des organisations ; cette interdépendance est traitée en théorie par les diverses procédures prescriptives, comme le Code de procédure pénale, les directives nationales, etc.

Aux yeux des acteurs des services extérieurs de l'État, la circulation de l'information est un enjeu capital (il est vital d'être informé en temps réel) et la maîtrise de sa propre sphère d'intervention vis-à-vis de celle d'autrui est ce qui compte le plus pour chaque acteur. Tous les mécanismes de concertation et de coordination présentent donc à la fois un avantage et des contraintes : ils apportent de l'information fiable et pertinente sur la manière dont autrui compte s'y prendre pour régler tel ou tel problème ou appliquer telle directive, mais ils affectent aussi les marges d'action des acteurs qui peuvent être amenés à dévoiler leurs intentions. C'est ce qui explique qu'au cours des réunions, chacun essaie de ne pas avoir à donner trop de précisions sur les aspects de son travail qui lui tiennent le plus à cœur.

Les individus situés au milieu des pyramides hiérarchiques gèrent leur interdépendance en s'ajustant à un critère qui leur est commun : le respect de leur autonomie.

L'enquête montre qu'il existe bien de la coopération dans la gestion de cette interdépendance, mais que celle-ci ne se développe pas là où les procédures formelles de concertation et de coordination la prescrivent. La coopération existe mais elle est informelle, basée sur des réseaux de relation locaux développés par les acteurs. Elle ne se décrète pas par injonctions parisiennes.

La coopération, le partenariat, qui sont valorisés dans les discours posent plus de problèmes qu'ils n'offrent de solutions, car ils réduisent les marges de manœuvre des individus. La coopération peut se développer non pas sur la base d'une multiplication des procédures formelles de coordination, mais au travers des capacités individuelles à établir des relations interpersonnelles et à s'insérer dans le tissu local.

■ La concertation avec la population

Le partenariat inclut également la concertation avec le public et la prise en compte des demandes de la population. Les opinions des policiers à l'égard de l'utilité de la concertation avec le public sont plutôt mitigées. En 1988, seulement 47 % d'entre eux estimaient que, face à la petite délinquance, il est souhaitable d'organiser des groupes de travail avec des représentants du public ; ce chiffre est en légère progression, puisqu'ils n'étaient que 43 % en 1982. Enfin, 29 % pensent que la concertation n'aidera pas à faire reculer la petite délinquance et 21 % pensent que c'est au niveau des services de police que la concertation pourrait améliorer la situation[29].

Les projets de services ont, pendant un temps, amorcé une ouverture vers les attentes de la population, puisque la réalisation de certains d'entre eux s'est appuyée sur des enquêtes d'opinion du public concernant sa perception des services de police (comme à Denain, par exemple[30]). Mais cette expérience semble ne pas s'être généralisée au sein des services et on ignore comment les résultats des enquêtes ont été intégrés, s'ils ont contribué, et comment, à modifier l'organisation, les priorités et la façon de travailler au sein des commissariats.

De son côté, la population ne semble pas non plus prête à jouer le jeu. Dans un sondage réalisé par le CREDOC pour le compte de l'IHESI[31], parmi les huit moyens proposés pour améliorer la sécurité, l'item « il faut que la population collabore davantage avec la police et la gendarmerie » n'arrive qu'en sixième position avec 32,8 %, bien après les trois premiers items :

— Des moyens autres que la prison pour punir les petits délinquants (60,7 %) ;

— Une justice condamnant plus sévèrement les délinquants (55,6 %) ;

— Une lutte plus efficace contre l'immigration clandestine (43,8 %) ;

---

29. Cf. enquête INTERFACE, op. cit.

30. Enquête sur les services de police de la circonscription de Denain, Université de Valenciennes, 1989.

31. « Les Français et la sécurité », *Les Cahiers de la sécurité intérieure*, n° 2, juillet/septembre 1990. La même étude réalisée en décembre 1992 - janvier 1993 sera prochainement publiée dans les *Cahiers de la sécurité intérieure*.

— 65 % des Français n'ont pas le sentiment, comme citoyens, de pouvoir contribuer à l'amélioration de leur sécurité.

On comprendra aisément que dans ce contexte, des expériences ou des pratiques telles que l'utilisation d'habitants volontaires comme auxiliaires de police ou telles que le *neighbourhood watch* n'existent pas en France. Le rapport de la Commission des maires souligne que si des efforts ont été entrepris en matière de partenariat entre les institutions, la population demeure encore largement absente de tous ces processus de concertation locale : « Les CCPD ne sont pas en mesure, dans la plupart des cas, de recueillir l'expression du public sur les problèmes liés à son sentiment d'insécurité. »

- Territorialisation et inscription de l'action de la police au niveau local

Dans ce domaine, les résultats sont encore partiels. Une enquête menée dans un quartier de Lyon met bien en évidence qu'à l'exception des îlotiers, les policiers n'ont pas une vision en termes de territoire, d'espace, de quartier. Ils raisonnent en termes de catégories d'infractions et sur des découpages plus administratifs et abstraits comme l'arrondissement (en ce qui concerne la hiérarchie) ou n'ont tout simplement pas le temps d'acquérir une connaissance fine d'un quartier, car ils sont amenés à patrouiller sur des zones qui changent sans arrêt (Bourgeois, 1991).

Une autre recherche démontre à quel point il est difficile pour les chefs de service de déterminer des priorités purement locales. On observe bien une très grande variété d'organigrammes et de priorités, mais de fait, les possibilités d'adapter les structures aux caractéristiques locales ne se font qu'à la marge (Gorgeon, 1992).

On observe ainsi à la fois que chaque système local est différent (Thoenig, 1992) mais que ces différences ne sont pas construites ou imposées par la prise en compte des particularismes de la délinquance locale (Gorgeon).

Les relations police/public et la (ou les) demande(s) du public

Dans sa recherche comparée sur les systèmes de police, R.I. Mawby montre que la France est, parmi les dix pays analysés dans le livre, celui dans lequel les relations population/police sont les moins développées, même si, écrit l'auteur, depuis le début des années 80, quelques pistes comme les CCPD tendent à aller dans le sens d'un plus grand contact entre le police et le public[32].

En 1988, les policiers évaluent les relations police/public de la manière suivante : ces relations se sont améliorées pour 40 % d'entre eux, n'ont pas changé pour 38 % d'entre eux, se sont détériorées pour 20 % d'entre eux[33].

En ce qui concerne la population, deux enquêtes par questionnaire menées dans deux grandes agglomérations françaises (Lille et Marseille) montrent que globalement, l'image de la police est plutôt favorable (il y a plus de points sur lesquels la police bénéficie d'attitudes favorables de la part de la population, que de points négatifs) ; ce que confirment d'autres sondages. Les insatisfactions se cristallisent sur deux thèmes, quels que soient l'âge, le lieu d'habitation et le sexe des personnes interrogées. C'est 1. la présence de la police : « On ne la trouve pas assez dans les endroits à risque et trop dans les endroits calmes », et 2. sa relation avec la population : « Elle n'est pas assez proche de la population ». Il y a d'ailleurs, semble-t-il, une contradiction entre le fait que la majorité de la population estime que la police fait correctement son travail et le fait que la police soit considérée comme n'étant pas assez proche de la population. Cela montre à quel

---

32. MAWBY, (I.I.), *Comparative Policing Issues. The British and American System in International Perspective*, Unwin Hyman, London, 1990.

33. Enquête INTERFACE 1988, op. cit.

point cette dimension de proximité n'est pas intégrée dans les critères qui servent implicitement, au public, à se forger une idée de la qualité du travail de la police.

La police est considérée comme particulièrement efficace dans l'accomplissement des tâches de circulation (72 %), de sécurité routière (76 %) et de maintien de l'ordre (70 %). À l'inverse, en ce qui concerne les tâches de sécurité, donc de la police de proximité, les scores sont nettement moins bons. Pour les trois tâches, qui selon les interviewés incombent le plus à la police (appréhender les cambrioleurs, être présents, patrouiller), il n'y a plus que, respectivement, 49 %, 52 % et 57 % des gens interrogés à trouver la police efficace.

Alors qu'on pouvait s'attendre à ce que le lieu d'habitation soit une variable influente sur l'image du public envers la police, on constate que cette image n'est ni plus mauvaise ni meilleure dans les quartiers défavorisés à forte proportion d'habitats collectifs, que chez les habitants de zones pavillonnaires ou de quartiers résidentiels. Seuls les commerçants se distinguent des habitants sur un certain nombre de points.

L'enquête sur Monfermeil s'attache, quant à elle, aux attentes et aux perceptions, en matière de sécurité, des différentes catégories de population :

— Chez les adultes, le sentiment d'insécurité se traduit surtout par la crainte des cambriolages, y compris de jour, et la peur des dangers courus par leurs enfants. Les reproches les plus généralement exprimés envers les services de police concernent la qualité de l'accueil au commissariat et le manque de rapidité dans les interventions sur appel (signalons que pour une intervention sur appel, aux Bosquets, il faut réunir une équipe de quatre fonctionnaires, ce qui peut prendre du temps).

Les adultes souhaiteraient un service d'accueil pour déposer les plaintes jour et nuit et surtout un service de police-secours qui fonctionne avec une attente réduite. Ils demandent une présence policière plus importante mais aussi plus informée de la vie de la cité et respectueuse de chacun. Ils considèrent important de réfléchir aux moyens de favoriser l'acceptation par les jeunes d'une présence policière difficile à développer en l'état actuel à l'intérieur de la cité.

— Les jeunes marquent avant tout leur méfiance à l'égard de toute forme de police, et préfèrent avoir affaire aux «civils» de la BSVP qu'aux gardiens en tenue. Même si leur attitude à l'égard de la police est négative, les jeunes expriment des demandes en matière de sécurité et des attentes envers la police. Le sentiment d'insécurité chez les 20-25 ans est lié à la peur qu'ils ont de voir leurs frères et sœurs plus jeunes confrontés à la drogue et au sida. À ce titre, ils se reconnaissent même prêts à collaborer avec les policiers.

— Selon les représentants des nombreuses associations qui ont pour objectif d'améliorer la vie du quartier, une police de proximité efficace ne peut être mise en place que dans un quartier redevenu paisible. C'est seulement dans ces conditions que l'on peut introduire des îlotiers, en évitant les provocations.

L'évaluation de l'impact des stratégies de police de proximité

L'impact de la police de proximité sur la criminalité est très délicat à établir, si tant est qu'il y en ait un, ce que la plupart des enquêtes anglo-saxonnes ont plutôt démenti. Il est couramment admis que le *community policing* a plus d'effets sur le sentiment d'insécurité que sur la criminalité elle-même. En France, aucune enquête ne permet, à ce jour, de traiter cet aspect de manière fiable. À Roubaix, cette évaluation est rendue pratiquement impossible, le découpage des îlots ne correspondant pas au découpage des secteurs qui servent à l'établissement des statistiques de la criminalité. L'enquête sur les missions de sécurisation des CRS fait ressortir la difficulté à mesurer leur impact en se basant sur les statistiques criminelles, difficulté due principalement au manque d'homogénéisation des données[34] (Tievant, 1991).

Il existe un certain nombre d'outils utilisés à l'étranger pour évaluer l'impact de la police communautaire, en plus ou à la place des statistiques criminelles. Ce sont les enquêtes de victimisation, les enquêtes sur le sentiment d'insécurité, les sondages d'évaluation de la satisfaction du public et les enquêtes sur la satisfaction au travail des policiers[35]. Ces outils ont à peu près tous déjà été utilisés en France[36] mais, à deux exception près, jamais pour mesurer l'impact d'une stratégie policière suite à son application sur le terrain. Ces deux exceptions entrent dans la catégorie «évaluation de la satisfaction du public». Il s'agit de l'évaluation de l'impact des missions de sécurisation effectuées par les CRS dans le Val-d'Oise et à Marseille, et d'une évaluation de la perception de l'îlotage par la population à Roubaix.

En ce qui concerne les patrouilles de CRS en mission de sécurisation, 79 % des personnes, les ayant remarqués, estiment qu'il est «bien qu'ils soient là». Ils rassurent, surtout ceux qui se sentent en insécurité. Mais ce n'est pourtant pas principalement de la police que ces habitants attendent la

---

34. «La différenciation entre les activités de la police urbaine et celles des CRS — qui pourrait permettre de juger de manière quantitative l'impact de la présence des CRS — est impossible en raison du manque d'uniformisation des imprimés qui servent à chacun des services.»

35. Cf. NORMANDEAU (A.). «L'avenir de la police communautaire au Canada», in *La prévention de la criminalité urbaine*, Presses universitaires d'Aix-Marseille, 1992.

36. Les enquêtes de victimisation notamment, que se soit au niveau international, national ou local, ainsi que les enquêtes sur le sentiment d'insécurité.

diminution de leur insécurité (la proportion d'habitants qui pensent que la solution aux problèmes d'insécurité réside dans l'augmentation des effectifs de police est faible : 9 %).

À Roubaix, la perception de la population a été étudiée par le biais d'entretiens et d'observations. Globalement, les îlotiers y sont plébiscités. La demande en matière d'îlotage est très forte. Cette stratégie a permis de combler le fossé réel qui existait entre la police et la population, celle-ci reprochant à la police son manque d'efficacité, son manque de discernement lors des interventions jugées trop musclées et son caractère inabordable. D'une manière générale, l'îlotage obtient les faveurs du public. À Denain, 74 % de la population est favorable à voir plus souvent des îlotiers dans le secteur.

Aucune enquête ne permet à ce jour d'évaluer les effets à plus long terme. À Roubaix, en effet, la recherche a été menée quelques mois après la mise en place de l'expérience ; elle ne mesurait d'ailleurs qu'une expression assez générale. De telles enquêtes mériteraient d'être répétées dans le temps pour connaître l'évolution, s'il y a lieu, des opinions et des attentes.

La satisfaction au travail du personnel est un quatrième indicateur possible. Malheureusement, nous n'avons pas d'enquête ayant trait à cet aspect. Il est toutefois possible de tirer quelques éléments des diverses enquêtes citées auparavant et d'émettre en hypothèse que l'îlotage correspond à un enrichissement des tâches, grâce à la multiplicité des rôles que l'îlotier est amené à jouer (arbitre, conseiller juridique, médiateur entre population et autres organismes publics, il rassure, informe, éduque et réprime, le cas échéant). L'îlotage peut redonner un intérêt au métier par la polyvalence des missions et le contact avec la population.

Conclusion

Les recherches mettent en lumière quelques-uns des obstacles auxquels se heurte la mise en œuvre de la police de proximité, mais également quelques pistes pour esquisser d'éventuelles solutions que de nouvelles recherches devraient explorer.

En ce qui concerne l'îlotage, tout d'abord, les recherches montrent à quel point le fait d'être à pied est déterminant dans la manière dont la police est perçue par le public, qui cherche avant tout à établir un contact et à être rassuré. Deux types d'interventions de la police semblent bien acceptées : l'îlotage, quand l'îlotier est capable de jouer sur la multiplicité des casquettes, ou bien une police aux missions ouvertement répressives, mais alors sans uniforme et capable également, comme les îlotiers, d'instaurer un dialogue, notamment avec les jeunes. Tout ce qui représente l'incarnation de la loi (l'uniforme ou le véhicule) passe de plus en plus mal. Aux yeux du public, la sécurité devient une prestation de service, délestée d'une dimension normative univoque.

Par ailleurs, si l'îlotage est appelé à se généraliser, il serait plus profitable de l'envisager sous l'angle de la diffusion d'une innovation organisationnelle plutôt que de n'en débattre que sous l'angle du débat répression/prévention. L'îlotage n'est pas une technique isolée qui s'ajoute aux autres stratégies de police. Sa mise en œuvre et son efficacité impliquent un changement large et une réflexion sur l'organisation des services de police urbaine au niveau local. L'îlotage a un impact sur l'activité des autres services, et il doit être anticipé et pensé. Son efficacité suppose la transmission des informations qui, en effet, est vitale : les îlotiers doivent maintenir des relations avec les autres services, et les autres services utiliser ces informations et leur donner suite. L'îlotage a enfin un intérêt pour le personnel qui n'est pas perçu à l'heure actuelle. Il peut contribuer à un enrichissement des tâches, mais cela suppose un enrichissement préalable des modalités d'évaluation.

En ce qui concerne la «territorialisation», le bilan de la Commission des maires insiste sur le fait que la police de proximité doit se développer localement. La prise en compte de la spécificité des territoires sur lesquels travaillent les policiers est une condition de l'insertion réussie de la police dans le tissu social.

D. Monjardet analyse les raisons pour lesquelles cette référence au territoire provoque d'énormes résistances. Selon lui, prendre au sérieux cette référence au territoire, c'est peut-être, pour les policiers, reconquérir une légitimité auprès de la population, mais c'est un processus long et hasardeux, alors que c'est immédiatement et sûrement renoncer à ce que l'État assure à la police : son monopole. Sur ce point la police n'est pas seule, les administrations ne sont pas prêtes à échanger les lourdeurs et la protection de la tutelle centrale contre le droit de regard des clients locaux[37].

Or, en France, l'ordre public demeure prioritaire au détriment de la sécurité publique. Ce constat n'est pas nouveau mais il vient d'être encore une fois confirmé par une recherche récente (Gatto et Thoenig, 1992). Les politiques énoncées par les gouvernements se diluent pour n'être plus que des vœux pieux et des catalogues abstraits. «Les services extérieurs de l'État privilégient l'ordre public de façon absolue et permanente et lorsqu'ils traitent le domaine de la sécurité publique, ils privilégient un autre impératif : l'évitement de l'erreur.»

---

37. Cf. MONJARDET (D.), op.cit.

Références bibliographiques

Textes sur le community policing

BRODEUR, (J.P.). « Police et sécurité en Amérique du Nord, bilan des recherches récentes », *Les Cahiers de la sécurité intérieure*, La Documentation Française, janvier 1990.

BRODEUR (J.P.). « Police l'apparence », *Revue canadienne de criminologie*, juillet-octobre 1991.

DUNHAM, (R.G.) et G.P. ALPERT. *Critical Issues on Policing. Contemporary readings*, Waveland Press, Illinois, 1989.

MONET, (J.C.). *La police communautaire dans les pays anglo-saxons*, IHESI, avril 1992.

MOORE, (M.H.). « Problem-Solving and Community Policing », in *Modern Policing*, ed., by M. TONRY and N. MORRIS, « Crime and Justice », *a Review of Research*, vol. 15, The University of Chicago Press, 1992.

SPARROW (M.K.). « Implementing Community Policing », *Perspectives on Policing*, n° 9, US Department of Justice, novembre 1988.

TROJANOWICZ (R.) et B. BUCQUEROUX. *Community Policing. A Contemporary Perspective*, Cincinatti, Anderson, 1990.

Recherches empiriques

BOURGEOIS (F.) et D. DIEPPEDALE (D.). « Les stratégies et modes d'intervention des services de police face aux demandes sociales de sécurité », *Économie et Humanisme*, rapport intermédiaire, novembre 1992.

CUNHIA (M.) et C. DELCROIX. «Pertinence du territoire et de la fonction d'une police de proximité — exploration d'un espace social : Montfermeil», ADRI, décembre 1991.

GATTO (D.) et J.Cl. THOENIG. «Le policier, le magistrat et le préfet : la gestion de la sécurité publique à l'épreuve du terrain», GAPP- CNRS, STRATEMA, juin 1992.

GORGEON (C.) *et al.* «Les brigades de roulement en police urbaine : fonctionnement, contraintes et potentialités», IHESI, juin 1992.

MOUHANNA (Ch.). «Étude sur l'expérience d'îlotage à Roubaix», CAFI, décembre 1991.

MOSER (G.), PASCUAL (A.). «L'image de la police à Marseille : les quartiers nord et centre ville», *Laboratoire de psychologie de l'environnement*, novembre 1991.

ROBERT (Ph.). «L'image de la police dans l'agglomération de Lille- Roubaix-Tourcoing», IHESI, avril 1992.

TIEVANT (S.) et al., «La mission sécurisation des CRS en renfort de la police urbaine», IRIS, juillet 1991.

Ces recherches ont été soit financées par l'IHESI soit réalisées en interne. Toutes les autres références de recherches qui ne sont pas initiées par l'IHESI sont citées au fur et à mesure.

189

UNE POLICE D'EXPERTISE : LA MÉTHODE SARA
(SITUATION, ANALYSE, RÉPONSE, APPRÉCIATION)

La police et la résolution de problèmes : un manuel pratique[*]

Christopher Murphy

Criminologue et professeur
Département de sociologie et d'anthropologie
Université de Dalhousie, Halifax, Nouvelle-Écosse

[*] Ce manuel est l'un des douze manuels pratiques écrits pour le ministère du Solliciteur général du Canada et le ministère du Solliciteur général de l'Ontario. Cette série intitulée : « Collection police communautaire » / *Community Policing Series* (1994) est disponible en français et en anglais, sous une forme photocopiée. Nous remercions les deux ministères qui nous ont permis de publier le manuel de Christopher Murphy pour la première fois.

Présentation de l'article

L e manuel de Christopher Murphy sur la police et la résolution de problèmes est l'un de la série de manuels du ministère du Solliciteur général du Canada et du ministère du Solliciteur général de l'Ontario (1994). Les autres manuels traitent, par exemple, des stratégies de changement, de l'analyse de la criminalité, des comités consultatifs de citoyens, de la patrouille à pied, etc. Le manuel de Christopher Murphy que nous vous présentons est probablement l'un des plus importants, car la résolution de problèmes est le «cœur» de la police professionnelle de type communautaire. Le terme américain consacré est celui de POP (*Problem-Oriented Policing*). Il s'agit véritablement d'une approche d'expert-policier: c'est une «police d'expertise» (*Problem-Solving Policing*). Les pionniers sont identifiés à trois noms célèbres dans ce domaine: Herman Goldstein (1979, 1990), John Eck et William Spelman (1987). Le signe qui résume les étapes de l'approche en question est celui de SARA (aux États-Unis et au Canada).

S=Scanning	Situation=S
A=Analysis	Analyse=A
R=Response	Réponse=R
A=Assessment	Appréciation/Évaluation=A

SARA

Situation	identification du problème et des facteurs environnants.
Analyse	ampleur du problème et présentation des acteurs.
Réponse	solution adoptée et plan d'action élaboré.
Appréciation/ évaluation	efficacité du plan d'action et ajustements requis.

Dans cette section de notre livre sur la police et la résolution de problèmes, le texte de Christopher Murphy est présenté en premier, car ce «manuel pratique» nous introduit avec simplicité au royaume de la police d'expertise, style SARA. Ce texte est suivi du «Guide pratique» de la Sûreté du Québec qui nous présente visuellement l'outil SARA sous la forme d'un instrument-formulaire concret. Enfin, nous vous présentons une série de tableaux brefs et concis sur des cas réels de résolution de problèmes qui ont mobilisé l'expertise de certains services de police du Québec. Ces cas sont extraits du *Bulletin Intersection*, un bulletin d'information et de liaison sur la police professionnelle de type communautaire au Québec (depuis 1994).

André Normandeau
Université de Montréal

Le problème de l'intervention policière par incident

L'intervention policière par incident (adaptation de l'expression anglaise *Incident Driven Policing*), qui caractérise la plupart des activités de patrouille au Canada, est le résultat de la modernisation de la technologie et de l'équipement policiers. L'automobile a réduit le temps de réponse aux appels, le téléphone permet au public de recourir plus souvent aux services policiers et l'informatique accélère la coordination des interventions. Récemment toutefois, bien des chefs de services de police ont remis en question ce mode de fonctionnement, qu'ils jugent inefficace pour résoudre les problèmes de la collectivité. Le présent chapitre décrit brièvement l'évolution et la logique de l'intervention policière réactive, examine ses conséquences sur le travail de la police et pose ses limites comme stratégie de résolution de problèmes de la police dans la collectivité.

L'évolution vers une intervention par incident

Avant le développement de la société urbaine moderne et l'usage largement répandu du téléphone, le public faisait beaucoup moins souvent appel aux services de la police. Le recours relativement peu fréquent aux interventions policières de type « réactif » permettait à la police d'effectuer des patrouilles dans la collectivité et les quartiers d'une manière indépendante, globale et relativement autonome, ce qui permettait d'offrir un service de police « complet ».

Cependant, la fréquence du recours aux services policiers a grimpé en flèche à mesure que la technologie les a rendus accessibles sur un simple appel téléphonique. Alors que les gens devaient autrefois résoudre eux-mêmes leurs problèmes mineurs, ils s'attendaient désormais à ce que la police s'occupât d'un bien plus grand nombre de leurs problèmes et le fît rapidement. Cette attitude se reflétait non seulement dans l'augmentation considérable du nombre d'interventions policières, mais aussi dans la multiplication des divers services exigés de la police.

197

Afin de s'adapter efficacement à l'évolution radicale de la nature et du nombre des besoins des citoyens, l'organisation policière traditionnelle a dû être complètement repensée. Les patrouilles mobiles de district ont ainsi remplacé les patrouilles à pied de quartier.

Les patrouilles motorisées permettaient de répondre plus rapidement à la plupart des appels, mais aussi d'assurer une couverture policière plus étendue des quartiers d'où provenaient les appels. De plus, grâce aux progrès des communications radio, les patrouilles motorisées pouvaient rester constamment en contact avec le quartier général.

La centralisation des communications radio permettait alors de coordonner le travail des policiers «de l'extérieur» des quartiers et des collectivités où ils étaient appelés à intervenir. Par conséquent, il a fallu fermer les postes de police de quartier et abandonner les patrouilles à pied, les nouvelles normes de «réponse rapide et globale» les rendant inefficaces et démodés.

À la suite de ces changements sociaux et technologiques, un nouveau genre de patrouille policière est apparu, qui consistait essentiellement à affecter des patrouilles motorisées à de vastes étendues géographiques. On en est ainsi venu à mesurer l'efficacité de l'intervention policière en fonction de la rapidité des interventions en réponse à un nombre élevé d'appels aux services de police. Des unités spéciales, jugées plus efficaces que les patrouilles ordinaires, ont pris en charge la plupart des tâches reliées aux enquêtes, à la prévention et aux contacts avec le public. Par voie de conséquence, le travail du policier est devenu presque exclusivement une activité de «réponse». Pour ce dernier, le «succès» et le rendement en sont venus à se mesurer en fonction de la rapidité de sa réponse au plus grand nombre d'appels possible.

Sur le plan de la rapidité et de l'étendue de leurs interventions, les services de police traditionnels ont atteint une efficacité remarquable. Ils ont permis de répondre tous les jours à un nombre très élevé d'appels. Dans la plupart des grandes villes, le temps de réponse est en moyenne de quatre à six minutes, et il n'est souvent que de trois minutes en ce qui concerne les appels d'urgence. Bien que l'intervention policière de réponse ait permis d'offrir un service de police rapide et étendu à la plupart des citoyens qui y faisaient appel, son succès a engendré un modèle policier dont les caractéristiques sont les suivantes :

— Services policiers axés sur les incidents :
Le principal objectif opérationnel des services policiers est de réagir à des incidents, des appels, des cas ou des événements particuliers, et non à des appels ou à des incidents connexes ni aux problèmes sous-jacents qu'ils comportent.

— Orientation réactive :
La gestion et les opérations du corps policier sont essentiellement orientées et mises en œuvre dans le but de répondre aux événements lorsqu'ils surviennent ; l'accent est mis sur la capacité et la possibilité de réagir aux événements ; peu de temps et de ressources sont consacrés à l'action préventive ou « proactive ».

— Analyse restreinte :
Comme la disponibilité et la capacité de réponse deviennent la priorité des opérations, l'analyse et la collecte de renseignements se limitent aux incidents et aux événements particuliers et ne s'arrêtent pas aux problèmes qui sont à l'origine des événements.

— Intervention limitée :
Le rôle de l'intervention policière étant considéré dans une optique étroite, la réponse aux problèmes tend à se limiter aux stratégies courantes d'application de la loi.

— Prépondérance des moyens sur la fin :
L'importance accordée à l'efficience de la réponse signifie nécessairement que les effets concrets des stratégies policières sur la prévention, la réduction et la suppression des problèmes passent au second plan. En d'autres termes, l'efficience prévaut sur l'efficacité.

En dépit des résultats obtenus grâce à l'intervention de réponse, il n'en reste pas moins que cette stratégie est d'une efficacité limitée lorsqu'il s'agit de résoudre ou de gérer les problèmes de police fondamentaux et récurrents de la collectivité.

Les limites de l'intervention policière par incident

Comme nous l'avons expliqué précédemment, si l'intervention de réponse rapide a transformé la structure organisationnelle de la police, elle a également modifié, sur le plan individuel, la nature du travail de patrouille des policiers. Les patrouilles motorisées ont particulièrement eu pour effet de supprimer les rondes locales et les patrouilles de quartier, ce qui a réduit sensiblement les contacts entre la police et les citoyens. Cette rupture avec la collectivité a limité essentiellement le contact des policiers « aux victimes, aux suspects et aux délinquants ». En outre, les contacts se sont trouvés en général limités à l'application de la loi ou aux interventions d'urgence. Comme l'a fait remarquer l'inspecteur Chris Braiden, du Service de police d'Edmonton, le travail de patrouille, aujourd'hui, c'est « un agent de police inconnu qui surveille des immeubles familiers et des visages non familiers [1] ».

L'intervention rapide et sûre a rarement permis de résoudre les problèmes de nature persistante et récurrente. Les résultats des recherches ont d'ailleurs confirmé les

1. Inspecteur Chris Braiden, Service de police de la ville d'Edmonton, *Community Policing: Nothing New Under the Sun*. Communication non publiée, 1987.

doutes des policiers sur les limites de l'intervention policière rapide. L'intervention rapide des policiers motorisés était jugée efficace parce qu'elle constituait le moyen le plus rapide de répondre aux appels, tandis que les patrouilles bien visibles menées au hasard devaient dissuader les criminels éventuels. Cependant, l'étude bien connue effectuée à Kansas City[2], comme d'autres études de suivi similaires, a démontré que les patrouilles motorisées avaient un effet dissuasif limité sur la criminalité et peu d'incidence sur la sécurité publique. L'étude a aussi montré que l'augmentation du nombre de patrouilles motorisées avait peu d'effet sur le taux de criminalité.

De plus, d'autres études[3] ont remis en question l'utilité d'une réponse «rapide» aux demandes d'intervention policière. Elles ont aussi montré que les «citoyens qui tardent» à appeler la police constituent le facteur critique limitant l'efficacité de sa réponse. En effet, les citoyens mettent en moyenne 14 minutes avant d'appeler la police. Il a été démontré qu'à cause de ce délai, l'intervention immédiate de la police pouvait avoir une influence positive dans 5 % seulement de tous les appels pour crime «grave». Ces études ont aussi révélé que les citoyens se satisferaient d'un autre type d'intervention que la réponse rapide dans tous les cas sauf les plus graves, à condition que la police leur explique pourquoi une réponse rapide n'est pas nécessaire et quand la réponse la plus appropriée aura lieu.

Bien que les conclusions de ces études fassent encore l'objet de débats passionnés chez les professionnels de la police, la recherche tend à montrer qu'il y aurait lieu d'améliorer le principe de la réponse rapide et de la patrouille motorisée, et que les solutions de rechange à la réponse rapide et à la patrouille mobile reliée à un central sont non seulement possibles mais souhaitables. Par conséquent, de

---

2. George Kelling et al., 1974.
3. Par exemple, celle de William Spelman et D. Brown, 1984.

nouvelles solutions ont été mises au point afin de remplacer la réponse de type traditionnel.

Des stratégies de patrouille innovatrices, comme les patrouilles orientées ou ciblées, les ressources réparties, les patrouilles à pied de quartier et les minipostes de police permettent d'adopter différentes méthodes de déploiement des forces. De plus, les mesures visant à limiter le recours aux services policiers et à accroître la productivité des patrouilles comprennent, entre autres, des programmes de filtrage des appels et de catégorisation des réponses qui permettent de classer les appels, de limiter le nombre de réponses immédiates et de réduire le recours aux policiers-patrouilleurs.

Malgré les progrès réalisés dans le but de restreindre le nombre de demandes d'intervention et de mettre sur pied des patrouilles de type communautaire, un grand nombre de programmes de ce genre demeurent encore soumis à la nécessité de fournir des services « réactifs » même limités. La question de savoir comment aborder plus efficacement les problèmes complexes et persistants, qui sont à l'origine de la majeure partie du travail quotidien du policier, reste encore sans réponse. Or, la mise en place de services policiers axés sur les problèmes constitue une tentative dans la recherche de cette réponse.

Des services policiers axés sur la résolution de problèmes

Aperçu du concept de résolution de problèmes

Les services policiers axés sur la résolution de problèmes visent à trouver une solution aux problèmes plutôt qu'à y répondre et à en faire rapport, les incidents étant plutôt considérés comme les symptômes des problèmes. Notre objectif est donc d'assurer un service de police communautaire, en appliquant la stratégie et les tactiques des services policiers axés sur la résolution de problèmes. Les policiers, à titre de chefs de groupes communautaires, détermineront quels sont les problèmes qui compromettent la qualité de la vie et travailleront dans l'ensemble de la collectivité en vue de trouver et d'appliquer les solutions à ces problèmes[4].

Les services policiers axés sur la résolution de problèmes ont été mis sur pied dans le but de trouver une solution aux problèmes suivants :

— L'intervention policière traditionnelle porte sur les incidents et les appels individuels, mais ne s'attaque pas aux problèmes fondamentaux qui en sont à l'origine ;

— De nombreuses demandes d'intervention policière (appels, incidents, etc.) sont souvent liées à des problèmes sous-jacents communs ;

— La réponse aux «symptômes» plutôt qu'aux causes fondamentales ne permet pas de résoudre les problèmes ni de mettre fin aux demandes d'intervention policière.

Le concept de services policiers axés sur la résolution de problèmes est essentiellement issu des recherches et de la réflexion du professeur Herman Goldstein, de John Eck, du *Police Executive Research Forum* de Washington, et d'un certain nombre de projets expérimentaux mis à l'essai par certains corps policiers choisis du Canada et des États-Unis.

Fondés sur les techniques de résolution de problèmes et faisant appel à la participation et à la perspicacité des policiers-patrouilleurs pour comprendre et mobiliser les ressources de la police et de la collectivité, ce type de services policiers permet de chercher des solutions aux problèmes fondamen-

4. Surintendant D.A. Cassels, *The City of Edmonton Police Department Neighbourhood Foot Patrol Project ; Preliminary Report*, 27 décembre 1988, Edmonton, Service de police de la ville d'Edmonton.

taux qui sont à l'origine des demandes répétées d'intervention policière.

Bien qu'à un moment ou à un autre, les policiers aient recours aux techniques courantes de résolution de problèmes, cette méthode de travail reste peu fréquente, non officielle et limitée par des contraintes de temps et de responsabilités. Grâce à la mise en place officielle de services policiers axés sur la résolution de problèmes, cette approche devient, pour le corps policier, une activité légitime, estimée et gratifiante. Il s'ensuit que chaque policier est plus en mesure d'identifier, d'analyser er de résoudre les problèmes fondamentaux qu'il rencontre dans son travail quotidien. Dans les corps policiers qui ont adopté officiellement la technique de résolution de problèmes, on a observé une amélioration de l'efficacité de l'intervention policière, mais aussi une augmentation de la satisfaction professionnelle des policiers.

Conformément aux exigences de la police communautaire, les services de police qui adoptent la technique de résolution de problèmes prennent une orientation plus dynamique, en raison du fait qu'ils consacrent une plus grande part de leurs ressources et de leurs activités à l'application d'une stratégie policière proactive et préventive. De plus, la collectivité participe davantage, ce qui augmente les ressources consacrées à l'intervention policière. Les policiers-patrouilleurs peuvent alors résoudre les problèmes au lieu de se limiter à y répondre. Dans le cadre de l'*Edmonton Neighbourhood Foot Patrol Project*, on a adopté le point de vue suivant pour résoudre les problèmes :

> Même si nous devons reconnaître que notre méthode d'intervention est devenue ponctuelle, nous constatons qu'il est nécessaire d'éliminer ce modèle réactif et de ramener les policiers dans les quartiers où les problèmes à caractère récurrent ont leur source. Simultanément, nous devons permettre à chaque policier, grâce à son intelligence, son énergie et son imagination, de recruter des citoyens et, avec leur collaboration,

d'aider la collectivité locale à résoudre ses problèmes. Le policier doit aussi assumer la responsabilité de répondre aux demandes d'intervention, afin de demeurer engagé et informé. Un sentiment d'appartenance naîtra alors. Ensemble, la collectivité et la police formeront un groupe ayant pour objectif de résoudre les problèmes. La police jouera le rôle d'un catalyseur et aidera la collectivité à résoudre ses problèmes récurrents au lieu de se contenter de répondre aux incidents individuels[5].

En résumé, les services policiers axés sur la résolution de problèmes, qui relèvent à la fois de la théorie de la police et de la stratégie opérationnelle, ont recours aux techniques de résolution de problèmes pour trouver plus efficacement des solutions aux problèmes quotidiens et récurrents que le policier doit régulièrement affronter. Dans la pratique, «c'est la tâche de chacun». Il s'agit d'une conception théorique de la police en général aussi bien que d'une stratégie opérationnelle ; les professionnels de la police, à tous les niveaux, peuvent participer aux services policiers axés sur la résolution de problèmes.

Aperçu du processus de résolution de problèmes

Le processus de résolution de problèmes comprend quatre étapes :

— L'identification ;

— L'analyse ;

— La réponse ;

— L'évaluation.

Bien que dans son essence le processus de résolution de problèmes ne soit pas complexe, sa mise en application doit être complète, systématique et créative. Il est important de

---

5. Cassels, *op. cit.*, page 2.

respecter les quatre étapes fondamentales du processus de résolution de problèmes et de ne pas céder à la tentation naturelle de brûler les étapes et d'adopter des solutions connues et commodes. Autrement, il y a peu de chance que ce processus s'avère plus efficace qu'un autre type d'intervention policière traditionnelle.

Tableau 1
Le processus de résolution de problèmes

Étape 1	Identification
	Description et sélection du problème à résoudre.

Étape 2	Analyse
	Recherche intégrale des causes ou des conditions qui provoquent ou qui influencent le problème.

Étape 3	Réponse
	Réponse stratégique précise, fondée sur une analyse approfondie et complète du problème.

Étape 4	Évaluation
	Évaluation des effets de la réponse stratégique sur le problème.

Identification du problème

Définition de la notion de problème

Qu'entend-on lorsqu'on parle de problème? Pour considérer qu'il existe un problème, trois facteurs essentiels doivent être présents.

Un problème est constitué d'incidents répétés ou liés entre eux

Les incidents qui ne se répètent pas ou qui ne semblent pas avoir de liens entre eux n'exigeront pas d'intervention policière supplémentaire. Cependant, si un incident ou une demande d'intervention risque de se reproduire ou se trouve lié à d'autres incidents, il s'agit alors d'un problème qui doit être soumis au processus de résolution de problèmes. Par exemple, des introductions par effraction répétées à un même domicile ou une série d'introductions par effraction du même type dans un même quartier résidentiel constitueraient des problèmes exigeant une action.

Les incidents ou les événements doivent avoir un point en commun

Les problèmes ou les incidents doivent avoir un point en commun, de telle sorte qu'il soit possible de grouper ou de relier certains aspects de chaque problème. Ce facteur permet d'élaborer une stratégie de réponse ou d'intervention commune. Par exemple, des appels répétés en raison de violence familiale provenant d'un même domicile conduiront à l'élaboration d'une réponse axée sur la cause ou la situation qui est à l'origine de chacun des appels. On peut citer également en exemple une série de vols dans les voitures sur un même terrain de stationnement, une série d'agressions sexuelles dans un parc ou encore une série de crimes liés à un groupe particulier de personnes.

Herman Goldstein[6] soutient qu'il est possible de déterminer le point commun qui unit des incidents répétés ou liés entre eux en tenant compte de quatre caractéristiques essentielles du problème :

— **Le comportement** : le type de comportement en cause (par exemple, agressions sexuelles, tapage, etc.).

— **Le secteur** : incidents qui se répètent au même endroit ou dans un secteur donné (par exemple, des accidents de la circulation à une certaine intersection, le trafic de drogue dans un quartier).

6. Herman Goldstein, 1990.

— **Les personnes**: problèmes ou incidents subis ou causés par un groupe ou un type de personnes en particulier. Il peut s'agir des délinquants (trafiquants de drogues), des plaignants (locataires d'un immeuble) ou des victimes (personnes âgées).

— **Le temps**: incidents ou événements qui surviennent à un moment déterminé, au cours d'une saison en particulier, un jour de la semaine, etc. Par exemple, le vol de chèques d'allocations familiales à la fin du mois.

Bien que les problèmes se caractérisent la plupart du temps par plus d'un de ces facteurs (par exemple, le vol répété du courrier des personnes âgées, dans un immeuble à loyers modiques, par de jeunes contrevenants), un problème, pour être considéré comme tel, doit présenter au moins un de ces facteurs.

Le problème doit être une cause de préoccupation pour la collectivité et pour la police

Les problèmes auxquels il faut s'attaquer doivent être une source de préoccupation pour la collectivité comme pour la police. Au sens large, on entend par collectivité «tout groupe de citoyens qui partagent un intérêt commun envers un problème de police particulier[7]». Cela ne signifie pas pour autant qu'il s'agit d'un grand nombre de citoyens, qu'ils ont les mêmes valeurs ou qu'ils appartiennent à un même milieu. Ces citoyens doivent tout simplement partager un problème commun, «une communauté d'intérêt». Même si certains problèmes internes liés à la gestion ou au fonctionnement du service de la police peuvent trouver leur solution dans le processus de résolution de problèmes, l'objectif premier de ce processus n'en demeure pas moins les problèmes de la «collectivité».

---

7. Herman Goldstein, 1990.

Toutefois, le problème considéré comme tel doit aussi être vu par la police comme un problème de « police ». Il doit s'agir d'un problème pour lequel la police est en mesure de faire quelque chose et dans lequel elle peut jouer un rôle légitime. Le rôle de la police, considéré dans son sens large, implique que tout crime ou problème touchant l'ordre public peut être considéré comme un motif légitime de préoccupation.

À partir de ce qui précède, nous pouvons donc définir clairement ce qu'est un problème. Un « problème » est « un ensemble d'incidents qui surviennent dans une collectivité, qui se ressemblent sous un ou plusieurs aspects et qui constituent une source de préoccupation pour le public et la police[8] ».

Qui doit identifier le problème ?

Maintenant que nous avons cerné la notion de problème, il est important d'établir qui doit être consulté au cours du processus d'identification du problème.

La collectivité

La collectivité et les citoyens constituent la première ressource à consulter pour identifier un problème. À titre individuel, les citoyens sont les premiers à déterminer la nature d'un problème lorsqu'ils font appel à l'intervention de la police. Plusieurs appels répétés ou qui ont un lien entre eux révèlent l'existence d'un problème qui exige une solution. En outre, les groupes de citoyens organisés sont souvent en mesure d'identifier les questions ou les problèmes d'intérêt général. Certains corps policiers, comme la police de la région métropolitaine de Toronto, ont déjà effectué des enquêtes dans les quartiers afin de déterminer les problèmes d'intérêt collectif. À Edmonton, à Windsor, à Victoria et dans la région de Halton, les citoyens peuvent se rendre dans les minipostes de police de quartier et faire état des problèmes locaux à des policiers de la patrouille à pied locale. Les nom-

8. John Eck et William Spelman, 1987, page 42.

breuses manières dont les membres de la collectivité peuvent faire connaître l'existence des problèmes ne sont limitées que par la réceptivité de la police.

Les corps policiers

Les corps policiers et les personnes qui les dirigent disposent d'une quantité considérable de renseignements qui leur permettent d'identifier les problèmes de la collectivité. Les divers groupes suivants, qui ont accès aux systèmes d'information internes, sont en mesure d'identifier les problèmes :

— **Le personnel chargé des enquêtes criminelles** constitue une précieuse source de renseignements sur les incidents à caractère criminel.

— **Le personnel responsable de la prévention du crime et des relations avec la collectivité,** qui assure la liaison avec les professionnels de la collectivité et les organismes de bénévoles, peut fournir des renseignements importants sur les questions d'intérêt collectif.

— **Les unités d'analyse criminelle** peuvent être particulièrement utiles pour identifier certaines tendances qui se dessinent ou certains problèmes naissants, car leur personnel a l'habitude de ce genre d'analyse.

— **Le personnel des unités d'assistance aux victimes** et le personnel appelé à travailler en étroite collaboration avec les victimes de crimes ont une perception particulièrement précise des problèmes et des préoccupations de ces dernières.

— **Les comités de gestion** des corps policiers, des divisions et des détachements constituent aussi de bonnes sources de renseignements sur les problèmes de la collectivité. Ainsi, la Police provinciale de l'Ontario s'est dotée de comités de planification de détachements, qui sont chargés non seulement d'identifier les problèmes, mais aussi de proposer des solutions.

— **Les systèmes de communication et de gestion de l'information** peuvent aussi contribuer grandement à l'identification des problèmes. Ainsi, le Service de police d'Edmonton a eu recours à son système de renseignements informatisé pour déterminer les quartiers de la ville d'où provenaient le plus grand nombre de demandes d'intervention ainsi que les domiciles d'où provenaient des demandes d'intervention répétées.

Les policiers-patrouilleurs

Les policiers-patrouilleurs constituent sans doute la source de renseignements la plus fertile et la moins utilisée pour l'identification des problèmes. Malgré qu'ils soient rarement consultés, ces policiers sont souvent les mieux placés pour déceler l'apparition ou l'existence de problèmes au cours de leurs rondes ou dans leur secteur de patrouille. C'est particulièrement le cas dans les corps de police qui ont opté pour la police de type « communautaire », car les policiers sont alors assignés à des districts ou à des quartiers déterminés afin de favoriser le plus possible les contacts avec la collectivité et la collecte de renseignements. Dans la ville d'Edmonton, par exemple, les policiers des patrouilles à pied affectés à une ronde peuvent facilement déterminer quels sont les problèmes qui existent dans un quartier. Un de ces policiers explique d'ailleurs :

Je sais très bien ce qui se passe dans mon territoire. Je connais les criminels, je sais où ils vivent et ce qu'ils font. Je connais la plupart des gens qui vivent dans ce quartier et eux me connaissent également. Si quelque chose les embête, ils me le font savoir.

211

Quel que soit le type de patrouille, les policiers qui travaillent directement avec le public disposent d'une source inépuisable de renseignements inexploités sur un large éventail de problèmes et auxquels il faut faire appel dans le processus d'identification des problèmes. Il est important de consulter ces policiers, car dans bien des cas ce sont eux qui seront chargés d'appliquer, en tout ou en partie, les solutions.

La sélection des problèmes

Le processus d'identification des problèmes fera invariablement apparaître plus de problèmes qu'il n'est possible d'en résoudre. Compte tenu du fait que les ressources sont limitées, il faut nécessairement établir un ordre de priorité une fois que les problèmes sont identifiés. Cela signifie qu'il faut adopter des critères de sélection. Goldstein[9] propose de prendre en considération les facteurs suivants lorsque vient le moment de déterminer les problèmes auxquels il faut s'attaquer :

— L'ampleur du problème — Quelle est son importance ? Combien de personnes sont touchées ? etc.

— La gravité du problème — Quels dangers présente-t-il ? Quels sont les dommages ? Quelle menace représente-t-il pour l'intérêt public ? Quelle est son importance politique ? Quelles sont ses conséquences pour la collectivité et le corps policier ? S'agit-il d'un problème public ou politique qui a des incidences sur les relations entre la police et la collectivité ?

— La complexité du problème — Quelle est la complexité du problème ? Est-il fortement enraciné ? Quelles ressources exige-t-il du service de police ?

— La résolubilité du problème — Quel résultat l'action policière peut-elle exercer sur le problème ?

9. Herman Goldstein, 1990.

— **L'intérêt** de résoudre le problème — Quelle que soit l'acuité du problème, le corps policier et la collectivité doivent voir des avantages dans sa résolution.

Après avoir pris ces facteurs en considération pour chacun des problèmes identifiés, on dressera une nouvelle liste de problèmes plus détaillée. Cette liste devrait ensuite être examinée par un **groupe responsable de l'identification des problèmes**, et les problèmes devraient être classés par ordre d'importance.

Au terme de ce processus d'identification et de sélection, chacun des problèmes choisis devrait être défini clairement sous forme d'énoncé écrit, avec les raisons pour lesquelles il exige une attention immédiate. La formulation de cet énoncé est importante, car une fois que les problèmes sont identifiés, leur examen préliminaire modifie souvent leur ordre d'importance.

Voici, à titre d'exemple, un énoncé de problème utilisé dans la planification d'un programme de prévention du crime.

Tableau 2
Exemple d'énoncé de problème appliqué au cambriolage[10]

Fréquence

En 1976, 11 835 cas de cambriolage dans les résidences et les établissements non résidentiels ont été signalés à la police de Seattle. Des études de victimisation menées à l'échelle locale ont permis de dénombrer 16 992 cambriolages dans les résidences, c'est-à-dire un cambriolage par douze habitants. D'autre part, les 2 965 cambriolages dans les commerces représentaient un risque d'un cambriolage par 4,5 établissements commerciaux.

Gravité

Le cambriolage constitue une violation de la sécurité personnelle et entraîne la perte de biens matériels. Une étude de victimisation menée à Seattle a démontré que les citoyens craignaient le cambriolage plus que tout autre type de crime. Le cambriolage compte parmi les crimes contre la propriété les plus graves, en raison des pertes matérielles qu'il provoque, mais aussi à cause de l'usage de la force et de la violation de propriété qu'il comporte. Les victimes d'un cambriolage ont souvent des réactions violentes et se disent marquées par le fait que leur vie privée et leur résidence ont été violées.

Risque associé au groupe d'infracteurs

En 1974, le rapport des arrestations pour cambriolage était en moyenne de deux arrestations par infracteur sur une période de 32 mois. Ce rapport dépasse celui des arrestations pour tous les autres types de crimes contre la propriété.

Possibilités de réduction du crime

Dans environ 30 % à 40 % des cas, les cambrioleurs étaient entrés dans les résidences par une porte ou une fenêtre non verrouillées. Bien qu'il soit difficile de réduire de manière significative le taux de cambriolage (en partie parce que les cambrioleurs s'attaquent en général aux logements inoccupés et difficiles à surveiller), il reste possible de diminuer partiellement ce taux en améliorant la sécurité des portes et des fenêtres, en simulant une présence dans les résidences inoccupées et en incitant les citoyens à collaborer, entre autres en exerçant une certaine surveillance. La réponse de l'administration municipale a porté fruit puisque le pourcentage des cambriolages signalés a diminué d'environ 8 % de 1974 à 1975, et de 9 % encore en 1976.

Réponse du système

Si l'on tient compte du fait que la moitié seulement des cambriolages dans les résidences sont signalés, le système de justice pénale perd de nombreuses occasions d'identifier les cambrioleurs et de contrer leur action. Environ 87 % de tous les cas de cambriolage ne sont pas résolus ; parmi les crimes graves, il s'agit du taux de résolution le plus faible.

10. Solliciteur général, 1984.

Analyse du problème

Lorsque le problème a été identifié et défini, l'étape suivante consiste à recueillir et à interpréter les renseignements pertinents afin de faire l'examen du problème.

Collecte des renseignements

L'efficacité du processus de résolution de problèmes exige la collecte de renseignements variés et détaillés. Ce travail ne peut se limiter aux sources de renseignements traditionnelles de la police. Pour que la collecte des renseignements soit complète, il faut tenir compte :

— Des renseignements déjà disponibles ;

— De la complexité du problème ;

— Du temps et des ressources humaines disponibles pour en faire l'analyse.

Il va sans dire que plus le problème est important et complexe, plus le processus de collecte et d'analyse des renseignements devra être perfectionné. Comme tous les aspects du problème présentent un intérêt, son étendue devra d'abord être définie largement, et l'analyse permettra ensuite de le délimiter avec plus de précision.

Afin de déterminer le type de renseignements à recueillir, on peut dresser une liste de vérification méthodique. À titre d'exemple, au Service de police de Newport News, en Virginie, les responsables du projet de services policiers axés sur la résolution de problèmes ont organisé le processus de collecte des renseignements en fonction des trois composantes suivantes[11] :

— Les **protagonistes** du problème : victimes, délinquants et témoins ;

11. John Eck et William Spelman, 1987.

— Les **incidents,** y compris la « séquence » des événements, le contexte social et matériel, les effets, etc. ;

— Les **réponses** de la collectivité et de ses institutions.

Ces trois éléments de l'analyse du problème sont expliqués en détail dans le tableau 3.

Tableau 3
Guide d'analyse du problème[12]

PROTAGONISTES	victimes	• style de vie • mesures de sécurité adoptées • antécédents de victimisation
	délinquants	• identité et description physique • style de vie, éducation, antécédents de travail • antécédents criminels
	tiers	• renseignements personnels • liens avec les victimes
INCIDENTS	séquence des événements	• événements avant les incidents • acte criminel proprement dit • événements après l'acte criminel
	contexte matériel	• heure • lieu • contrôle de l'accès et surveillance
	contexte social	• possibilité et genre d'action des témoins • attitude apparente des résidents à l'égard du voisinage
	résultats immédiats des incidents	• blessures causées aux victimes • gains retirés par les délinquants • questions d'ordre juridique

RÉPONSES	collectivité	• voisinage touché par le problème • population de la ville en général • population à l'extérieur de la ville
	institutions	• système de justice pénale • organismes publics • médias • gens d'affaires
	pertinence	• perceptions du public • perceptions des autres

Sources de renseignements

Au cours du processus d'analyse du problème, diverses sources de renseignements peuvent être consultées. En voici un aperçu :

Les bibliothèques

Les travaux de recherche sur la police et sur la criminalité sont de plus en plus nombreux et constituent une excellente source d'information rarement exploitée. Cette information, qu'on trouve dans les bibliothèques publiques et universitaires ainsi que dans les établissements, est facilement accessible grâce aux bibliographies qui ont été publiées et aux méthodes informatisées de recherche par sujet.

Les dossiers de police

Les corps policiers recueillent, enregistrent et traitent des quantités considérables de renseignements sur un grand nombre de questions. Malheureusement, ces renseignements sont souvent recueillis pour des motifs divers qui sont sans rapport avec la résolution des problèmes. Les renseignements détenus par la police doivent souvent être adaptés en vue des exigences analytiques inhérentes au processus de

12. Source : John Eck et William Spelman, 1987, p. xxi (reproduit avec l'autorisation des auteurs).

217

résolution des problèmes. Ainsi, lorsque le Service de police d'Edmonton a voulu connaître les sources des demandes répétées d'intervention, on a dû reprogrammer son système de renseignements informatisé. Cette opération a rendu disponible une quantité considérable de renseignements jusquelà inutilisés, qui se sont révélés d'une valeur inestimable pour l'identification de certains problèmes de quartier.

Les policiers

Les connaissances et les renseignements que possèdent les policiers sont sans contredit plus nombreux que ce qu'on peut trouver dans les rapports officiels. Les connaissances personnelles acquises par l'expérience révèlent souvent une perception et une pénétration profondes des problèmes. Pour cette raison, il est essentiel d'obtenir des renseignements directement des policiers qui sont en contact, d'une manière ou d'une autre, avec le problème à l'étude.

Les autres corps policiers

Il est probable que le problème faisant l'objet de l'analyse ait déjà été étudié par un autre corps policier. Il est donc possible qu'il existe déjà des renseignements, des analyses et des stratégies qui peuvent s'avérer utiles pour l'analyse du problème à l'étude.

Les sources d'information dans la collectivité

Il existe dans la collectivité une multitude de sources de renseignements potentiellement valables, surtout chez les personnes et les organismes directement concernés par le problème. Ces sources sont entre autres les victimes, les plaignants, les témoins, les organismes communautaires et les organismes publics comme les services municipaux et les services sociaux. Il est possible d'obtenir des renseignements précieux en interrogeant les personnes touchées par le problème ou en tenant des assemblées publiques avec les groupes communautaires. Les gouvernements fédéral et provinciaux, de même que les administrations municipales,

218

recueillent aussi divers renseignements sur les différents aspects de la vie dans les collectivités et les quartiers. Ces renseignements sont souvent gratuits et immédiatement disponibles.

Analyse des renseignements

Analyse de la criminalité

Dans le but de faciliter l'accès et l'exploitation des renseignements policiers, certains corps policiers ont créé des fonctions d'analystes de la criminalité. La tâche de ces analystes consiste à recueillir et à analyser les renseignements provenant des dossiers de police afin d'établir, à partir des données, des modèles ou des relations qui pourront être appliqués aux activités administratives ou opérationnelles. L'analyse de la criminalité peut reposer sur un processus complexe et sophistiqué, exigeant le recours à des méthodes statistiques et informatiques, ou se résumer à l'usage d'une simple carte marquée de punaises et d'une boîte de fiches. Un autre rapport de la présente série porte sur la manière de procéder à l'analyse de la criminalité[13].

Habituellement, l'analyse de la criminalité est fondée sur les données relatives à la criminalité et sur celles qui sont recueillies par la police. Comme la méthode axée sur les problèmes fait appel à une définition contextuelle large du problème à l'étude, la collecte des renseignements et l'analyse ne doivent pas être limitées aux données sur la criminalité ni aux renseignements que les corps policiers ont l'habitude de recueillir. Ainsi, l'analyse d'un problème de vols avec effraction, selon les critères traditionnels, se limiterait à l'examen des constantes ou des rapports existant dans les vols avec effraction ayant fait l'objet de plaintes. Par contre, avec la méthode de résolution de problèmes, l'analyse porte en outre sur la zone de patrouille, les victimes, les suspects et les carac-

---

13. Consulter dans la même série le rapport *Crime Analysis* sur l'analyse de la criminalité, par Rick Linden.

téristiques communes à chaque crime. Les sources d'information pertinentes que cette méthode exploite comprennent, entre autres, des entrevues avec les victimes ainsi que l'étude des données sociologiques sur le quartier, du profil des délinquants et des renseignements sur les résidences.

Documentation des mesures courantes adoptées

La plupart des problèmes choisis seront de nature récurrente. Cette caractéristique peut signifier que les mesures adoptées antérieurement par le corps policier n'ont pas porté fruit. Avant d'élaborer une nouvelle stratégie, il faut tenter de comprendre pourquoi les mesures actuelles ou passées n'ont pas donné de résultats. Il s'agit là d'une étape importante de l'analyse du problème, car la documentation et l'analyse des mesures adoptées par le corps policier font souvent ressortir des renseignements précieux qui peuvent mieux faire comprendre le problème et qui facilitent l'élaboration d'une nouvelle stratégie.

Stratégies de réponse

Après avoir choisi un problème puis recueilli et analysé les renseignements, il faut chercher une solution. L'éventail des mesures qui peuvent être adoptées dépend seulement de l'imagination des responsables et de la profondeur de l'analyse. Il est donc essentiel de faire preuve d'ouverture et de créativité dans la recherche des solutions, car un bon nombre des problèmes choisis auront déjà résisté aux stratégies traditionnelles.

Chaque stratégie de résolution de problèmes devrait être centrée sur un problème particulier et correspondre à une analyse précise de ce problème. Ainsi, une stratégie de résolution d'un problème destinée à réduire les vols dans les résidences sera plus efficace si elle résulte de l'analyse approfondie d'un problème particulier de vol que si elle constitue une réponse globale conçue dans le cadre d'un programme de prévention de la criminalité. L'expérience révèle que les processus de résolution de problèmes sont efficaces dans la mesure où la stratégie de réponse vise un objectif spécifique.

Objectifs stratégiques

On ne peut espérer atteindre différents objectifs avec les mêmes stratégies. Voici quelques exemples d'objectifs stratégiques à considérer lorsqu'on élabore une stratégie de résolution de problèmes :

— *Solutions visant à supprimer complètement un problème :*

Dans le cas de problèmes mineurs où peu de gens sont en cause et qui exigent peu de ressources policières.

— *Solutions visant à réduire de façon significative l'ampleur d'un problème :*

Dans le cas de problèmes persistants et fortement enracinés, qui ne peuvent être vraiment éliminés, mais que les stratégies policières peuvent influencer (p. ex. la consommation de drogue).

— *Solutions visant à réduire la gravité ou les conséquences d'un problème :*

Lorsque la police ne peut pas vraiment éliminer un problème ni en réduire la fréquence, mais qu'elle peut être d'un grand secours pour les victimes (p. ex. la violence familiale).

— *Solutions visant à* **améliorer la réponse des services policiers** *à un problème* :

Dans le cas de problèmes « de société » complexes (p. ex. les sans-abri, les fugueurs), lorsque l'amélioration de l'intervention policière constitue le seul objectif réaliste et approprié.

— *Solutions visant à* **faire assumer la responsabilité d'un problème** :

Lorsque la responsabilité d'un problème doit revenir à l'organisme qui en est la cause (p. ex. fausses alertes, vol à l'étalage, sécurité individuelle, etc.).

Choix de réponses

Il est impossible d'énumérer ici toutes les réponses correspondant à chacun des nombreux problèmes que la police doit affronter. Cependant, il existe divers types de réponses à envisager dans la recherche d'une solution à un problème. On trouvera ci-dessous une liste de diverses stratégies d'intervention mises au point par certains chercheurs et divers corps policiers[14].

Stratégies axées sur un élément du problème

Certaines stratégies sont axées sur un élément qui se trouve au cœur d'un vaste problème de police : récidivistes, lieux particuliers, victimes de crimes multiples, etc. Ces stratégies partent du principe qu'un petit nombre d'individus (délinquants ou victimes) peuvent être dans une très large mesure responsables d'un problème. Les stratégies ainsi axées sur la population qui est au cœur d'un problème auront plus d'effet que les stratégies plus vastes dans lesquelles des ressources limitées sont affectées à l'ensemble de la population touchée par un problème. Par exemple, les stratégies policières de prévention et d'arrestation axées sur les récidivistes sont

14. Herman Goldstein, 1990 ; John Eck et William Spelman, 1987 ; Solliciteur général, 1984.

jugées plus efficientes et plus efficaces que celles qui visent une plus vaste population de suspects, car les crimes commis par les récidivistes sont plus nombreux et plus fréquents. Ainsi, le Service de police d'Edmonton a déterminé que 21 lieux, dans toute la ville, étaient à l'origine de 58 % de toutes les demandes d'intervention. Cette donnée a permis d'affecter les ressources policières dans les zones d'où provenaient un nombre élevé d'appels ou de plaintes (81 % de tous les appels).

Stratégies interorganismes

Il peut parfois être utile de coordonner des stratégies de réponse en collaboration avec des organismes communautaires et des associations qui cherchent aussi des solutions aux mêmes problèmes. Il peut s'agir d'un simple service d'orientation, ou encore de démarches pour inciter certains organismes à jouer un plus grand rôle dans la réponse à des problèmes communs. Ainsi, pour réagir à un grave problème de drogue dans un des quartiers de la ville, le Service de police de Halifax a mis sur pied un groupe d'étude communautaire et interorganisme afin d'analyser le problème et de trouver une solution. Cette méthode s'appuie sur le principe voulant que la réponse à un problème commun, pour être efficace, doive venir de la collectivité aussi bien que des services policiers[15].

Stratégies de médiation

Les policiers se trouvent souvent dans une position qui leur permet d'agir comme « médiateurs » dans certains conflits et problèmes de la collectivité. Dans certaines situations, la médiation permet d'utiliser les ressources policières plus efficacement que la stricte application de la loi. En voici un exemple :

---

15. Consulter dans la même série le rapport *Inter-agency Cooperation* sur la collaboration entre les organismes, par Richard Weiler.

La maison logeant un groupe d'étudiants faisait l'objet de plaintes de la part d'un citoyen habitant à proximité. Une pétition circulait demandant l'éviction des occupants de la maison. Chaque semaine, les fêtards envahissaient la rue et on leur reprochait de faire du tapage, de laisser des déchets et de causer des problèmes de circulation. Un policier a convoqué le plaignant et le représentant du groupe en médiation communautaire (il s'agit d'un service assuré par le département des services sociaux de la ville d'Edmonton). Les parties ont convenu que le nombre de fêtes serait réduit de moitié, que le nombre de participants serait limité et que les fêtes tenues à l'intérieur ne déborderaient pas à l'extérieur. Depuis ce temps, aucune autre plainte n'a été portée[16].

Stratégies d'information, de communication et d'éducation

Une stratégie de communication destinée à diffuser de l'information pertinente permet souvent d'exercer une influence positive sur un problème. De fausses informations ou l'absence d'information sur des problèmes de crimes ou de désordres dans un quartier finissent parfois par rendre le public indifférent à la prévention du crime, provoquent une crainte irraisonnée du crime ou amènent les citoyens à recourir de façon exagérée aux services des policiers. Cependant, trop souvent, les corps policiers estiment que l'éducation et l'information du public ne relèvent pas de leur responsabilité ou qu'il ne s'agit pas d'un élément de stratégie important. Des enquêtes révèlent que le public compte sur les médias et non sur la police pour obtenir de l'information sur la criminalité.

Pourtant, l'information pertinente communiquée par la police dans le cadre d'autres stratégies peut constituer elle-même une stratégie de résolution de problèmes particulièrement efficace. Ainsi, à Edmonton, pour faire cesser les vols répétés commis dans un collège public, un agent d'une

---

16. Sergents M. Bradshaw et D. Stewart, *The Edmonton Police Department Neighbourhood Foot Patrol Project: First Interim Report*, 1er février 1989. Edmonton, Service de police de la ville d'Edmonton.

patrouille de quartier a commencé par offrir une série de programmes d'éducation afin d'informer les élèves et le personnel de la nature et de l'ampleur du problème. Il a pu ainsi convaincre les autorités et les élèves de l'établissement d'adopter un ensemble de stratégies de prévention, et il a continué d'appliquer la loi selon des méthodes plus traditionnelles. La combinaison de ces stratégies de communication et d'application de la loi a provoqué une baisse radicale du nombre de vols et a permis d'effectuer un certain nombre d'arrestations.

Stratégies de mobilisation de la collectivité

Les stratégies faisant appel à d'autres ressources que celles de la police sont un élément essentiel des services policiers axés sur la résolution de problèmes. Dans toute la mesure du possible, la collectivité devrait pouvoir jouer un rôle actif dans l'élaboration de la politique et des programmes de la police. D'ailleurs, de nombreuses stratégies peuvent faire une place à la participation de la collectivité. Les comités de prévention de la criminalité intégrés à ces stratégies sont particulièrement efficaces. Cependant, il faut tenir compte du fait que la participation d'un petit groupe dont les membres ont des intérêts communs est plus efficace que celle de groupes importants et d'organismes qui se trouvent peu concernés par le problème qu'on veut résoudre.

Encourager la collectivité à assumer ses responsabilités

La police n'a pas la responsabilité exclusive de tous les aspects de l'application de la loi et du maintien de l'ordre dans la collectivité. Il existe divers moyens « non officiels » qui permettent à la collectivité d'exercer une influence sur les problèmes que doit résoudre la police. Les parents, les gérants d'immeubles résidentiels, les entrepreneurs, les propriétaires d'immeubles, etc. ont tous, selon le cas, une autorité et une influence sur leurs enfants ou leurs employés ou une responsabilité à l'égard de leurs immeubles. Lorsqu'elles sont encouragées et soutenues, ces formes de contrôle sont souvent plus efficaces que l'intervention de la police. Par exemple, le fait d'inciter les gérants d'immeubles résidentiels à exercer un meilleur contrôle de leurs locataires peut réduire considérablement la nécessité d'une intervention policière.

À la suite de rencontres avec les citoyens, un agent a pu déterminer que ceux-ci étaient aux prises avec un problème grave c'est-à-dire des vols très fréquents dans les véhicules et des actes de vandalisme dans le quartier. L'agent a donc organisé des réunions dans la salle communautaire locale et a demandé à des bénévoles d'effectuer des patrouilles dans les rues du quartier le soir. Ces personnes avaient pour tâche d'observer et d'écouter, et leur présence devait servir à dissuader les criminels de commettre des actes illégaux. Les bénévoles étaient identifiés au moyen de vestes réfléchissantes sur lesquelles étaient inscrits les mots *Community Foot Patrol* (Patrouille à pied communautaire). Une entreprise du quartier a accepté de verser les fonds nécessaires à l'achat des vestes[17].

Application des lois et des règlements autres que ceux du Code criminel

Bien des problèmes se rapportent souvent à des lois ou à des règlements du domaine privé ou du domaine public. Bien que ces règlements ne relèvent pas du Code criminel, ils ont force de loi et la police peut y recourir afin de résoudre certains problèmes. Le recours opportun à ces règlements pour lutter contre un problème difficile peut être un procédé plus efficace et plus judicieux que les moyens souvent limités qu'offre le Code criminel. Ainsi, il est possible de recourir au Code du bâtiment pour prévenir certains problèmes de criminalité, d'invoquer les règlements sur le bruit contre des locataires tapageurs ou les règlements sanitaires pour fermer des restaurants où l'on vend de la drogue, etc.

17. Voir la note précédente.

Stratégies de prévention de la criminalité

Il existe aujourd'hui un grand nombre de stratégies de prévention de la criminalité qui ont déjà été mises en application et qui ont produit des effets préventifs dans le cas de certains problèmes de police. Après l'analyse détaillée d'un problème, il est ainsi possible d'adopter la stratégie ou la tactique qui convient. Le tableau 4, qui énumère diverses stratégies de prévention de la criminalité, illustre une gamme de réponses qui peuvent être appropriées à un problème particulier.

Les récents progrès accomplis dans l'analyse de la criminalité et l'évaluation de diverses stratégies de prévention ont conduit à l'élaboration de stratégies axées sur des problèmes très délimités. La « prévention situationnelle du crime[18] », qui s'inspire d'une philosophie similaire à celle des programmes plus généraux de prévention de la criminalité, permet d'élaborer des stratégies conçues spécifiquement en fonction des problèmes relevés.

Application plus judicieuse de la loi

Une vague de vols des chèques d'aide sociale déposés dans les cases postales sévissait dans un immeuble résidentiel. L'agent de la patrouille à pied du quartier a communiqué avec le bureau de poste et s'est informé de la date et de l'heure de la prochaine livraison des chèques. Le gérant de l'immeuble a mis à la disposition de l'agent un local ayant vue sur les cases postales, toutes situées dans la même salle. L'agent connaissait bien les résidents de l'immeuble et savait donc qui devait ramasser le courrier. De l'endroit où il était, il a vu deux personnes forcer une case et a pu procéder à leur arrestation[19].

18. Voir par exemple Heal et Laycock, 1986.
19. Voir la note 16.

Tableau 4
Tactiques de prévention de la criminalité [20]
(Il peut arriver qu'une même tactique figure dans plus d'une catégorie)

Action directe des citoyens
— Comités police-collectivité
— Surveillance de rue
— Lignes téléphoniques parrainées par des organismes privés
— Clubs de pâtés de maisons
— Surveillance par des groupes de locataires
— Groupes de surveillance
— Surveillance d'appartements
— Patrouilles de citoyens
— Patrouilles radio
— Services d'escorte
— Maisons de quartier
— Études de victimisation
— Études de la sécurité des résidences
— Arrêt d'urgence
— Opération Marquage
— Cours d'autodéfense
— Aides directionnelles d'accès aux postes de police
— Annuaires de quartier

Travail au sein du système de justice pénale
— Comités police-collectivité
— Programmes d'aide aux victimes et aux témoins
— Surveillance devant les tribunaux
— Lignes téléphoniques sur la criminalité
— Programme de dénonciation des crimes
— Patrouilles de quartier
— Minipostes de police
— Unités d'analyse de la criminalité
— Étude de l'organisation de l'environnement par le service de police
— Agents de services à la collectivité
— Programmes de relations police-collectivité
— Surveillance de rue
— Projets d'éducation sur la prévention du crime
— Projets de liaison téléphonique avec la police
— Études de victimisation

20. Solliciteur général, 1984, p. 20. Source : Judith D. Feins, 1983, *Partnerships for Neighborhood Crime Prevention*, Washington, National Institute for Justice.

— Études sur la sécurité des résidences
— Opération Marquage
— Aides directionnelles d'accès aux postes de police
— Prévention de la criminalité dans l'entreprise

Amélioration de l'environnement
— Étude de l'organisation de l'environnement par le service de police
— Études sur la sécurité des résidences
— Amélioration de l'éclairage des rues
— Modification du sens de la circulation
— Aides directionnelles d'accès aux postes de police
— Nettoyage du quartier
— Installation de téléphones d'urgence
— Prévention de la criminalité dans l'entreprise

Très souvent, la meilleure façon de résoudre les problèmes consiste à utiliser les méthodes policières traditionnelles, comme la stricte application de la loi, les arrestations, les poursuites, ou les diverses méthodes proactives et plus radicales comme les opérations d'infiltration, les perquisitions et saisies répétées (*crackdowns*), etc. Toutefois, avant que de telles solutions soient adoptées, l'analyse de la situation devrait établir pourquoi ces diverses stratégies n'ont pu résoudre le problème et en quoi les nouvelles solutions pourraient être meilleures que les précédentes.

Plan de mise en œuvre

Une fois que le problème a été déterminé, que l'analyse a été faite et qu'une stratégie a été adoptée, il faut établir un plan afin de contrôler la mise en application de la réponse et d'en évaluer les résultats. Il peut aussi être utile, à ce stade, de consigner par écrit les objectifs poursuivis, la stratégie adoptée et l'échéancier prévu, ce qui facilitera la mise en application, le suivi et l'évaluation de la stratégie.

Le tableau 5 fournit un exemple de plan de mise en œuvre. Il est évidemment possible d'adopter d'autres objectifs et d'autres stratégies. L'essentiel consiste à définir le plus clairement possible les résultats visés par chaque stratégie ainsi que les moyens qui seront utilisés pour en évaluer les effets.

229

Tableau 5[21]
Plan de mise en œuvre

Objectif général : réduire la consommation de drogue dans une école secondaire

---

OBJECTIF N° 1 : Modifier l'attitude des élèves afin qu'ils deviennent moins tolérants à l'égard de la consommation et du trafic des drogues.

Stratégie : Des policiers et des enseignants offriront régulièrement à tous les élèves des renseignements et un programme d'éducation sur les drogues, durant toute l'année scolaire.

Moyens d'évaluation : Qualitatifs : entrevues avec les enseignants et les élèves, observations, etc. Quantitatifs : questionnaire soumis à tous les élève avant et après le programme afin de mesurer les changements d'attitudes.

OBJECTIF N° 2 : Accroître le contrôle exercé par les parents sur les activités de leurs enfants après les heures de classe, afin d'élargir l'influence des parents, de favoriser les valeurs prosociales, de réduire les occasions de consommer des drogues, etc.

Stratégie : Permettre aux responsables de l'école et aux policiers de présenter de l'information sur la consommation de drogue et ses conséquences chez les jeunes, au moyen de documentation écrite et de rencontres parrainées par les autorités scolaires et l'association parents-maîtres, au cours desquelles des policiers et des spécialistes viendront informer les parents.

Moyens d'évaluation : Qualitatifs : discussions et entrevues avec les parents et les jeunes. Quantitatifs : Examen des attitudes des parents et évaluation avant et après, rencontres avec des consommateurs inculpés, etc.

OBJECTIF N° 3 : Réduire l'accessibilité des drogues afin d'en diminuer la consommation et le trafic dans l'école en soutenant et en favorisant l'intervention de la police à l'école.

Stratégie : Augmenter la sécurité à l'école en montrant aux enseignants comment accroître la surveillance et le respect des lois, former des patrouilles d'élèves, mettre sur pied des programmes d'information, affecter un policier à l'école, favoriser l'échange d'information.

Moyens d'évaluation : Qualitatifs : évidence de la consommation et du trafic de drogues. Quantitatifs : comparer le nombre d'arrestations, les mises en accusation et les rapports sur les crimes liés à la drogue, à l'école et dans le quartier.

---

21. Exemple proposé par l'auteur.

Évaluation

L'objectif des services policiers axés sur la résolution de problèmes est d'exercer un effet sur un problème particulier. La dernière étape du processus de résolution des problèmes consiste donc à déterminer quel «effet» la stratégie a produit sur le problème. Autrement dit, la stratégie utilisée a-t-elle produit les résultats souhaités ?

Pourquoi évaluer les effets ?

Plusieurs raisons justifient l'importance d'évaluer les stratégies de résolution des problèmes. En premier lieu, il est essentiel de déterminer si la stratégie fonctionne. Aucun corps policier ne peut se permettre d'utiliser des ressources coûteuses sans savoir exactement si elles sont productives. Il n'est pas suffisant d'avoir seulement la ferme conviction que la stratégie fonctionne. De nos jours, les gouvernements et les professionnels qui administrent les corps policiers sont soucieux des coûts et exigent des faits, pas des opinions. C'est pourquoi il faut disposer d'une méthode qui puisse fournir la preuve ou du moins quelque indice de l'efficacité de la stratégie utilisée.

Points à évaluer

Compte tenu de l'ampleur du problème et des stratégies adoptées, les méthodes d'évaluation seront complexes et détaillées ou relativement simples et directes. Ces méthodes sont décrites dans divers livres et textes ainsi que dans un autre rapport de la présente série[22]. Cependant, il y a lieu d'insister sur certains points généraux de l'évaluation des stratégies.

---

22. Consulter dans la même série le rapport *Evaluating Community-Based Policing Programs* sur l'évaluation des programmes de police appliqués dans la collectivité, par Joe Hornick, Richard Weiler et Barry Leighton.

Évaluation de la mise en application et des effets

Un programme doit comporter deux sortes d'évaluation, toutes aussi importantes pour diverses raisons.

— L'évaluation de la mise en application doit fournir une « analyse descriptive de la mise en œuvre » des stratégies, c'est-à-dire de ce qui a été réellement fait pour résoudre le problème.

— L'évaluation des effets vise à déterminer les conséquences ou les résultats de la stratégie par rapport aux objectifs fixés, c'est-à-dire l'impact de la stratégie sur le problème.

Planification

Les questions relatives à l'évaluation devraient être envisagées avant la mise en application des programmes ou des stratégies et intégrées au plan ou à la conception originale du projet. En effet, la nature des données nécessaires à l'évaluation et les méthodes de collecte et de traitement doivent être déterminées avant le stade de la mise en application.

Objectifs précis

Plus les objectifs de la stratégie de réso!ution de problèmes auront été définis avec précision, plus les résultats seront faciles à évaluer. Des objectifs trop vagues produisent habituellement des preuves aussi vagues et peu convaincantes. Il est donc important, pour s'assurer que l'évaluation soit sûre, d'établir avec précision les objectifs poursuivis par le programme ou la stratégie.

Objectifs réalistes

Pour que l'évaluation soit fiable, il faut aussi que les objectifs définis pour le projet ou la stratégie de réponse soient réalistes et réalisables. Dans ce but, on doit utiliser des termes précis, comme « supprimer, réduire, influencer ». Il est important de ne pas viser un objectif idéal ou maximal, car la réussite du programme devra être évaluée en fonction de cet objectif. Ainsi, un objectif qui consisterait à mettre fin à la consommation de drogue serait idéal, mais aurait beaucoup moins de chance d'être réalisé que s'il visait à «réduire la consommation de drogue dans une population déterminée». On peut aussi établir des objectifs plus réalistes et plus facilement mesurables en décomposant les problèmes complexes en plusieurs problèmes plus précis.

Données sur les résultats

L'évaluation des résultats d'un programme doit comprendre des données sur les résultats (nombre d'arrestations, d'accusations, etc.) qui puissent être comparées à la situation de la population cible avant la mise en œuvre du programme ou à une population «de contrôle» comparable qui n'a pas été exposée à la même stratégie. Pour que les données sur les résultats puissent être comparées, il faut disposer au départ de données de base, afin de pouvoir faire une comparaison «avant et après» qui permettra d'établir si le programme est une réussite ou un échec. Pour cette raison, il faut connaître avant la mise en application du programme le taux de criminalité, le nombre de condamnations, le nombre de demandes d'intervention, etc. Ainsi, le Service de police d'Edmonton compare, «avant et après» l'application des stratégies de résolution des problèmes, le nombre de demandes d'intervention provenant de zones déterminées, de domiciles ou d'établissements, pour mesurer les effets de ces stratégies.

Données sur la mise en œuvre

Bien qu'il soit primordial de mesurer les résultats d'un programme, il faut aussi recueillir des données et des renseignements sur son application, pour savoir exactement ce qui a été fait et comment cela a été fait. Lorsqu'on ne possède aucun renseignement sur le processus de mise en application, il est souvent impossible d'expliquer pourquoi une stratégie a bien fonctionné ou a échoué. Des programmes et des stratégies bien conçus, s'ils sont appliqués incorrectement ou incomplètement, n'auront que peu d'effet sur le problème à résoudre. Par exemple, une étude récente sur un programme de police communautaire a montré que celui-ci n'avait eu que peu d'effet. Cependant, au lieu de mener à la conclusion que le programme avait été un échec, l'analyse des données a révélé au service de police concerné que l'absence de résultats concrets s'expliquait par le fait que certains éléments critiques du programme n'avaient pas été mis en application.

Ressources externes

Une évaluation très détaillée peut s'avérer nécessaire si le programme ou la stratégie sont complexes et que le problème est profondément enraciné. Les problèmes de ce genre exigent souvent des données complexes et une analyse soigneusement élaborée. Compte tenu des ressources dont il dispose, le service de police peut avoir intérêt à consulter des experts des techniques d'évaluation afin de déterminer quelles sont les méthodes les plus appropriées. Généralement, les chercheurs universitaires et les consultants spécialisés en évaluation possèdent les compétences et l'objectivité nécessaires pour garantir que les résultats de l'évaluation seront fiables et acceptés par le public.

L'évaluation comme conclusion du processus

L'évaluation de la stratégie de réponse met un terme au processus de résolution de problèmes. Même si le présent rapport a abordé de nombreux détails, il faut rappeler que le processus de résolution des problèmes reste fondamentalement une suite d'étapes simples et logiques : l'identification du problème, l'analyse, la réponse et l'évaluation. L'application systématique et structurée des techniques de résolution de problèmes peut exiger simplement que les policiers s'occupent d'un problème particulier au cours de leur patrouille à pied. Il peut arriver aussi que des groupes de travail chargés de la résolution de problèmes doivent se pencher sur des problèmes collectifs persistants et profondément enracinés. Les résultats obtenus par les services de police qui ont adopté les techniques de résolution de problèmes démontrent que cette méthode, même si elle ne permet pas de supprimer toutes les frustrations du policier, peut néanmoins lui apporter la preuve tangible que ses efforts permettent d'exercer un effet concret sur les problèmes récurrents qu'il doit régulièrement affronter.

Conclusion

Les services policiers axés sur la résolution de problèmes visent à améliorer les techniques policières modernes en proposant une approche analytique et proactive aux problèmes récurrents et profondément enracinés de la société. Au lieu de faire porter les efforts de la police sur les délinquants comme unique cause des problèmes de police ou sur les arrestations et les poursuites judiciaires comme solution, la stratégie de résolution de problèmes permet d'étendre l'intervention policière à l'ensemble des causes ou des conditions qui sont à l'origine des problèmes. Cette méthode exige toutefois un élargissement du répertoire traditionnel des réponses policières. Les nouvelles réponses doivent comprendre une grande diversité de stratégies de résolution de problèmes comme la mobilisation de la collectivité, la coordination interorganisme, le recours aux pouvoirs civils et à d'autres pouvoirs de réglementation, la médiation, etc.

Essentiellement, le processus de résolution des problèmes exige des policiers qu'ils acquièrent de nouvelles compétences ou qu'ils consacrent celles qu'ils possèdent à l'analyse des problèmes et à la conception de solutions innovatrices. Les qualités personnelles nécessaires au policier qui entend participer au processus de résolution de problèmes sont l'autonomie, l'esprit d'initiative et une conception souple et imaginative du travail policier. Le Service de police d'Edmonton, pour sa part, a établi la liste des qualités nécessaires au policier des patrouilles de quartier axées sur les problèmes. Celui-ci doit être motivé, autonome, innovateur, énergique, extraverti, imaginatif et travailleur[23].

Les services policiers axés sur la résolution de problèmes, qui font appel à de nouvelles compétences professionnelles jusque-là sous-exploitées, exigent également une modification de l'organisation et de la gestion des ressources humaines et matérielles. Les stratégies traditionnelles axées sur le commandement et les contrôles ne sont généralement pas compatibles avec celles qui encouragent l'autonomie et l'initiative. Une méthode de gestion directive, mais qui favorise aussi l'initiative personnelle et qui récompense une attitude inventive à l'égard de la résolution de problèmes, semble être la solution la plus efficace. Doué de qualités d'entraîneur plutôt que de commandant, le chef de police doit inspirer et encourager les réalisations individuelles en enseignant, en guidant et en récompensant les efforts et le bon jugement. Pour appliquer efficacement la méthode de résolution de problèmes, le chef de police doit créer un milieu de travail stimulant et gratifiant sur le plan organisationnel.

Outre qu'ils exigent une modification du style de gestion adopté par le service de police, les services policiers axés sur la résolution de problèmes peuvent aussi nécessiter un certain nombre de changements organisationnels afin de permettre l'application du processus de résolution de problèmes. Une étude récente portant sur les stratégies générales de police révèle que les critères fonctionnels suivants peuvent contribuer au succès des services policiers axés sur la résolution de problèmes[24].

---

23. Joseph P. Hornick, Barbara A. Burrows, Ida Tjosvold et Donna M. Phillips, 1990. *Évaluation du programme de patrouille pédestre du Service de police d'Edmonton.* Ottawa, ministère du Solliciteur général du Canada, Rapport pour spécialistes, et Calgary, Canadian Research Institute for Law and the Family.
24. Mark Moore et Robert Trojanowicz, 1988.

— Équipement téléphonique perfectionné de filtrage des demandes d'intervention, ce qui permet aux policiers de consacrer plus de temps à d'autres activités.

— Policiers-patrouilleurs généralistes, qui sont aussi à l'aise hors de leur voiture qu'à bord de celle-ci et qui peuvent organiser des réunions et assurer la médiation des différends aussi bien qu'effectuer des arrestations.

— Intelligence et esprit analytique, afin de pouvoir faire la distinction entre les commérages de quartier et les activités des criminels dangereux et ingénieux.

— Souplesse dans le déploiement des forces et capacité de traiter divers types de problèmes, quelle que soit leur ampleur.

Les changements de ligne de pensée, d'organisation et de style de gestion au sein du service de police créeront inévitablement des tensions et des conflits, aussi bien dans les diverses divisions qu'à l'extérieur de celles-ci. Le choix de la méthode de mise en œuvre des services policiers axés sur la résolution de problèmes dépend de facteurs comme l'importance des changements nécessaires, le temps disponible et la marge de manœuvre du service de police.

Une méthode de mise en œuvre appliquée à l'ensemble du service signifie que tous ses membres sont convertis à la stratégie de résolution de problèmes, peu importe leur rang ou leurs fonctions. Bien que cette méthode soit difficile à gérer et lente à appliquer, elle assure à long terme la mise en place du modèle de services policiers axés sur la résolution de problèmes le plus efficace et le plus cohérent.

Une autre méthode, d'envergure plus restreinte, consiste à créer des unités spéciales de résolution de problèmes qui assureront des services de soutien ou de consultation auprès des autres divisions opérationnelles. Bien que cette méthode soit moins exigeante et plus facile à gérer, elle risque de faire du processus de résolution de problèmes une fonction spéciale et marginale et d'en limiter les effets sur l'efficacité générale du service.

Peu importe la méthode retenue, la mise en place et la gestion de services policiers axés sur la résolution de problèmes exige de l'administrateur de police moderne qu'il adopte un style de gestion caractérisé par la souplesse, le leadership, l'aptitude à la communication et un profond engagement personnel. Ces qualités sont essentielles s'il veut relever le défi que représente la gestion des services policiers axés sur la résolution de problèmes dans l'environnement policier actuel.

Les caractéristiques essentielles de l'innovation et du succès[25]

Une étude récente de 37 projets de justice pénale « innovateurs », menée aux États-Unis pour l'*U.S. National Institute of Justice*, a révélé que les caractéristiques suivantes avaient une influence déterminante sur le succès des projets étudiés (Ellickson, Petersilia et al.,1983) :

— Motivation profonde au départ ;

— Appui de la haute administration ;

— Compétence du personnel ;

— Rapport coûts-bénéfices positif ;

— Clarté des objectifs et des procédés innovateurs ;

— Définition claire de la voie hiérarchique.

Ces conclusions définissent les contours d'une future stratégie générale de police. Il pourrait s'agir d'une police professionnelle, stratégique, communautaire, axée sur la résolution de problèmes. La réalisation d'un tel projet constitue une tâche difficile pour les administrateurs de police. Ils doivent définir

25. Phyllis Ellickson, Joan Petersilia, Michael Caggiano et Sandra Polin, 1983.

leur mission et structurer leur service en s'affranchissant des puissantes contraintes de la tradition. Ils doivent passer outre aux désirs et aux attentes de beaucoup de leurs employés qui ont une conception différente de la police. Ils doivent résister à de vives pressions extérieures qui veulent créer l'illusion de l'imputabilité par une gestion rigide et centralisée. Enfin, et c'est là le plus important, ils doivent s'accommoder de leurs propres incertitudes sur la meilleure manière d'exploiter les ressources de leur service pour que la collectivité devienne bonne, civilisée et tolérante. C'est aux administrateurs de police d'aujourd'hui de trouver la solution[26].

Malgré toutes les difficultés que comporte la mise en œuvre de services policiers axés sur la résolution de problèmes, l'absence de réponse efficace aux problèmes d'ordre et de criminalité sans cesse croissants et souvent non résolus représente des difficultés encore plus grandes. Les services policiers axés sur la résolution de problèmes offrent à la police moderne un nouvel instrument dans la lutte ardue qu'elle mène pour contenir et résoudre les problèmes d'ordre et de criminalité et pour faire de nos collectivités des milieux de vie et de travail sûrs.

26. Mark Moore et Robert Trojanowicz, 1988, p. 14

Références bibliographiques

CORDNER, (Gary). «A Problem Oriented Approach to Community Oriented Policing», *Community Policing: Rhetoric or Reality*, Jack R. Greene et D. Mastrofski, éditeurs, Praeger, New York, 1988, pp. 132-152.

EKBLOM, (Paul). *Getting the Best out of Crime Analysis*, Crime Prevention Unit, Paper 10, Londres, Home Office, Londres, 1988.

ECK, (John E.) et William SPELMAN. Problem Solving: Problem-Oriented Policing *Newport News*, Police Executive Research Forum et National Institute of Justice, ministère de la Justice des États-Unis, Washington, DC, 1987.

ECK, (John E.) et William SPELMAN. «Who Ya Gonna Call? The Police as Problem Busters», *Crime and Delinquency*, volume 33, n° 1, pp. 31-52, 1987.

ECK, (John E.) et William SPELMAN. «Problem Solving: Problem-Oriented Policing», *Newport News*, Police Executive Research Forum et National Institute of Justice, ministère de la Justice des États-Unis et Université Harvard, 1987.

ELLICKSON, (Phyllis), Joan PETERSILIA, Michael CAGGIANO et Sandra POLIN. *Implementing New Ideas in Criminal Justice*, préparé par la Rand Corporation pour le National Institute of Justice, ministère de la Justice des États-Unis, Washington, DC, 1983.

GOLDSTEIN, (Herman). *Problem-Oriented Policing*, McGraw-Hill, New York, 1990.

GOLDSTEIN, (Herman). «Improving Policing: A Problem-Oriented Approach», *Crime and Delinquency*, volume 25, n° 2, pp. 236-258, 1979,

HEAL, (K.) et G. LAYCOCK. *Situational Crime Prevention from Theory into Practice*, Londres : Home Office Research and Planning Unit, Londres, 1986.

KELLING, (George L.), Anthony PATE, D. DIEKMAN et C.E. BROWN. *The Kansas City Preventative Patrol Experiment : A Summary Report*, Police Foundation, Washington DC, 1974.

MOORE, (Mark H.) et Robert C. TROJANOWICZ. «Corporate Strategies for Policing», *Perspectives on Policing*, National Institute of Justice, ministère de la Justice des États-Unis et Université Harvard, 1988.

Problem Solving Quarterly, bulletin du Police Executive Research Forum, Washington, DC, depuis 1990.

ROSENBAUM, (Dennis). «Community Crime Prevention : A Justice Quarterly,Review and Synthesis of the Literature», Justice Quarterly, volume 5, n⁰ 3, pp. 323-395, 1988.

Ensemble pour la prévention du crime : manuel du praticien, préparé par Rick Linden, Irwin Barker et Doug Frisbie pour le ministère du Solliciteur général du Canada, Ottawa, 1984.

SPELMAN (William) et D.K. BROWN. *Calling the Police*, Police Foundation, Washington DC, 1981.

TROJANOWICZ, (R.). *A Manual for the Establishment and Operation of a Foot Patrol Program*, National Neighbourhood Foot Patrol Centre, East Lansing, Michigan, 1985.

WILSON, (James Q.) et George KELLING. «Making Neighborhoods Safe», *Atlantic Monthly*, volume 10, n⁰ 1, pp. 46-52, 1989.

L'approche stratégique en résolution de problèmes : un guide pratique

Sûreté du Québec

Sûreté du Québec

L'approche stratégique en résolution de problèmes

Direction des relations communautaires
Automne 1994

Au cours des dernières décennies, les corps policiers ont établi leurs critères d'efficacité selon des paramètres tels que: le volume d'intervention, le temps de réponse, le taux de solution du crime et la patrouille au hasard. Somme toute, cela mérite d'être souligné, la mise à contribution de ce type de critères a permis l'atteinte de niveaux remarquables d'efficacité. En contrepartie, cela a engendré des caractéristiques ou des tendances qui obligent maintenant la remise en question de la «façon de faire» de la police actuelle.

En effet, les services policiers ont développé une **orientation réactive axée sur la réponse aux incidents**. Cela a eu pour effet d'instaurer une **capacité d'analyse restreinte** au sein de l'organisation. Dans ce contexte, l'intervention proactive, l'organisation d'une vigie dynamique ou encore la capacité d'anticipation ont été laissées pour compte.

Cette optique rétrécie du champ d'action réservé à la police a suscité une **limitation de l'intervention policière**. De plus, comme beaucoup d'autres organismes publics, l'efficience de l'organisation est fonction d'une construction opérationnelle où **la prépondérance des moyens sur la fin** est facilement observable.

L'approche stratégique en résolution de problèmes est un moyen intéressant pouvant permettre de corriger cette situation. À ce chapitre, les expériences vécues par d'autres organisations policières en Amérique du Nord sont nettement concluantes. Par contre, même si les différents modèles adoptés par ces dernières se ressemblent tous en ce qui a trait au processus ou à la démarche à suivre, une préoccupation commune demeure. Ce n'est pas le modèle qui assure la réussite de mise en application de cette approche, mais bel et bien l'ouverture d'esprit des policiers et le climat de découverte que cette dernière doit chercher à susciter.

Sur la ligne de départ, il faut donc reconnaître que l'approche stratégique en résolution de problème dans le milieu policier est d'abord et avant tout la mise en place d'une **pensée stratégique**. Un état d'esprit qui doit nous offrir la possibilité de parfaire notre expertise dans la compréhension des situations, dans le «décodage» des événements, des incidents. Par exemple, l'association nouvelle de différents incidents peut donner une toute autre signification à ces derniers. Il sera donc dorénavant question de «dépasser l'incident» et d'ouvrir la lentille sur l'identification du problème (causant ces incidents) et la recherche de solutions ingénieuses, réalistes et efficaces.

L'interface avec le processus permanent de consultation de la clientèle

Il est important de faire le point avec ce «projet d'entreprise» déjà à notre actif. En effet, dès cet automne 1994, la presque totalité des postes de la Sûreté, par l'intermédiaire des membres de leur comité consultatif respectif, consulteront environ 5 000 citoyens et citoyennes desservis afin de permettre à l'organisation de parfaire ses connaissances sur les perceptions, les attentes et les besoins de ces derniers.

Le dialogue établi avec la population que nous desservons nous place en position intéressante pour amorcer l'implantation de cette approche stratégique de résolution de problèmes. En clair, la création d'un lien privilégié de communication avec la clientèle et la mise en place d'une approche stratégique de résolution de problèmes sont complémentaires.

Pour faciliter la compréhension de cette affirmation, nous pouvons nous référer au tableau ci-dessous. Dans le but d'exposer les différentes étapes que nous devons franchir afin de positionner notre organisation dans son contexte contemporain, nous avons utilisé l'échelle de Guttman. Cette dernière offre la possibilité d'étaler une séquence d'opérations à réaliser pour atteindre un but ultime. Seule règle à observer : pour passer à une autre étape, il faut avoir complété la précédente.

Cela dit, force est de constater que déjà plusieurs postes de la Sûreté ont franchi les trois premières étapes de l'échelle. Grâce au travail accompli par les autorités des districts, par les responsables de poste et les membres de leur personnel et ce, sans oublier l'apport maintenant indéniable des membres de ces comités consultatifs, notre projet de rapprochement avec la population que nous desservons a généré en quelque sorte plus que des mots. La coresponsabilisation interne-

Séquence de mise en place du processus permanent de consultation à la Sûreté du Québec
Échelle de Guttman

6. Utilisation stratégique des ressources à la Sûreté du Québec.
5. Vision globale des besoins des citoyens en sécurité publique.
4. Mise en place du modèle : police d'expertise (*Problem Oriented Policing*).
3. Instauration d'une forme de coresponsabilisation interne-externe.
2. Intégration des résultats de la consultation au mode de gestion de l'organisation.
1. Amélioration continue de nos connaissances sur les attentes et besoins de la communauté.

externe en matière de sécurité publique est existante. Plusieurs projets mis de l'avant dans ces postes en font preuve.

Ce qui nous amène à conclure à ce chapitre que le terrain est propice et que le temps est choisi pour développer notre expertise dans l'approche stratégique en résolution de problèmes.

Le modèle adopté

Le modèle proposé est fort simple. Sa construction, sans être réductionniste au sujet du contenu, a été simplifiée quant au contenant. Composé de cinq étapes à franchir de façon systématique, ce modèle doit nous permettre selon l'amplitude et les caractéristiques de chaque problème, de répondre à deux questions fondamentales : **Quel est le problème ?** et **Quelles sont les solutions réalistes et efficaces que nous pouvons envisager ?**

Dans les quelques pages qui suivent, nous vous proposons une courte explication de chacune de ces séquences. Mais avant d'y arriver, quelques points essentiels méritent d'être soulignés :

Le modèle commence après *l'identification d'un problème*

En d'autres termes, les problèmes à solutionner émergeront de chacun des postes de la Sûreté. Il s'agit donc au départ d'organiser une certaine vigie dans chacun des districts pour « les voir apparaître ». La meilleure façon de procéder consiste à répondre à la question suivante : **Qui peut ou doit identifier un problème ?** Un début de réponse : les membres des comités consultatifs, la communauté, les patrouilleurs, les préposés aux relations communautaires (PARC), les enquêteurs sur les postes, les unités d'enquêtes criminelles, les comités de gestion des postes, les autorités des districts, etc.

Le modèle doit être perçu comme un guide et non une fin

En effet, le danger qui nous guette est de considérer tout modèle d'approche stratégique en résolution de problèmes comme étant une recette à suivre ou une épreuve lancinante et compliquée à traverser. La fin consiste à développer une **pensée stratégique** et non à noircir un formulaire.

L'approche stratégique = flexibilité

Chacun des problèmes à solutionner présente une amplitude différente. La ou les solution(s) à chacun de ces derniers peut se situer sur un continuum très large. Par exemple, il peut s'agir d'une situation qu'il est possible de résoudre par **une simple discussion avec les bonnes personnes en prenant une tasse de café**. À l'autre bout du continuum, il peut s'agir d'une problématique plus complexe qui nous oblige à procéder à **une analyse criminologique nécessitant l'allocation de ressources substantielles**.

L'approche stratégique = innovation = intégration

L'implantation de l'approche stratégique en résolution de problèmes demeure un énorme défi pour toute organisation policière. Pour atteindre des résultats significatifs dans la planification et la dispensation de nos services, c'est l'intégration de l'ensemble des corridors d'action qui doit être visée. À titre d'exemple, le modèle de base présuppose d'entrée de jeu que les enquêteurs et les préventionnistes puissent faire équipe dans la résolution d'un problème. Au même titre, les membres de la communauté peuvent également être appelés à y contribuer.

Dans le but de démontrer la largeur des paramètres de cette implantation, vous trouverez ci-dessous une liste des conditions qui sont considérées comme essentielles à la réussite d'une telle entreprise. La liste abrégée de ces conditions provient de différentes conclusions auxquelles sont arrivées des organisations policières canadiennes et américaines après avoir amorcé une démarche d'implantation du *Problem Oriented Policing*.

Conditions à mettre en place pour RÉUSSIR *l'implantation de l'approche stratégique en résolution de problèmes*

— **Planification** et gestion vigilante du changement ;
— **Décentralisation** ;
— **Autonomie** dans la prise de décision = «**responsabilisation géographique**» ;
— **Nouveau style de leadership** cherchant à intégrer l'innovation ;
— **Support et valorisation des idées nouvelles** dans le corridor hiérarchique ;
— **Supports structurels** venant faciliter l'application de l'approche ;
— **Reconnaissance de la flexibilité et de la créativité** dans le système d'évaluation ;
— Développement et utilisation de **nouveaux indicateurs de performance** ;
— Un **régime approprié** de relations de travail ;
— Un **climat d'apprentissage** «partagé» ;
— Élargissement des capacités de **recherche — logique et intuitive** ;
— Identification et utilisation de **nouvelles sources d'information** ;
— **Nouvelles habiletés dans l'utilisation des statistiques** afin de bonifier les capacités d'analyse et de mesurer l'efficacité ;
— **Appropriation généralisée** du modèle adopté ;
— Planification et mise en place de **moyens de diffusion efficaces** en ce qui a trait aux réussites vécues ;
— **Stratégie de communication** mise en place pour l'ensemble de l'organisation ;
— Projets en fonction dans chacun des districts pour **susciter l'intérêt sur une échelle élargie** ;
— Établissement et entretien de **bonnes relations avec les organismes externes** ;
— Partage d'une **vision commune** ;
— **Leadership inspirant** suscitant l'évolution.

Présentation du modèle

1. Définition du problème

Un problème est un ensemble d'incidents qui surviennent dans une collectivité, qui se ressemblent sous un ou plusieurs aspects et qui constituent une source de préoccupation pour le public et la police.

Principes de base

1

Un problème est constitué d'**incidents répétés ou liés entre eux**.

2

Les incidents ou les événements doivent avoir un point en commun en ce qui a trait

— au **type d'événement** ou d'incident (vols, agressions, tapage, etc.) ;

— au **secteur géographique** (accidents routiers au même endroit, vols dans un même quartier, etc.) ;

— aux **types de personnes concernées** (contrevenants, plaignants, victimes, tierces parties, etc.) ;

— au **temps** (saison particulière, moment dans le mois, la semaine, la journée, etc.).

3

Un problème doit présenter une certaine complexité, qui oblige l'articulation d'une solution qui dépasse les moyens habituels d'intervention policière.

> *Les étapes à franchir*
> Premier énoncé du problème.
> Amplitude du problème.
> Pourquoi nous devrions le régler?

253

2. Mesures transitoires

Les mesures transitoires permettent d'assurer la sécurité des policiers ou des citoyens pendant que la recherche de solutions plus durables est entreprise.

Principes de base

1

L'intervention provisoire doit comporter des activités à caractères répressif et/ou préventif.

2

Des activités de sensibilisation de la population peuvent également être prévues.

3

Quoique plus abrégé, un plan d'intervention provisoire doit être présenté de la même façon qu'un plan d'intervention final.

> **Les étapes à franchir**
> Raisons pour lesquelles la situation nécessite une intervention immédiate.
> Intervention provisoire.

3. Analyse du problème

L'analyse du problème est une démarche qui doit permettre de cerner les personnes qui sont touchées par ce dernier et de définir comment elles sont affectées, de circonscrire ce qui a été fait jusqu'à maintenant, de trouver l'information pertinente pouvant apporter un éclairage sur les causes de ce dernier et d'identifier les éléments qui permettront de constater si le problème a été solutionné en tout ou en partie.

254

Principes de base

1

Les acteurs concernés peuvent être les suivants : les **policiers**, les **victimes**, les **contrevenants**, les **tierces parties**.

2

Il est important de faire le point sur ce qui a été fait jusqu'à maintenant en regard avec le problème discuté.

3

La recherche d'information doit se faire dans un souci de pertinence et d'économie.

4

Les éléments qui permettront de constater si le problème aura été solutionné en tout ou en partie doivent servir d'assise aux objectifs qui seront fixés à l'étape subséquente.

Les objectifs stratégiques peuvent présenter les visées suivantes :

— Solutions visant à **supprimer complètement** un problème ;

— Solutions visant à **réduire de façon significative l'ampleur** du problème ;

— Solutions visant à **réduire la gravité ou les conséquences** du problème ;

— Solutions visant à **améliorer la réponse des services policiers** face au problème ;

— Solutions visant à **faire assumer la responsabilité** du problème.

Les étapes à franchir
Qui est touché par le problème ?
Qu'est-ce qui a été fait jusqu'ici ?
Qui s'en est occupé ?
Depuis quand ?
Recherche d'information pertinente.
Éléments d'évaluation.

---

4. *Plan d'intervention*

Cette étape permet de procéder à des solutions envisageables, de choisir celles qui sont les plus réalistes et économiques et d'élaborer un plan d'intervention cohérent.

Principes de base

1

Il est important de prendre le temps d'envisager le plus grand nombre de solutions possibles.

2

Le choix des solutions à retenir doit s'effectuer dans un souci constant d'efficacité, de réalisme et d'économie.

3

Le **plan d'intervention** doit définir clairement les activités qui seront mises en œuvre, identifier les intervenants pour chacune d'elles et tracer un échéancier avec date de début et de fin.

Les étapes à franchir
Recherche de solutions.
Choix d'une ou plusieurs solutions.
Élaboration du **plan d'intervention**.

---

5. Évaluation

Ensemble d'activités ou d'outils de mesure plus ou moins complexes selon les situations, permettant d'identifier l'adéquation de nos actions, de préciser les aspects de l'intervention qu'il faudrait corriger et de mesurer les effets réels en fonction des objectifs visés par le plan d'intervention.

Principes de base

1

Sans verser dans l'organisation d'activités lourdes, démesurées ou difficiles à réaliser, l'évaluation doit être considérée comme étant **essentielle** et faisant **partie intégrante** du **plan d'intervention.**

2

De plus, pour assurer la cohérence entre les différentes étapes prévues dans l'élaboration du plan d'intervention, **la méthode d'évaluation doit être définie durant la période de conception** de ce dernier.

3

À l'enseigne de la simplicité et de l'efficacité, la méthode d'évaluation arrêtée doit se camper dans le champ de la **recherche participative** qui cherche à impliquer l'ensemble des intervenants concernés par la mise en œuvre du plan d'intervention.

4

Les **indicateurs doivent être directement liés aux objectifs visés** et définis à l'avance selon une méthode réaliste de collecte de données.

5

Finalement, il est plus aisé et toujours plus efficace au chapitre des résultats de **concevoir l'évaluation comme devant se réaliser de façon continue** et non comme une épreuve fastidieuse et lancinante de dernière minute consistant à regrouper certaines données dont la pertinence et la validité sont souvent questionnables.

Les étapes à franchir

Évaluation de l'implantation
L'évaluation de la mise en oeuvre
permet le *fine tuning* et l'amélioration
de notre efficacité lors de la conception
ou l'application de futurs plans
d'intervention.

Évaluation des effets
L'évaluation des effets permet de
mesurer les résultats obtenus en fonction
des objectifs visés par le plan
d'intervention.

Plan de travail

1. Définition du problème

Premier énoncé du problème

Amplitude du problème

ampleur

(1 2 3 4 5 6 7 8 9 10)

gravité

(1 2 3 4 5 6 7 8 9 10)

complexité

(1 2 3 4 5 6 7 8 9 10)

difficulté à résoudre

(1 2 3 4 5 6 7 8 9 10)

Pourquoi nous devrions le régler?

2. Mesures transitoires

**Raisons pour lesquelles la situation nécessite
une intervention immédiate**

Intervention provisoire

Inscrire en premier lieu les activités que les policiers
prennent en charge, en indiquant le caractère **répressif**
ou **préventif** de ces dernières.
Terminer en définissant les activités d'information
prévues, s'il y a lieu.

Activité (s) d'information externe		

3. Analyse du problème

Qui est touché par ce problème?

Personnes ou groupe de personnes	Comment sont-elles affectées?
1 Les policiers	
2	
3	
4	
5	

Qu'est-ce qui a été fait par rapport à ce problème? Qui s'en est occupé? Depuis quand?

Au poste

Autre(s)

Autre(s)

Quelles informations sont nécessaires pour résoudre ce problème? Où pouvons-nous les trouver?

Source(s) :

Source(s) :

Source(s) :

Source(s) :

Source(s) :

Quels sont les éléments qui nous permettront de constater si le problème est solutionné en tout ou en partie?

1

2

3

4

5

4. Plan d'intervention

Quelles sont les pistes de solution pour résoudre adéquatement ce problème?

Reprendre l'ordre des personnes ou groupes concernés et établir une liste de ce que chacun pourrait faire pour contrôler ou éliminer le problème.

1 Les policiers	
2	
3	
4	
5	
Autre(s)	

Inscrire en premier lieu les activités que les policiers prennent en charge, en indiquant le caractère **répressif** ou **préventif** de ces dernières.
Inscrire par la suite les activités prises en charge par la communauté (individus ou organismes).
Terminer en définissant les activités d'information prévues, s'il y a lieu.

Activités	Intervenant(s)	Échéancier
Les policiers		
La communauté		
Activité(s) d'information externe		

5. Évaluation

Évaluation de l'implantation

Méthode	Indicateurs	Responsable	Échéancier
			début : fin :
			début : fin :
			début : fin :

Évaluation des effets

Méthode	Indicateurs	Responsable	Échéancier
			début : fin :
			début : fin :
			début : fin :

268

Étude de cas pour illustrer l'approche stratégique en matière de police

Le bulletin Intersection *(Québec)*

I ntersection est un bulletin d'information et de liaison sur la police professionnelle de type communautaire (PPC). Publié depuis 1994 au Québec, il s'adresse aux policiers et aux praticiens intéressés aux projets concrets de PPC. Dans cette perspective, le bulletin publie, à l'occasion de chaque numéro, deux ou trois cas pratiques. Les cas sont classifiés selon la typologie suivante :

Criminalité : cas prenant sa source dans une criminalité rapportée.

Sécurité routière : cas traitant d'un problème constaté ou appréhendé de sécurité routière.

Désordre (et problèmes sociaux) : cas exposant un comportement troublant l'ordre public et justifiant ou non l'application d'une loi ou d'un règlement. Par exemple : désordre à la fermeture d'un bar, rassemblement de jeunes.

Insécurité (sentiment d') : cas pouvant être contenu dans l'une des trois autres catégories, mais dont l'accent majeur concerne un sentiment d'insécurité provenant de la population ou de certains groupes en particulier. Par exemple : isolement des personnes âgées, climat de violence à l'école.

En utilisant l'approche stratégique en résolution de problèmes, nous présentons dans le bulletin, et par conséquent dans cet ouvrage, des «cas en bref» pour nous familiariser avec la méthode SARA ou PASME, sans entrer dans les détails.

271

De façon à normaliser la présentation de cas, *Intersection* a adopté un modèle qui se compose des éléments suivants :

Situation : identification du problème et des facteurs environnants ;

Analyse : ampleur du problème et présentation des acteurs ;

Réponse : solution adoptée et plan d'action élaboré ;

Appréciation/évaluation : efficacité du plan d'action et ajustements requis.

Plusieurs reconnaîtront ici la méthode SARA (*Scanning, Analysis, Response, Assessment*). Ce processus d'analyse, en vigueur sous différentes appellations dans la plupart des organisations policières nord-américaines, nous est apparu comme un point de référence.

Cas #1 : Criminalité
Vol par effraction quartier résidentiel (Laval-sur-le-Lac)

La chronique des événements que nous allons exposer remonte à 1993. Les résidants du quartier Laval-sur-le-Lac jouissaient d'une qualité de vie enviable. La criminalité y était rare, exception faite de l'occasionnel vol simple ou du cambriolage d'opportunité. Les préoccupations de l'Association des citoyens tournaient autour des équipements de loisirs, des travaux publics et de la sécurité routière.

Situation

Cette situation devait changer durant l'année 1993. Une série de cambriolages accompagnés de vandalisme sema un vent de panique parmi les résidants. Les systèmes d'alarme ne suffisaient plus à protéger les résidences et les citoyens se sentaient soudainement vulnérables et inquiets. Le sentiment d'insécurité s'amplifiait à mesure que de nouveaux crimes se perpétraient. En un an, 20 % des résidences avaient été cambriolées (50 cambriolages au total).

Conséquences: augmentation des appels de services dans ce secteur qui quadruplaient par rapport aux secteurs environnants; manifestations d'insatisfaction devant la réaction policière; pressions exercées afin d'augmenter le nombre et la fréquence des patrouilles. Certains avançaient même l'idée de doter le quartier d'une force de sécurité privée.

Analyse

À l'automne 1993, le Service de police de Laval implantait des Centres de services en sécurité publique (CSSP) aux deux extrémités de son territoire.

Le dossier de Laval-sur-le-Lac devint une priorité pour le CSSP Laval-Ouest. L'analyse du dossier révéla les faits suivants: le quartier est homogène, comporte environ 250 résidences et est bien circonscrit géographiquement; la plupart des résidences sont munies de systèmes d'alarme rendus moins efficaces par le *modus operandi* des cambrioleurs; plusieurs résidants s'absentent pour de longues périodes en automne et en hiver; les résidants sont peu informés des programmes de prévention; et, selon le *modus operandi*, les cambriolages seraient l'œuvre d'un groupe unique.

Réponse

Un plan d'intervention communautaire est conçu de concert avec l'Association des citoyens de Laval-sur-le-Lac, la Division des enquêtes criminelles, les patrouilleurs du secteur et le programme Prévol, un regroupement de propriétaires actifs dans la prévention du vol par effraction depuis 1982.

Les objectifs fixés au départ pour le plan sont la baisse du nombre de vols par effraction dans le secteur pour la période du 15 décembre 1993 au 15 avril 1994, comparativement à la période du 15 août 1993 au 15 décembre 1993, et l'accroissement du sentiment de sécurité suite à l'application du plan.

Les grandes lignes de ce plan étaient les suivantes :

La tenue d'une assemblée spéciale portant spécifiquement sur la sécurité. Cette assemblée réunissait plus de 75 résidants du quartier. Des informations et des moyens de protection efficaces leur ont été transmis et plusieurs ont adopté des comportements plus préventifs.

Une campagne de recrutement de membres Prévol. Une entente a été convenue avec l'Association des citoyens en ce qui concerne l'adhésion de tous les membres au programme Prévol. Les participants à ce programme ont reçu, sur une base hebdomadaire, des informations privilégiées sur la criminalité de leur secteur. En douze années d'existence, il avait été établi qu'un membre Prévol était 33 % moins sujet à être victime d'un cambriolage qu'un non-membre.

L'installation d'avis de type « surveillance de quartier ». L'Association a obtenu la permission des autorités municipales d'installer des panneaux à différents endroits du quartier. Ces panneaux indiquaient qu'une action communautaire était en cours et identifiaient les numéros à composer en cas d'urgence. Cette signalisation était destinée aux résidents afin d'accroître leur sentiment de sécurité. De plus, elle avertissait les passants de la volonté d'action de la communauté.

La formation d'un groupe d'auxiliaires habilités par l'Association des citoyens à effectuer des inspections sécuritaires. Le personnel du CSSP avait formé un groupe de six auxiliaires parrainés par l'Association. L'objectif était de constituer une force locale de prévention habilitée à procéder à des inspections sécuritaires de résidence et à diffuser les programmes de prévention pertinents. Les résultats de cette initiative furent décevants. En effet, peu de demandes pour ce service furent logées auprès de l'Association : une certaine réticence à ouvrir ses portes à des étrangers expliquerait ce résultat.

L'acquisition par les résidants du quartier d'un autocollant identifiant leur véhicule. Placé dans la vitre arrière, ce collant permet d'identifier le véhicule comme faisant partie de l'environnement normal. Pour les patrouilleurs, ceci permettait de «filtrer», dans une certaine mesure, les véhicules qu'ils rencontraient et de concentrer leurs efforts de vérification sur des cibles plus pertinentes.

Une enquête de concentration et un traitement spécial des scènes de crime. Cette contribution de la Division des enquêtes criminelles fut déterminante sous deux aspects. D'une part, elle a augmenté les chances de solution par l'apport des ressources additionnelles. D'autre part, elle a démontré aux citoyens l'importance accordée à la situation par le Service de police, répondant ainsi à l'une des préoccupations exprimées par l'Association.

Résultat (évaluation)

On procéda à un suivi hebdomadaire effectué et toutes les étapes du plan furent complétées. Au 15 avril 1994, les résultats suivants avaient été obtenus :

— arrestation d'un groupe de cambrioleurs actifs dans le quartier suite à l'enquête de concentration ;

— chute de 50 % des appels de services, un indicateur important du sentiment d'insécurité ;

— bilan positif dressé par l'Association des citoyens ;

— augmentation du nombre de membres de Prévol, qui est passé de 38 à 180.

Le climat dans ce quartier est aujourd'hui revenu à la normale grâce, en grande partie, à la prise en charge par les citoyens de leur protection. En outre, l'Association des citoyens compte maintenant un membre faisant également partie du Comité aviseur du CSSP Laval-Ouest. Cette implication est garante d'une participation et d'un contrôle accru par les citoyens sur les questions de sécurité publique du quartier.

Agent Guy Lajeunesse
CSSP Laval-Ouest

Cas #2 : Criminalité
Stupéfiants — vente d'héroïne
(Parc-Extension, Montréal)

Le projet ACES (Actions concertées en enquêtes socio-communautaires) a commencé dans le quartier Parc-Extension à Montréal. Depuis, le même projet a été mis en place dans plusieurs autres postes du Service de police de la Communauté urbaine de Montréal.

Situation

Le projet ACES est un exemple d'action de la police communautaire adaptée à la réalité du quartier Parc-Extension à Montréal. Ce quartier compte plus de 30 000 habitants. Avec 21 882 habitants par km², comparativement à 2 700 habitants par km² pour le reste du territoire de la Communauté urbaine de Montréal, ce quartier est de loin le plus dense de la ville. 60 % sont des immigrants répartis au sein d'une quarantaine d'ethnies. Quatre personnes sur dix n'ont pas atteint la neuvième année de scolarité. Près de la moitié (49 %) vit sous le seuil de la pauvreté. Le chômage compte pour le double (21 %) du reste de la population des environs. Avant de débuter le projet, une cueillette de données sur le sentiment d'insécurité fut réalisée selon les principes définis par Wilson et Kelling. Initialement, le plan d'action s'articulait autour des points de vente d'héroïne. Pour les policiers, Parc-Extension représentait le point de distribution d'héroïne le plus important de Montréal.

Analyse

L'analyse des données disponibles dégage un portrait différent de celui que les médias véhiculaient sur le quartier. En effet, plusieurs indices laissaient croire que Parc-Extension au complet constituait une enclave criminelle très active. L'analyse démontre plutôt que seulement deux zones circonscrites (le sud de Parc-Extension) méritaient pleinement cette mauvaise réputation. Les îlots de recensement 220 et 221 de Statistiques Canada furent ciblés parce qu'on y retrouvait des concentrations importantes de criminalité, de délabrement urbain et de nombreux points de vente de stupéfiants.

Par contre, le sentiment d'insécurité était généralisé à 46 %, à la grandeur de Parc Extension et ce, malgré la paix relative de certains secteurs. Concrètement, cela signifie que près de cinq personnes sur dix n'occupaient pas le territoire qui leur revenait. À titre d'exemple, un secteur du nord voyait 49 % des gens affirmer ne pas sortir le soir, car ils ne se sentaient pas en sécurité. Pourtant, aucun crime violent n'y avait été commis durant l'année précédant le sondage. L'objectif central du projet ACES visait à briser ce sentiment d'insécurité.

Réponse

La police communautaire répond au besoin d'entretenir des liens avec la collectivité, de fixer avec elle des objectifs à atteindre et de collaborer avec elle pour y arriver. Elle établit avec la communauté une nouvelle forme de collaboration en matière d'ordre public et de sécurité. C'est dans cette logique que s'inscrit le projet ACES. Le programme a été implanté à Parc-Extension au début de 1992. Le plan d'action comporte deux volets. Le volet interne, s'adressant aux policiers, vise à les aider à mieux comprendre la problématique des drogues. Ainsi, des visites dans des centres de désintoxication les ont sensibilisés aux problèmes des toxicomanes. Cette prise de conscience permet aux policiers d'offrir de l'aide et de référer les toxicomanes aux ressources appropriées. Par ailleurs, une formation en approche de résolution de problèmes leur a été dispensée afin qu'ils puissent mieux repérer les points chauds d'un quartier donné. Les policiers sont amenés à délaisser l'approche du cas par cas afin d'en arriver à regrouper les incidents et à les analyser dans leur ensemble. Notamment, la patrouille à pied est privilégiée comme moyen adéquat pour rapprocher les policiers de la population.

Le volet externe vise à rapprocher la police et les organismes communautaires d'un quartier cible. Dans ce projet, un exemple concret a concerné le délabrement urbain. Ainsi, un projet de fin de semaine avait réuni policiers et jeunes du quartier pour nettoyer un terrain vacant et une station de métro. Un autre exemple fut la mise en place d'une ligne téléphonique permettant aux interlocuteurs d'avoir recours aux services d'un des policiers du groupe, dans l'anonymat.

Par ailleurs, des actions de répression traditionnelles furent initiées par les policiers autour des nombreux points de vente de stupéfiants. Afin de contrer le désordre social engendré par ces lieux, les agents patrouillaient sans cesse autour des «piqueries», interpellant les indésirables, fouinant autour des endroits cibles. Des perquisitions et descentes ont aussi conduit à de nombreuses arrestations. Il faut préciser que les policiers avaient auparavant signifié leurs intentions de procéder à des actions répressives si les lieux ne devenaient pas plus paisibles.

Résultat (évaluation)

Dans les trois premiers mois du projet (avril à juin 1992), une quarantaine d'arrestations directement reliées aux «piqueries» a permis de rendre les quadrilatères cibles plus sécuritaires pour les citoyens. Par la suite, les nombreuses

278

informations refilées aux escouades spécialisées ont produit d'autres arrestations. Des 86 points de vente de stupéfiants répertoriés au début, 58 ont été fermés.

Ce travail d'assainissement a porté fruit. L'îlot 220 de Statistiques Canada n'a vu aucun vol qualifié rapporté durant cinq mois consécutifs. Ce secteur, le plus criminalisé durant les cinq années précédant le projet, devenait tout à coup très tranquille et accessible aux citoyens.

Parallèlement, les policiers intervenants ont su créer des liens avec la communauté par divers moyens, tels que: patrouille à pied des rues commerciales et résidentielles, service d'ordre, activités sportives avec des organismes jeunesse, ligne téléphonique, cas de toxicomanie référés aux centres et organismes spécialisés.

Les policiers désignés ont arpenté toutes les rues et ruelles du quartier pour y détecter les lieux de délabrement les plus importants et visibles. Au total, 85 endroits ont été photographiés et répertoriés. Après un an, 60 endroits étaient nettoyés.

Six mois après le début du projet, un autre sondage sur le sentiment d'insécurité révélait que le sentiment de peur était passé de 46 % à 21 %. De presque cinq sur dix, le nombre de personnes n'occupant pas leur quartier est passé à deux sur dix. En mai 1993, un suivi démontrait que le sentiment d'insécurité remontait à 32 %, une hausse de 11 %, mais toujours en baisse de 15 % par rapport au début du projet. La situation est surveillée de très près, mais mentionnons qu'entre les deux dernières prises de mesures, des contraintes d'ordre administratif ont entraîné, plus tard, l'indisponibilité de deux des quatre patrouilleurs à pied.

Finalement, en novembre 1993, l'Anonyme (organisme communautaire) a dû interrompre son travail auprès de la clientèle de Parc-Extension étant donné la diminution du

279

nombre de toxicomanes. Sans pouvoir préciser le lien direct, nous sommes convaincus que le programme ACES a fortement contribué à l'amélioration de la qualité de vie du quartier.

Daniel Desbiens, sergent, M.Sc. (Criminologie)
Lyne Aidans, agent, B. Sc. (Criminologie)
Bernard Legros, agent, B. Sc. (Criminologie)
Claude Néron, agent, B. Sc. (Criminologie)
Service de police de la Communauté urbaine de Montréal
Division des relations publiques et sociocommunautaires

Cas #3 : Criminalité
Vols de véhicules
(Région de Saint-Hyacinthe)

En 1993, le Québec détenait le record de vols de véhicules au Canada. Le plan d'actions concertées présenté sous la présente rubrique est devenu nécessaire, car parmi les 24 postes de la Sûreté du Québec du district de Montréal, la région de Saint-Hyacinthe a été la plus touchée avec ses 801 vols. De plus, la Sûreté municipale de Saint-Hyacinthe avait demandé l'assistance de la Sûreté du Québec (SQ) face à cette problématique.

Situation

Le vol d'automobiles préoccupe la Sûreté du Québec, les services de police municipaux ainsi qu'une grande partie de la population. Dans un souci de qualité de vie pour la collectivité, il est important de mettre en commun les efforts déployés pour que la région de Saint-Hyacinthe ne devienne pas le supermarché des voleurs d'automobiles du Québec. Au cours des trois dernières années, il y a eu une augmentation d'environ 30 % du vol de véhicules. La Sûreté du Québec de Saint-Hyacinthe offre un service de première ligne à 31 municipalités, soit 47 338 habitants. La ville, d'une population de 39 500 habitants, est desservie par la Sûreté municipale. Elle contient sur son territoire un grand nombre de stationnements publics, et est située tout près de l'autoroute 20, ce qui offre aux contrevenants des possibilités de mobilité importantes.

Analyse

Les éléments suivants ressortent de l'analyse :

— une augmentation de prise de plainte, et une hausse d'enquête pour les policiers ;

— de grandes pertes monétaires sont engendrées pour les victimes (propriétaire de véhicules et concessionnaires) en plus des inconvénients reliés aux vols (locations, rapport et enquête de police) ;

— il n'y a presque pas de risque pour les contrevenants de se faire prendre. Le vol devient donc payant et facile ;

— parmi la population en général, cela entraîne un sentiment d'insécurité.

Il est facile de prévoir que si aucune action n'est entreprise, le travail policier à Saint-Hyacinthe consistera principalement, à plus ou moins brève échéance, à des actions concernant le vol de véhicules. Suite à un travail d'enquête, il est apparu évident qu'une majorité de « recycleurs » étaient installés dans le territoire couvert par la SQ. Plusieurs municipalités ne possèdent pas de règlements concernant ce genre de commerce, sauf la nécessité de posséder un permis.

Sur le plan statistique, il s'est avéré que 51,3 % des véhicules étaient volés dans des stationnements publics et que 26,4 % l'étaient aux résidences privées. Les véhicules les plus en demande étaient les automobiles (36,5 %) et les camions (31,5 %), plus particulièrement les camionnettes du style « Pick up » munies d'un moteur diesel. Ces véhicules étaient surtout volés pour la revente de pièces détachées. Ces méfaits étaient souvent causés par la négligence des victimes, qui laissaient la clé dans le contact, les portières non verrouillées ou encore la clé dissimulée à l'extérieur du véhicule.

Réponse

Les policiers de la Sûreté du Québec, en accord avec la Sûreté municipale de Saint-Hyacinthe, ont établi un plan commun dont l'objectif est de diminuer d'au moins 10 % le vol de véhicules dans la région. Ce plan s'échelonne sur une période annuelle avec une révision des cibles aux quatre mois.

Voici les moyens choisis pour atteindre l'objectif, présentés dans un ordre de priorité :

- Formation et sensibilisation de policiers en détection de véhicules volés

Une formation a été donnée par l'escouade des crimes contre la propriété de la SQ à une vingtaine d'agents des deux corps de police. Également, tous les policiers ont été mis au courant du plan d'action élaboré et ont reçu un guide portant sur le profil des contrevenants, les marques de voitures ciblées, le type d'intervention à mettre en œuvre dans ce genre de situation, l'interrogation du propriétaire, etc.

- Sensibilisation du public par des messages de prévention et d'information sur les interventions directes (répression) avec l'aide des médias et des ressources locales

Par des activités, comme des conférences de presse, communiqués conjoints et expositions communes.

- Sensibilisation des victimes potentielles par l'émission d'avertissements

Dans un premier temps, une action en partenariat a été effectuée. Des membres du Comité de prévention de Saint-Hyacinthe se sont impliqués dans le plan en distribuant des billets de courtoisie (plus de 10 000) provenant du Bureau d'assurance du Canada (BAC) dans tous les endroits publics. Cette démarche a ensuite été appuyée par des billets d'avertissement aux automobilistes en infraction.

- Répression visant a) les propriétaires de véhicules négligents par l'émission de billets d'infraction en vertu des articles 380 et 381 du Code de la sécurité routière, et b) les cibles criminelles telles que les «recycleurs» et les voleurs identifiés

Par la vérification systématique des véhicules servant au transport de véhicules, les visites organisées chez les «recycleurs» ciblés, etc.

- Collaboration auprès des concessionnaires de véhicules neufs et usagés

Une sollicitation a été effectuée auprès des concessionnaires afin que ces derniers remettent à chaque acheteur un dépliant de la SQ sur le vol de véhicules. Ils ont aussi procédé au marquage des véhicules en inventaire à l'aide de numéros cachés et visibles afin de décourager les voleurs. On a apposé une affiche sur chacun de ces véhicules pour les identifier.

Appréciation (évaluation)

Le programme de prévention avait pour objectif de diminuer d'au moins 10 % le vol de véhicules automobiles dans la région de Saint-Hyacinthe. Cet objectif a été atteint un an plus tard (-11,8 %). Par contre, l'analyse des statistiques nous révèle un déplacement de la criminalité. La Sûreté municipale de Saint-Hyacinthe constatait une diminution de vols dans les endroits ciblés. En effet, la Sûreté du Québec de Saint-Hyacinthe, pour sa part, constatait le même phénomène, mais à cause de l'étendue de son territoire (31 municipalités), les endroits des vols ont changé, occasionnant une légère augmentation par rapport à l'année 1993. Le plan se continue en 1995 avec la participation d'un nouveau partenaire, la Sûreté municipale d'Acton Vale.

La Sûreté du Québec de Saint-Hyacinthe a envoyé plus de 30 000 dépliants sur le vol de véhicules automobiles aux résidants de son territoire. Cet envoi a été rendu possible grâce à la collaboration des municipalités qui ont envoyé notre dépliant en même temps que les comptes de taxes. Pour sa part, la Sûreté municipale de Saint-Hyacinthe a publié un article incitant les gens à la prévention dans le bulletin municipal de la ville de Saint-Hyacinthe.

Le plan d'action élaboré a donné lieu à la création d'un document de travail présentant non seulement les étapes à mettre en place, mais tout le matériel nécessaire à sa réalisation allant des articles de presse à la prise de rapport détaillé lors de vol de véhicules. D'autres municipalités se sont montrées intéressées par l'acquisition du plan d'action.

Caporal Charles Bonsaint
Direction des relations communautaires

Cas #4 : Désordre (et problèmes sociaux)
Projet point zéro
(SPCUM, poste 25)

À chaque année, des milliers d'individus sont libérés sous conditions sur le territoire de la Communauté urbaine de Montréal. Parmi ces derniers, on retrouve des individus en liberté sous caution, en probation, en permission de sortie, en semi-liberté, en libération conditionnelle provinciale ou fédérale et en libération d'office. Depuis un an, l'agent André Pineault du Service de police de la communauté urbaine de Montréal (SPCUM) a participé à l'élaboration d'un projet visant à accroître la collaboration entre le poste 25 du SPCUM et le Service correctionnel du Canada (SCC), un partenaire important en matière de sécurité publique.

Situation

Les policiers doivent intervenir régulièrement auprès des individus libérés sous conditions dans le cadre de leur travail. Malheureusement, en général, ils ne sont pas bien informés des modalités du système correctionnel, des pouvoirs des agents de gestion de cas ainsi que de leurs responsabilités en matière de gestion du risque. Cette méconnaissance des dispositions de la loi sur le système carcéral et la mise en liberté par les policiers causent beaucoup de confusion. De plus, plusieurs d'entre eux se plaignent des libellés provenant du Centre d'informations policières canadiennes (CIPC) et du Centre de renseignements policiers du Québec (CRPQ), les trouvant imprécis vis-à-vis du statut des individus libérés sous conditions. Cette situation produisait à plusieurs reprises, lors de contacts policiers auprès des libérés sous conditions, des altercations verbales ou physiques. Finalement, plusieurs contrevenants libérés sous conditions étaient recherchés pour des mandats de perception ou même d'emprisonnement. Ces derniers, arrêtés souvent quelques jours seulement après leur libération, se retrouvaient à nouveau incarcérés et devaient être relâchés quelques jours plus tard (voire même quelques heures plus tard) compte tenu de leur statut réel. Des dépenses importantes sont encourues à cette fin, inutilement.

Analyse

L'inspecteur Claude Lalonde du poste 25 du SPCUM a identifié trois zones problématiques devant être corrigées afin d'améliorer la situation qui prévaut auprès des individus libérés sous conditions, et ce, tout en maintenant la sécurité du public.

- La formation

La connaissance des policiers concernant les dispositions des mises en liberté sous conditions est quasi inexistante. Ce volet du travail policier est peu abordé lors de leur formation initiale au cégep et à l'Institut de police du Québec. Par conséquent, ils ont tendance à mélanger les différentes applications des lois régissant les multiples formes de liberté sous conditions.

- **Le CIPC et le CRPQ**

    Plusieurs policiers se disent confus à propos des inscriptions reliées aux libérés sous conditions provenant du CIPC et du CRPQ. Selon l'échantillon recueilli, il a été possible de constater que presque 20 % des inscriptions contenaient des erreurs.

- **Les mandats**

    Un échantillon des cas libérés démontre que plus de 30 % de ces derniers sont libérés bien qu'ils soient recherchés pour des mandats de perception ou même d'emprisonnement.

    Ces trois éléments ne font que contribuer aux frustrations des policiers et des libérés sous conditions. Ils augmentent le nombre de confrontations inutiles et, par conséquent, le nombre d'incidents impliquant les libérés sous conditions. Ils exposent aussi les services de police à des poursuites pour arrestations illégales. De plus, un délinquant qui résiste peut en effet être accusé d'entrave à un agent de la paix et parfois même de voies de fait sur les policiers.

Réponse

Un comité, dirigé par l'inspecteur Claude Lalonde du SPCUM, a été mis sur pied afin de répondre à cette situation inquiétante. Parmi les participants, on y retrouve l'agent André Pineault, Messieurs Luciano Bentenuto et Jacques Racicot du Service correctionnel du Canada.

En premier lieu, Monsieur Bentenuto a rencontré les policiers du poste 25 pour les sensibiliser aux procédures des libérations conditionnelles et aux programmes correctionnels existant dans la région métropolitaine. De plus, il a participé à la révision de certains textes apparaissant au CIPC et au CRPQ avec l'inspecteur Lalonde. De leur côté, l'agent

Pineault et Monsieur Racicot ont concentré leurs efforts afin d'élaborer un mécanisme permettant l'épuration des dossiers (mandats) des futurs libérés conditionnels avant leur mise en liberté sur le territoire du SPCUM. Les responsables des mandats de perceptions et les agents de sécurité préventive des pénitenciers fédéraux au Québec ont été rencontrés à cet effet. Finalement, Messieurs Bentenuto et Racicot ont mis en place un réseau d'agents de liaison entre le SPCUM et le SCC pour le district de Montréal-Métro afin de faciliter les échanges d'informations entre les deux services.

Appréciation (évaluation)

La formation a été tellement appréciée par les policiers qu'on l'étendit à l'ensemble du service. À ce jour, Monsieur Bentenuto a rencontré plus de 2 000 policiers. Cette formation est devenue une composante intégrale de la formation initiale des nouveaux policiers du SPCUM.

En ce qui a trait aux textes apparaissant au CIPC et au CRPQ, plusieurs correctifs ont été apportés pour permettre aux policiers de mieux évaluer la situation d'intervention dans laquelle ils se retrouvent. De plus, on constate une amélioration marquée de l'épuration des dossiers (mandats) des individus libérés sous conditions.

Cette nouvelle collaboration a non seulement amélioré les relations entre le SPCUM et le SCC, mais elle a directement contribué à l'avancement de plusieurs enquêtes policières qui ont été menées à bien dans des cas de vols qualifiés, d'introductions par effraction et d'agressions sexuelles. De plus, elle permet une meilleure gestion du risque de la part des intervenants correctionnels.

En conclusion, on peut estimer que cette initiative permet d'éviter plus de 700 arrestations sur le territoire de la CUM par année. On évite donc des coûts énormes reliés aux procédures d'écrou, de rédaction de rapports, de transports de détenus, de témoignages à la Cour, de blessures initiales aux policiers et d'incarcération. Elle permet donc de sauver des milliers de dollars aux contribuables tout en assurant une bonne qualité de vie pour la collectivité.

Inspecteur Claude Lalonde
Agent André Pineault
Poste 25
Service de police de la communauté urbaine de Montréal (SPCUM)

Cas #5 : Désordre (et problèmes sociaux)
Le décrochage scolaire et l'inoccupation chez les jeunes
(Secteur de l'île de Hull — Service de police de Hull)

Le décrochage scolaire et l'inoccupation chez les jeunes sont, depuis quelques années, des phénomènes préoccupants et dont on dispose de plus en plus. Effectivement, le taux de décrochage scolaire s'élevait à 36 % en 1991. Un mémoire présenté à la Commission pour l'avenir de l'Outaouais avance que pour les écoles de milieux pauvres, un enfant sur deux ne termine pas ses études secondaires. La criminalité et la toxicomanie sont, malheureusement, les principales issues des décrocheurs.

Situation

Le secteur de l'île de Hull se situe à proximité de la promenade du Portage et fait face à des types de criminalité peu ou pas rencontrés dans d'autres parties de la ville de Hull tels que les piqueries et la prostitution. Environ 10 000 habitants composent le secteur de l'île, répartis au sein d'un peu plus de 3 870 logements. Ces derniers furent en grande partie construits avant 1950. La proportion de locataires y est plus élevée que dans l'ensemble de la ville, comprenant une forte concentration de familles monoparentales et de nombreux groupes ethniques. C'est d'ailleurs l'endroit de la ville où l'on dénombre le plus de personnes dont la langue maternelle est autre que le français ou l'anglais.

Les jeunes du secteur de l'île provenant d'un milieu défavorisé reçoivent peu de support dans leurs démarches scolaires et ont peu de ressources pour participer à des activités structurées offertes par la ville. Ces jeunes se retrouvent dans la rue et, selon un sondage réalisé en 1992 auprès des résidants, 40,2 % des répondants jugent qu'ils sont la cause des problèmes dans le quartier (vandalisme, drogue, bruit, gangs, rassemblements, bagarres, etc.).

Les conséquences du décrochage scolaire et de l'inoccupation engendrent des effets non seulement aux niveaux familial, social et personnel, mais également en ce qui a trait à l'augmentation de la consommation des drogues et de l'alcool. L'urgence d'une action concrète est indéniable.

Analyse

Le secteur de l'île de Hull est un secteur fort particulier. Une évaluation socio-économique du périmètre de l'île démontre qu'il s'agit d'un des secteurs les plus appauvris de la région.

Les données suivantes démontrent l'ampleur de la situation :

— revenus moyens des familles : entre 15 000 $ et 16 000 $;

— taux de pauvreté : entre 20 % et 40 % ;

— taux de chômage : entre 15 % et 24 % ;

— nombre de familles monoparentales : entre 20 % et 30 % ;

— nombre de personnes de 15 ans et plus ayant un niveau de scolarité inférieur à une 9e année : 25 % et plus ;

— taux d'inoccupation de 15 à 24 ans : entre 40 % et 50 % ;

— nombre de décrocheurs scolaires à l'école secondaire (en 1991) : 68 %.

Un bilan des ressources et services (tels que clubs de devoirs) offerts aux décrocheurs potentiels de certaines écoles de la ville nous démontre qu'aucune école de l'île n'offrait ces services. De plus, un sondage effectué auprès des jeunes des écoles primaires et secondaires nous a permis de constater qu'il y avait une demande de la part des jeunes pour l'ouverture d'un tel service.

Enfin, le vagabondage dans les rues, le vandalisme et les plaintes reçues au Service de police concernant les bandes de jeunes soulignent également leur inoccupation.

Réponse

C'est ainsi que le Poste de police communautaire de l'île (PPCI), l'Avenue des jeunes et le Comité de résidents Saint-Rédempteur/Sacré-Cœur ont uni leurs efforts pour obtenir une subvention afin de mettre sur pied des clubs de devoirs visant à offrir de l'aide sur le plan scolaire et à participer à des activités éducatives, sportives et manuelles. Évidemment, plusieurs étapes durent être franchies avant l'implantation de clubs de devoirs : entre autres, un partenariat fut développé avec les écoles et les parents ; une équipe de près de 30 bénévoles a été sollicitée pour travailler auprès des jeunes et, évidemment, le recrutement de la clientèle ciblée fut une étape importante. Un travail ardu a permis d'ouvrir cinq clubs de devoirs.

Parallèlement, les bénévoles du poste de police communautaire ont aménagé une patinoire sur le terrain attenant à ce dernier. Des démarches furent entreprises auprès de la ville et des conseillers municipaux du quartier. Des bénévoles, des commerçants, des partenaires et des jeunes furent impliqués dans le projet. Après plusieurs mois de travail, une patinoire a vu le jour au parc Fontaine.

Aujourd'hui, le terrain est bien aménagé et est transformé en terrain de hockey-balle et/ou de ballon panier, de sorte que les jeunes du secteur puissent se divertir à l'année dans des conditions saines et sécuritaires.

Appréciation (évaluation)

Les deux projets ont largement dépassé nos attentes puisque les cinq clubs de devoirs ont bien fonctionné. Nous avons dû sélectionner les jeunes dont les besoins étaient plus importants. Le projet a permis de favoriser des interactions entre les jeunes et les adultes grâce à l'accompagnement, au support et à l'écoute que ceux-ci pouvaient leur procurer. Connaissant fort bien la corrélation pouvant exister entre le décrochage scolaire et certaines problématiques, ce service avait d'abord pour objet de développer, chez les jeunes, plus d'autonomie face à leurs travaux scolaires tout en leur permettant d'échanger sur certaines difficultés vécues tant sur le plan personnel, familial ou autres, à cause des liens significatifs créés entre le jeune et l'adulte.

Une évaluation auprès des personnes impliquées dans le projet donne les résultats suivants :

- Évaluation des professeurs
  - Amélioration du rendement académique à l'école ;
  - amélioration du comportement (plus attentif en classe) ;
  - appréciation de certains professeurs par rapport au projet.

- Évaluation des parents
  - Grande motivation des jeunes à participer aux clubs de devoirs ;

291

— plus de facilité à faire exécuter leurs devoirs ;

— certains changements d'attitudes et de comportements (réduction de tensions et conflits par rapport aux devoirs, plus de confiance en eux, meilleure estime de soi, etc.) ;

— appréciation des parents par rapport au projet ;

— désir que leurs enfants puissent bénéficier du projet pour une deuxième année.

- **Évaluation des jeunes**

  — Appréciation de l'aide et du support des bénévoles ;

  — plus grande facilité à faire les devoirs à la maison ;

  — appréciation du concept activités et devoirs des clubs ;

  — meilleurs résultats scolaires (pour quelques jeunes, les clubs ont aidé à réussir leur année) ;

  — désir de bénéficier du projet pour une deuxième année et plus d'une journée.

- **Évaluation des bénévoles**

  — Appréciation générale de leur expérience au projet ;

  — appréciation du concept activités et devoirs des clubs (permet une connaissance plus globale du jeune) ;

  — auraient aimé avoir plus de jours avec les mêmes jeunes ;

  — motivation présente tout au long du projet ;

— bonne interaction entre eux et les jeunes ;

— volonté pour la majorité des bénévoles à vouloir s'impliquer de nouveau.

La patinoire de l'île a atteint son objectif dès la première année. Au cours de la dernière saison, le taux de participation a augmenté de 50 %. Une moyenne de 97 personnes fréquentaient la patinoire à tous les jours. La patinoire de l'île est devenue la plus populaire de Hull. L'impact nous apparaît donc évident et un besoin réel a été comblé. Les parents du secteur ont manifesté leur satisfaction à plusieurs reprises face à cette initiative. La ville de Hull est également très heureuse du travail accompli par les bénévole et le PPCI. Enfin, les jeunes sont plus heureux, plus responsables et plus motivés à s'impliquer dans la vie de quartier.

Le terrain aménagé a permis de régler de nombreux problèmes sur le territoire de l'île de Hull. Les jeunes ont adopté le terrain de la patinoire comme lieu de regroupement durant toute l'année. Ainsi, les problèmes de criminalité et de désordre ont beaucoup diminué. Les jeunes qui autrefois erraient dans les parcs et dans les rues causant des dommages, des méfaits et du bruit, se donnent rendez-vous à la patinoire et non plus dans les rues. Ils pratiquent divers sports (patinage, hockey sur glace, hockey-balle, ballon panier, etc.) en toute sécurité.

En plus de se divertir, les jeunes utilisateurs collaborent à l'entretien et à la surveillance à titre de bénévoles. De cette façon, ils font un apprentissage de leurs responsabilités tout en s'amusant. Le terrain est maintenant un outil essentiel dans le secteur de l'île et l'ensemble de la communauté ne pourrait plus s'en passer.

Les liens tissés entre le policier communautaire et les jeunes, par le biais des clubs de devoirs et de la patinoire furent également inattendus. Auprès des jeunes, le policier a agi à la fois comme médiateur, comme motivateur, comme soutien moral et parfois comme ami. La perception des jeunes face au policier, et plus particulièrement face à son rôle, s'est donc modifiée en cours de route. Le policier est maintenant un membre actif et « accepté » au sein du quartier de l'île de Hull.

Le jumelage des deux activités a permis aux jeunes de l'île de se prendre en main, d'améliorer leur qualité de vie et celle du quartier. Enfin, la réussite de ces projets n'aurait pu être possible sans tous les partenaires impliqués. L'appui de tous est fondamental. De façon plus particulière, les principaux acteurs impliqués dans ces deux projets ont été : Luc Haspect (policier communautaire), Louise Jeanvenne de l'Avenue des jeunes et Sylvie Mantha, conseillère en prévention au Service de police de Hull.

Sylvie Mantha
Conseillère en prévention
Service de police de Hull

Cas #6 : Insécurité (sentiment d')
Comité sociopréventif d'Allardville 24/24 (Allardville, Nouveau-Brunswick — GRC)

Cet article trace le résumé des activités qui ont conduit à la formation d'un comité de citoyens sociopréventif de police communautaire au mois de novembre 1994 pour la région d'Allardville — Saint-Sauveur, sous l'initiative de la Gendarmerie royale du Canada (GRC), division « J » au détachement de Bathurst au Nouveau-Brunswick.

Situation

Allardville est un petit village comprenant 2 400 habitants. Situé dans la péninsule acadienne au nord-est du Nouveau-Brunswick, les principales sources d'activités sont le camionnage et le travail saisonnier. Au cours du festival des arbres, dans le cadre d'une soirée d'artistes amateurs et lors de rencontres plus formelles, les citoyens du village manifestent leur préoccupation en ce qui concerne les troubles occasionnés par un groupe de cinq à six individus qui terrorisent la population. Il est question de bruits de pneus aux artères principales du village, dans la cour d'école et de l'église. Ces incidents se produisent tard en soirée et durent toute la nuit ou une bonne partie de celle-ci, ce qui a pour effet de maintenir éveillée une partie importante de la population. De plus, il est question de vandalisme à l'école et à l'église. On mentionne des dommages tels que : bris de poignées de portes, de lumières, de vitres et endommagement sérieux des gazons de l'école et de l'église ; vandalisme et dommages aux véhicules stationnés près de l'école et de l'église ; « flânage » autour des bâtisses déjà mentionnées en plus de l'épicerie et du restaurant-garage ; consommation de drogues et de bières derrière ces deux établissements. À chaque fois qu'il est question de ces incidents, personne n'ose nommer ces individus. La crainte de représailles est omniprésente.

Analyse

Durant le mois de septembre, lors de discussions et rencontres avec les gens d'Allardville, il est apparent que les citoyens sont extrêmement concernés par la situation. Des individus pensent de plus en plus à régler les problèmes à leur façon, au point où certains d'entre eux sont même prêts à sortir leur arme à feu et à tirer sur les causeurs de troubles. Les citoyens disent avoir perdu confiance dans la police et dans le système de justice. La situation est discutée à l'interne avec le sergent d'état-major Benoît St-Onge qui connaît plusieurs des citoyens et hommes d'affaire d'Allardville. Selon lui, la révolte verbale des citoyens doit être prise au sérieux si on veut éviter que les événements se dégénèrent. Il faut au plus vite regagner la confiance des citoyens, car peu d'entre eux croient à la capacité de la police à régler la situation.

Vers la fin du mois de septembre et au début d'octobre, deux individus masqués circulent sur les routes principales du village avec des véhicules tout-terrains. Cet incident coïncide avec un vol de ce type de véhicule ayant eu lieu dans la région. Les deux individus en question terrorisent la population, utilisant le même genre de comportement que celui dénoncé au début, soit crissement de pneus tard la nuit et dommage aux gazons de l'école, de l'église et de terrains privés.

Réponse

Il a été décidé de concentrer les efforts de patrouille sur le territoire d'Allardville et de cibler les causeurs de troubles locaux tout en multipliant les contacts auprès de divers groupes du village pour leur proposer qu'ils organisent un comité de citoyens sociopréventif.

Pendant les mois de septembre et d'octobre, une présentation est donnée aux pompiers volontaires sur le concept de police communautaire et des comités sociopréventif formés de citoyens. De plus, une équipe de surveillance est organisée afin d'intercepter les deux individus masqués. Les habitants du village commencent à s'impliquer davantage et fournissent de plus en plus d'informations aux policiers.

Une rencontre avec l'ensemble de la communauté est organisée à l'école vers la fin octobre. La rencontre vise à offrir à la population un service de police communautaire et à l'aider à former un comité de citoyens.

Des fonds sont reçus du détachement de la GRC afin de faire distribuer par la poste, à chaque résidence, un dépliant sur la police communautaire et les comités de citoyens. Les médias sont avisés : radios, journaux et télévision communautaire. Des annonces sont également affichées localement et dans le bulletin paroissial de l'église.

De plus, la GRC procède à l'établissement de plusieurs barrages routiers dans le but d'accroître la visibilité policière, et à la mise en œuvre de l'opération «minounes» pour retirer de la circulation des véhicules jugés non sécuritaires.

Appréciation (évaluation)

Lors de l'assemblée de la population à l'école, les citoyens répondent en grand nombre et la salle est pleine. Plus de 140 citoyens sont présents et 45 personnes se portent volontaires pour assister à la prochaine réunion, où un comité sera élu par vote secret au mois de novembre. Lors de la réunion pour former ce comité, 22 personnes sont présentes. Des élections ont lieu et un comité est élu. Les gendarmes Donald Martin et Mario Lafrance font également partie du comité et seront responsables du service de police communautaire d'Allardville. Le choix du gendarme Martin s'explique parce qu'il est bien connu dans la communauté ; il y possède une bonne réputation et une bonne crédibilité, ce qui est important pour la réussite du comité.

Ce comité se met à l'œuvre rapidement. Avec l'aide de la GRC, les citoyens reprennent graduellement possession de leur communauté. De plus, ils reprennent confiance dans la police et la peur du crime diminue. Le comité se donne le nom de «Comité sociopréventif d'Allardville 24/24» (24/24 indique leur détermination à être en opération 24 heures sur 24).

Ils identifient quatre problèmes majeurs affectant la communauté, soit :

— crissement de pneus, bruits de véhicules qui n'ont pas de silencieux ;

— véhicules non immatriculés et non assurés ;

— vandalisme ;

— flânage.

En quelques semaines seulement, ils font de grands pas. Ils travaillent à mettre en application des solutions possibles

297

pour résoudre les quatre grands problèmes qui concernent la communauté. Voici un résumé de leur démarches et/ou projets :

— utilisation de la caserne de pompiers comme bureau satellite au détachement de Bathurst ;

— participation du village à l'opération « Nez-rouge » ;

— invitation à la population pour assister aux procès impliquant des accusés venant de leur communauté, ceci afin de rencontrer les trois objectifs suivants :

• apporter du support aux témoins et aux victimes ;

• démontrer aux accusés que leur comportement est inacceptable et qu'ils ne seront plus tolérés dans la communauté ;

• démontrer à la Cour que la communauté est concernée par ces crimes.

— résolution du problème d'éclairage autour de l'école et de l'église ;

— prise en charge des plaintes non urgentes par un membre du comité (plaintes ne nécessitant pas l'intervention immédiate de la police). Ces plaintes seront par la suite soumises au comité qui décidera de la méthode de résolution du ou des problèmes ;

— organisation d'une danse pour les jeunes de 14 à 18 ans avant Noël ;

— publication d'un bulletin communautaire qui sera distribué à chaque foyer. Ce bulletin pourrait sous peu devenir un journal communautaire. Il servira de médium afin d'aviser la population des projets du comité. De plus, on l'utilisera comme source de revenu en y vendant publicité et petites annonces ;

— organisation d'un centre jeunesse par deux jeunes filles faisant partie du comité, à l'aide d'un fond de 34 000 $ reçu du gouvernement provincial pour la région de Allardville — Saint-Sauveur ;

— implantation du programme policier-école à Allardville par les gendarmes Martin et Lafrance. Ce programme consiste à favoriser les contacts entre policiers et jeunes. Les policiers doivent effectuer régulièrement des visites à l'école. Au programme : dîner avec les étudiants, présentations, rencontres auprès des étudiants, des parents et des enseignants.

Cette prise en charge de la population jumelée au support policier mène à l'arrestation de six individus sous diverses accusations en vertu du Code criminel et/ou de la Loi sur les véhicules moteur. Cela a pour effet de nettoyer le village des causeurs de troubles et de regagner la confiance de la population.

- **Rôle des policiers au comité**

Le rôle des policiers siégeant sur les comités consultatifs est celui d'être présents à chaque assemblée du comité et d'agir comme conseiller expert. Ils participent aux prises de décisions et doivent s'assurer de recevoir les minutes de chaque réunion pour le dossier opérationnel. Les membres doivent s'assurer également que les politiques, les règles de loi et d'éthique professionnelle priment dans les décisions prises par le comité. Celles-ci sont bien décrites dans l'énoncé de la mission de la GRC sur la police sociopréventive, dont le but vise à promouvoir la collaboration entre la communauté et la police pour assurer ensemble le maintien de l'ordre.

Les membres de ce détachement s'engagent à :

— traiter toutes les personnes également et avec respect ;

— défendre les principes de la Charte canadienne des droits et libertés ;

— servir et protéger la communauté ;

— travailler avec la communauté et d'autres organismes afin de prévenir ou de résoudre les problèmes qui affectent la sécurité de la communauté et la qualité de vie.

Gilbert Antil
Détachement de la GRC de Bathurst

Cas #7 : Désordre (et problèmes sociaux)
Opération dignité — le magasin Partage
(Bordeaux-Cartierville — SPCUM, poste 1A)

La refonte de la carte policière des districts 41 et 42 a donné naissance au poste 1A, situé dans un centre commercial de Bordeaux-Cartierville. C'est donc le premier miniposte résultant de la fusion de deux districts. Cinq policiers y travaillent du lundi au vendredi. Le magasin Partage est une des implications concrètes des policiers communautaires de Bordeaux-Cartierville. Présents dans le quartier depuis mars 1993, les policiers ont, au cours de leur patrouille à pied, identifié la Corbeille comme organisme communautaire. Cet organisme avait des problèmes réguliers avec des individus affectés par des troubles psychiatriques ; les policiers y sont donc souvent retournés. Ensemble, avec des bénévoles, ils ont mis sur pied un projet qui rejoint leurs objectifs et ceux de la Corbeille. Le magasin Partage a ouvert ses portes dans le même centre commercial depuis décembre 1993.

Situation

Les données d'une étude menée par la Corporation de développement économique communautaire d'Ahuntsic-Cartierville (CDEC), démontrent que ce quartier a une population de 122 140 habitants. Il y avait, en 1986, 22,4 % de gens vivant sous le seuil de la pauvreté. Ahuntsic-Cartierville est aussi un quartier où résident conjointement 62 ethnies qui composent 36,3 % de la population du secteur. Dans le sous-secteur Bordeaux-Cartierville, on y trouve une plus grande proportion, soit 45 %. Après les personnes d'origine française, il y a a en grandes proportions des Haïtiens et des Latino-Américains. Au cours de leurs patrouilles à pied quotidiennes, les policiers ont remarqué que la pauvreté touchait plus particulièrement les nouveaux arrivants du quartier ; Bordeaux-Cartierville est une zone débarcadère pour les immigrants. De plus, il existe une grande mobilité résidentielle. La pauvreté, comme le soulignent plusieurs théories sur la délinquance, agit comme facteur prépondérant dans l'émergence de comportements tels le décrochage scolaire, la délinquance et la criminalité.

Analyse

Avec la présidente de la Corbeille (banque alimentaire desservant la population du quartier), les policiers ont observé que le problème de la faim était davantage présent à l'intérieur du quadrilatère Demeules, boulevard Laurentien, de Salaberry et du Domaine. On y retrouve essentiellement des arrivants provenant d'Amérique centrale et d'Amérique latine, des Jamaïquains et des Haïtiens, constituant principalement de jeunes familles en difficulté d'intégration et qui ont de très faibles revenus. Dans le quadrilatère, les comportements observés s'apparentent à des réactions de survie. Depuis longtemps, les gens ont recours aux vols de nourriture et aux petits gains faciles afin de subvenir à leurs besoins matériels.

Réponse

Afin de remédier à la situation, les policiers ont suggéré l'idée d'organiser une collecte de paniers de Noël. La présidente de la Corbeille proposa plutôt aux policiers l'alternative du magasin Partage. Le magasin Partage se présente comme une façon différente de vivre l'entraide. Organisé sous forme d'une épicerie, les gens sont invités à faire eux-mêmes leurs paniers de Noël. Ils deviennent des acteurs actifs parce qu'ils choisissent ce qu'ils veulent et qu'ils participent au financement de l'événement en déboursant 20 % de la valeur réelle.

Cinq objectifs généraux et trois objectifs spécifiques sous-tendent le magasin Partage de Bordeaux-Cartierville :

— se rapprocher des minorités ethniques, des couches sociales les plus défavorisées et démystifier le rôle du policier ;

— augmenter d'année en année le rendement (quantitatif et qualitatif) de la Corbeille ;

— augmenter la visibilité de la police professionnelle de type communautaire ;

— permettre aux policiers de mieux connaître les caractéristiques et les besoins des bénéficiaires ;

— encourager la communauté à s'impliquer.

L'organisation physique des lieux, la sollicitation des entreprises privées pour l'obtention des denrées alimentaires et la recherche de partenaires pour réaliser le projet fut la responsabilité des policiers. Les objectifs spécifiques étaient :

— avoir des denrées alimentaires et recueillir des dons afin de garnir les tablettes ;

— permettre à 150 familles (déjà sélectionnées à la Corbeille) de profiter du magasin Partage ;

— assurer une qualité et une quantité de choix en tout temps.

Résultat (évaluation)

À l'occasion de Noël dernier, on a recueilli un montant d'environ 22 000 $ en nourriture et en argent, 1 239 heures de bénévolat ont été offertes pour la réalisation des objectifs et 134 familles ont fait leur épicerie. Les bénéficiaires ont mentionné que cette formule était moins gênante pour eux et les bénévoles ont maintenant davantage le goût de s'impliquer dans la communauté. Le problème de la pauvreté est loin d'être réglé, mais le sentiment de dignité des bénéficiaires de l'aide alimentaire a augmenté. Le rendement de la Corbeille s'est grandement amélioré.

Le magasin est maintenant ouvert à chaque mercredi et on amasse l'équivalent de 350 à 400 $ par semaine. Près de 50 familles fréquentent le magasin Partage à chaque semaine. Il sera ouvert pour plusieurs jours de suite à l'occasion de Noël et de Pâques. Pour les prochains événements, l'on vise à rejoindre 200 familles, amasser 24 000 $ en dons divers, et réunir autant de bénévoles que l'an dernier. Depuis que deux policiers occupent respectivement les postes de vice-président et d'administrateur au conseil d'administration de la Corbeille, il y règne un nouvel optimisme. Plusieurs changements ont eu lieu dont l'élargissement des actions, car en plus de veiller au bon fonctionnement du magasin Partage, des cuisines collectives ont été organisées et une équipe distincte s'occupe de faire des lunchs pour 85 enfants de niveau primaire. À moyen terme, les policiers espèrent mettre sur pied un « Resto-pop ».

Les policiers sont conscients que le magasin Partage peut agir à titre de palliatif pour les personnes les plus pauvres. Cependant, ils veillent à ce que les personnes régulières ne développent pas une dépendance envers ce type d'aide.

Hans Sontag, gérant, magasin Partage
Constable Côté, administrateur
Constable Blouin, vice-président
Rédaction : Lyette Fusey, étudiante, Université de Montréal

Cas #8 : Sécurité routière
Non-respect des arrêts obligatoires
(Boulevard Sainte-Rose, Laval-Ouest)

Situation

Au début de l'année 1994, lors d'une assemblée du Comité des citoyens de Laval-Ouest, plusieurs résidants soulignent le piètre état de la sécurité routière dans le quartier. On se plaint surtout du non-respect de la signalisation et des arrêts obligatoires sur le boulevard Sainte-Rose. La partie visée de cette artère a deux kilomètres de long. Il s'agit d'un segment occupé, entrecoupé par plusieurs avenues. On y retrouve quatre arrêts obligatoires dont le principal est situé au milieu du boulevard. À cette intersection, il y a une traverse scolaire et un brigadier fait traverser les enfants qui fréquentent l'école primaire Raymond-Christ-Roi. L'agent Michel Dumas prend en charge le dossier puisqu'il est l'un des premiers policiers du Service de police de Laval ayant été formé dans l'approche de résolution de problèmes. Cette formation s'inscrivait dans la mise sur pied d'unités spéciales implantées dans certains quartiers de Laval, basées sur la philosophie de la police communautaire.

Analyse

En premier lieu, il s'avère essentiel de valider l'existence du problème et d'en mesurer l'ampleur. Les statistiques révèlent qu'aucun accident n'est survenu à ces intersections durant l'année écoulée. La crainte des résidants proviendrait surtout d'une perception de danger plutôt que d'état réel de danger en sécurité routière. L'agent d'intervention communautaire, avec l'aide de bénévoles œuvrant au Centre de services en sécurité publique (CSSP) de Laval-Ouest, décide de se livrer à des observations sur le terrain. Les résultats de cet exercice indiquent qu'en moyenne 31 % des conducteurs ne respectent pas la signalisation. Ces observations varient en fait de 22 % à 48 %.

Réponse

Pour mettre en œuvre l'approche communautaire, un programme d'intervention a été élaboré avec la collaboration des principaux acteurs concernés, à savoir :

— des membres du Comité des citoyens de Laval-Ouest ;

— des bénévoles provenant du CSSP et de la communauté ;

— des représentants de l'école du quartier (directeur, professeurs et élèves) ;

— l'agent d'intervention communautaire ;

— des parents d'enfants fréquentant l'école.

Le plan d'action élaboré consiste à :

— sensibiliser les conducteurs face à la problématique ;

— augmenter le nombre d'automobilistes qui respectent les arrêts obligatoires ;

— sensibiliser les élèves afin de réduire leur vulnérabilité ;

— rehausser le sentiment de sécurité relié à ce phénomène.

305

Afin de réaliser ses objectifs, voici les actions concrètes qui ont été entreprises :

— Un dépliant fut confectionné à l'égard des automobilistes, contenant un message qui visait à sensibiliser les conducteurs au respect des arrêts afin de garantir aux usagers (piétons et cyclistes) une plus grande sécurité. Le message faisait état de la problématique en décrivant l'ampleur du problème et en demandant la collaboration des automobilistes. De plus, étant donné que les observations faites lors de l'analyse révélaient également un problème de respect des limites de vitesse, le dépliant contenait un tableau des amendes et points d'inaptitude reliés à cette infraction ainsi que les sanctions prévues pour le non-respect des arrêts obligatoires (article 368 du Code de sécurité routière). Près de 1 500 dépliants ont été distribués. Cette opération s'est effectuée avec l'aide de bénévoles, des citoyens du quartier et des représentants du Comité de citoyens du secteur, par l'entremise de barrages routiers établis aux intersections ciblées lors des heures d'affluence.

— Par la suite, l'agent d'intervention communautaire est allé à l'école du quartier afin de sensibiliser les jeunes au sujet de la sécurité à vélo. Un dépliant a été conçu, et fut distribué aux élèves. Ce dernier comprenait deux volets. Le premier volet énonçait les règles de sécurité de base afin de circuler à vélo de façon sécuritaire. Le deuxième volet consistait à faire écrire aux enfants, à l'intérieur même du dépliant, ce qu'ils s'engageaient à faire pour aider les automobilistes et ce qu'ils voudraient que les automobilistes fassent pour qu'eux-mêmes se sentent plus en sécurité à vélo. Au verso de cette partie, les élèves étaient invités à faire un dessin représentant leur demande. Accompagnés de professeurs et de parents, les élèves ont concrétisé cette activité.

Quelques 300 dépliants ont été distribués aux heures de fin de classes, permettant de formuler un message personnalisé aux automobilistes avec la spontanéité propre aux enfants.

— Finalement, une opération policière planifiée devait constituer l'étape suivante. Cette étape demeurait facultative selon les résultats obtenus aux opérations précédentes.

Appréciation (évaluation)

La première évaluation faite par les bénévoles démontra que 31 % des automobilistes ne respectaient pas les arrêts obligatoires. Après l'opération de sensibilisation (distribution des dépliants) qui touchait 1 500 automobilistes, l'évaluation suivante dressa un tableau des plus encourageant. En effet, on observa dès lors une baisse significative (17 % seulement).

Cependant, 13 % des automobilistes ne respectaient pas encore les arrêts. Suite à la deuxième opération menée par les élèves de l'école du quartier, une autre baisse importante a été enregistrée. Le nombre d'automobilistes ne respectant pas les arrêts a chuté à 8 %.

Déjà à cette étape, les objectifs que nous avions fixés étaient atteints, de sorte que l'approche répressive a été mise de côté. Cette approche consistait, le cas échéant, à faire une opération policière pour distribuer des billets d'infraction aux réfractaires. Notons que l'approche répressive faisait partie des moyens mis de l'avant pour résoudre ce problème, mais qu'elle ne constituait pas le but ultime à atteindre.

Commentaires

L'approche préconisée dans ce dossier laisse place à la créativité et apporte une méthode différente de celle couramment utilisée, c'est-à-dire la méthode répressive. L'important est d'arriver à des résultats en exploitant la mobilisation des partenaires. Les automobilistes touchés grâce à la distribution des dépliants ont apprécié ce type de sensibilisation et le contact policier. L'impact recherché, à savoir le respect de la signalisation par les automobilistes, risque d'être plus permanent en personnalisant la sensibilisation, plutôt qu'en émettant des constats d'infraction. En effet, plus souvent qu'autrement, les effets secondaires de l'émission de constats d'infraction se résument soit en une culpabilité passagère chez le contrevenant et/ou à un vif ressentiment à l'égard des forces policières.

De plus, le fait de faire participer les plaignants favorise une meilleure compréhension de la problématique par ceux-ci. Pour les élèves, il y avait une grande fierté à participer à une opération de ce genre. L'événement a permis de rafraîchir les consignes de sécurité à vélo et à enseigner aux jeunes qu'il est possible, à leur niveau, d'exercer une influence positive sur leur environnement, même si traditionnellement ce genre d'influence est réservé aux «grand». Nous croyons que de telles opérations contribuent à favoriser l'implication et la responsabilisation des jeunes, en leur démontrant de façon concrète qu'eux aussi ont un rôle important à jouer dans leur communauté.

Michel Dumas
Agent d'intervention communautaire
Centre de service en sécurité publique de Laval-Ouest

Cas #9 : Insécurité (sentiment d')
Projet pilote au parc « Les Primevères » (Sainte-Foy)

Ce cas est tiré d'une maîtrise en criminologie intitulée «La police communautaire à Sainte-Foy». Le mémoire consistait à décrire, analyser et évaluer un projet pilote de police communautaire réalisé à l'été 1993.

Situation

Depuis 1990, les méfaits, les plaintes de bruit, les intimidations et menaces, la consommation d'alcool et de drogue étaient monnaie courante dans les secteurs du parc Les Primevères du quartier Champigny à Sainte-Foy. Ce parc-école préoccupait particulièrement, non seulement le Service de la protection publique, mais aussi les utilisateurs, les voisins immédiats, les élèves de l'école, etc. Les élèves avaient même signé une pétition adressée aux dirigeants pour leur faire part de leurs craintes. Suite à cette problématique, le Service de la protection publique de Sainte-Foy a décidé de passer à l'action. Le directeur de l'époque, Monsieur Roland Bourget, innovait en proposant l'idée d'implanter un système de police communautaire, en commençant par un projet pilote.

Analyse

Pour ce projet pilote, on a choisi comme secteur le parc Les Primevères dans le quartier Champigny. Situé au nord-ouest de la ville de Sainte-Foy, ce quartier est principalement à caractère résidentiel. Le nombre de résidences/appartements se chiffre approximativement à 1 800. Il est en pleine croissance et le nombre d'adolescents y augmente également. La police a constaté malheureusement que les crimes étaient de moins en moins dénoncés, ce qui tendait à démontrer que les citoyens vivaient dans la crainte et/ou qu'ils avaient tout simplement perdu confiance en leur Service de protection publique.

Un premier sondage d'opinion publique fut réalisé dans environ 150 résidences/appartements pour avoir l'avis de la population au sujet de l'implantation du projet et pour analyser empiriquement les causes du sentiment d'insécurité. Les résultats n'ont pas laissé de doute : la population appuyait fortement le projet. Les problèmes qui causaient un sentiment d'insécurité étaient principalement le vol par effraction, le vol de vélos, le vandalisme, la vitesse excessive des automobiles et les flâneries des individus ou gangs suspects.

Réponse

L'approche communautaire visait à diminuer la criminalité et les désordres publics, à raffermir le sentiment de sécurité des citoyens, à améliorer la qualité de vie, à augmenter la visibilité policière et, enfin, à améliorer les relations policiers-citoyens. Pour réaliser ce projet, le Service de police a mis en place les stratégies suivantes : patrouille à vélo et/ou à pied, publicité de l'événement avant, pendant et après la durée du projet (journaux et circulaires), création d'un comité de bénévoles ; création d'un comité de coordination afin d'assurer le suivi du projet ; fabrication d'une carte personnalisée au nom du policier ; tenue d'un journal personnel par le policier ; et enfin, visites intensives aux élèves de l'école du quartier.

Résultat (évaluation)

Cette expérience s'est déroulée durant les trois mois de l'été 1993. Elle fut évaluée essentiellement de manière quantitative au moyen d'un sondage d'opinion publique (150 questionnaires, trois mois après le début du projet). Nous avons aussi procédé à une analyse de l'évolution de la criminalité (statistiques officielles). L'aspect qualitatif a également été utilisé pour la réalisation d'une entrevue avec le policier communautaire.

Voici l'essentiel des résultats obtenus :

- Sondage d'opinion publique

1. 99 % des citoyens ont affirmé être au courant du fait qu'il y avait une expérience de police communautaire dans leur quartier durant l'été ;

2. 66 % des citoyens susmentionnés ont dit avoir été mis au courant du projet par les circulaires ;

3. 51 % des citoyens ont trouvé cette expérience efficace et 35 % l'ont trouvée très efficace pour régler et prévenir les

problèmes de criminalité et de désordres publics dans le quartier ;

4. 89 % des citoyens ont dit être satisfaits des heures de patrouille ;

5. 4 % des citoyens ont eu recours aux services du policier communautaire et ont affirmé être très satisfaits des services reçus ;

6. 77 % des citoyens ont affirmé que leur sentiment d'insécurité avait diminué à cause de cette expérience ;

7. 51 % des citoyens ont vu de deux à cinq fois le policier communautaire patrouiller et 15 % l'ont vu six fois et plus (la visibilité policière a donc été appréciable étant donné la courte durée du projet) ;

8. 70 % des citoyens ont soutenu ne pas avoir peur de marcher seuls le soir ou la nuit dans les rues et les parcs de leur quartier.

9. 94 % des citoyens ont dit être vivement en faveur d'une prolongation de cette action communautaire menée dans leur quartier et environ 60 % ont affirmé être prêts à payer un petit supplément de taxes dans l'éventualité d'une prolongation.

(Dans leurs commentaires écrits, la grande majorité des citoyens ont largement louangé cette expérience. Les commentaires émis à ce sujet tournaient autour des points suivants : meilleure qualité de vie, quartier plus tranquille, baisse du vandalisme, vue plus positive de la police, liens harmonieux entre le policier communautaire et les jeunes, etc.)

- **Évolution de la criminalité**

L'analyse des statistiques criminelles révèle un aspect essentiel, soit la baisse (30 %) de la criminalité (crimes contre les biens et désordres publics) dans le quartier Champigny pour les trois mois d'opération. Celle-ci est due en partie à l'implantation de la police communautaire, mais aussi à la baisse de la criminalité sur l'ensemble du territoire de la ville de Sainte-Foy. Cependant, la courte durée du projet empêche de porter un jugement parfaitement significatif sur cette baisse.

- **L'entrevue avec le policier communautaire**

Selon le policier, la satisfaction retirée de l'accomplissement de son travail est principalement reliée au rapprochement significatif dans ses relations avec les citoyens.

À Sainte-Foy, le Service de la protection publique a répété l'expérience durant l'été 1994. Le Service a cependant quelque peu modifié son approche. Cinq équipes de trois policiers étaient responsables d'une quinzaine de parcs, regroupés en blocs de trois ou quatre selon leur situation géographique et leur niveau de criminalité. Au cours de l'été 1994, les policiers et les citoyens ont manifesté leur satisfaction envers ce programme. La patrouille policière se limitant aux parcs de quartier semble donc être une manière efficace de faire de la police sociopréventive. Devant ce succès renouvelé, le Service de la protection publique de Sainte-Foy a décidé de prolonger ce programme jusqu'en février 1995. L'avenir de cette forme de police est donc très prometteur à Sainte-Foy.

Agent Roger Ferland
Coordonnateur, police sociopréventive
Service de la protection publique de Sainte-Foy
François Bouchard (étudiant)

Cas #10 : Artère principale (et problèmes sociaux)
Opération « concert-action » en prévention adaptée aux jeunes (Sainte-Thérèse)

Ce cas tente de décrire le cheminement fragile des sept dernières années concernant l'implantation entre le réseau public (CLSC, CPEJ, Commission scolaire), la section de police Jeunesse-communautaire de Sainte-Thérèse et les organismes communautaires, d'une stratégie de pensées unifiées concernant les causes et les effets des difficultés que vivent les jeunes. Cet effort de concertation a demandé des actions proactives et interactives de la part des intervenants. Vous remarquerez que les interventions ont été principalement orientées sur les causes plutôt que sur les effets.

Situation

Sainte-Thérèse, qui possède une population de 26 000 habitants, est située au centre de la Municipalité régionale de comté (MRC) Thérèse de Blainville dont la population totale s'élève à 105 000 habitants. C'est une ville où convergent les jeunes des villes avoisinantes (Boisbriand, Blainville, Sainte-Anne-des-Plaines, etc.). Cette convergence est le résultat logique de la fréquentation des écoles secondaires et collégiales qui s'y trouvent. Certains quartiers de Sainte-Thérèse hébergent un pourcentage élevé de familles monoparentales, de familles à faibles revenus et de personnes vivant seules. Le taux de décrochage de ces quartiers y est élevé. De plus, la présence de plusieurs points de vente de psychotropes, au centre-ville, attire les consommateurs de l'ensemble du territoire de la MRC.

En 1988, considérant l'augmentation de la criminalité chez les jeunes adultes et les adultes, les limites des interventions policières municipales auprès des organisations criminalisées existantes, le faible taux de résolution de certains méfaits (vol par effraction, vandalisme et autres), et les inquiétudes et craintes exprimées par les jeunes de la sixième année du primaire au policier communautaire concernant les conditions appréhendées aux écoles secondaires (intimidation, menaces, sollicitation pour la vente de drogue, etc.) en l'absence de policier de référence, le directeur des Relations communautaires de la Sûreté municipale de Sainte-Thérèse, Monsieur Patrick Morin, décide de créer une section «jeunesse» à l'intérieur de son service. Il y développera une approche policière touchant la «prévention primaire, secondaire et tertiaire» comprenant des mesures répressives adaptées aux jeunes.

Analyse

La perspective abordée dans l'analyse de cette situation en est une de convictions et d'intuitions, d'observations-terrain et d'interrogations.

▪ Convictions et intuitions

Le phénomène de surconsommation d'alcool et de consommation de drogues est associé à l'émergence de la criminalité visible et souterraine. Il est important d'agir de façon précoce pour diminuer la demande des jeunes consommateurs par une prévention primaire et secondaire. La toxicomanie apparaît être une problématique «carrefour» et complexe, reliée à des problèmes psychosociaux. Dans certains cas, le problème peut demander l'intervention de plusieurs intervenants. On doit reconnaître les limites des projets ponctuels et des initiatives individuelles.

▪ Observations-terrain

Il y a un phénomène «d'éloignement» entre les policiers, les jeunes et les intervenants-terrain des organismes. Il y a un manque de concertation entre les intervenants et les décideurs. Il y a un besoin de formation chez les policiers de la section Jeunesse. Face aux difficultés des jeunes, il y a un sentiment d'impuissance chez les intervenants adultes.

- **Interrogations**

Comment, sans minimiser ou dramatiser la situation, mesurer l'ampleur du problème ? Comment obtenir la collaboration des milieux, sans inculper (c'est la faute à) les parents, l'école, la police, la société ? Comment imaginer une approche du policier envers les jeunes qui sont d'une autre génération dont la vision de la vie diffère de celle véhiculée à sa propre adolescence ?

Réponse

En 1988-1989, la section Jeunesse était composée d'un directeur, d'un policier chargé de la prévention et d'un policier enquêteur travaillant exclusivement auprès des jeunes et assurant une présence ponctuelle à la polyvalente. L'approche communautaire consistait, à cette époque, à se rapprocher des jeunes, à se faire connaître et à établir des relations solides par le biais d'une implication bénévole (le soir) et sur le temps de travail au sein des conseils d'administration des organismes communautaires et publics (CLSC, Unité Domrémy, Maison des jeunes, Parents secours et le Comité de prévention du crime) ; et d'une implication-terrain, c'est-à-dire en présence de cas, interpeller les ressources publiques et communautaires pour y référer les jeunes en difficultés.

Par la suite, une série d'actions ont été entreprises passant d'une participation à des projets ponctuels de prévention : *Aider un ami, c'est gratifiant* (1993), *Toxico-entraide* (1993), *Travailleur de rue* (1993), présentation d'une pièce de théâtre sur la violence auprès de 2 000 jeunes et plusieurs centaines de parents (1995), à la participation et la création de tables de concertation (1994) tout en continuant l'implication des policiers dans les conseils d'administration (Petit Patro, Organisme orienteur, Bureau de parrainage civique) en 1992. Parallèlement à ses activités, la section Jeunesse, en partenariat avec l'unité Domrémy Sainte-Thérèse, le département de Santé communautaire de Saint-Jérôme et les directeurs d'écoles, a réalisé des études épidémiologiques à trois reprises pour évaluer de façon spécifique les habitudes de consommation des jeunes et l'impact de celles-ci sur leur vie. La première étude, en 1990, portait sur 2 200 jeunes de la sixième année du primaire jusqu'à la cinquième année du secondaire. La deuxième étude fut réalisée auprès de 1 200 étudiants de niveau collégial et, finalement, la troisième étude visa 350 décrocheurs âgés de 14 à 20 ans.

Toute cette effervescence culmine au mois de décembre 1994 avec l'embauche par la Commission scolaire de Sainte-Thérèse d'un policier à temps plein à la polyvalente, suite à un protocole d'entente avec la ville. C'est la première fois au Québec qu'une telle action se concrétise. Le policier est intégré à l'équipe des services complémentaires de la polyvalente et il intervient auprès des jeunes, tant par des actions préventives que par des mesures répressives. L'exercice de ses fonctions doit se faire dans le plus grand respect des droits des élèves, du personnel de l'école et des parents, tels qu'énoncés dans les chartes canadienne et québécoise. Son mandat consiste à agir comme intervenant principal pour l'interception, l'identification des intrus et la signification d'injonction; intervenir face aux conducteurs dangereux sur le terrain de l'école; agir comme agent de la paix, tant à l'intérieur qu'à l'extérieur de l'école; et assurer le volet prévention-jeunesse auprès des élèves de l'école.

Appréciation (évaluation)

- L'évolution de la criminalité

En 1992-1993, une augmentation du taux de criminalité juvénile a rendu visible la criminalité souterraine (chiffre noir) et le rôle des adultes dans cette criminalité. En 1993, l'augmentation du taux de criminalité chez les jeunes adultes et chez les adultes a atteint un plateau. En 1994, on a pu constater une tendance à la baisse de ce taux, et également une augmentation du taux de résolution des méfaits sur la personne et sur la propriété.

- **Une pratique différente**

La pratique améliorée du policier communautaire consiste à s'éloigner du stéréotype du policier-bonbon. Il est très important que son mandat premier consiste à être un policier dont la pratique demeure axée vers la responsabilisation du jeune et à agir en tant qu'agent de liaison entre le jeune et les ressources de la communauté afin de l'aider. Il est donc important d'assurer un suivi dans le cheminement des dossiers, qu'ils soient judiciarisés ou non. Cela a permis de développer un savoir-faire, en termes d'entrevues et d'enquêtes appropriées envers les jeunes contrevenants, qui respecte leurs droits.

- **Rôle de la section Jeunesse dans la communauté**

La présence des policiers rattachés à la section Jeunesse dans les conseils d'administration de divers organismes a joué un rôle de catalyseur dans le rapprochement des organismes pour le bénéfice du système-client. La coalition entre la section Jeunesse et certains organismes du milieu a permis de sensibiliser et de mobiliser les décideurs à oser appuyer les propositions innovatrices issues des intervenants-terrain.

- **Commentaires**

Il est indispensable que le policier affecté à la section Jeunesse s'implique au sein des organismes du milieu de façon intégrée à la vie et aux orientations de ces organismes et de leurs activités. La difficulté d'établir et de maintenir un tel programme provient principalement des résistances face à un changement d'idéologie et des « façons de faire » de la part des effectifs policiers. Le remplacement d'un policier affecté à des programmes spécifiques et le processus de sélection pour choisir un candidat approprié sont trop souvent sources d'embûches. Selon Monsieur Patrick Morin, « un mauvais choix dans la sélection du policier risque de compromettre le travail accompli depuis toutes ces années ». En 1986, le bureau des Relations communautaires était fermé. Aujourd'hui,

317

grâce à l'implication d'un policier animé par une vision communautaire, la section Jeunesse-communautaire de la Sûreté municipale de Sainte-Thérèse comprend un directeur, un policier enquêteur, un préventionniste-relationniste et un policier intervenant.

Patrick Morin
Directeur, section Jeunesse-communautaire
Sûreté municipale de Sainte-Thérèse
Martin Charron
Préventionniste-relationniste

Cas #11 : Désordre (et problèmes sociaux)
Désordre par le bruit
(Service de police de la ville de Québec)

Situation

Le jeudi 6 juillet 1995, nous recevions la visite d'une personne habitant sur la rue Cartier, à Québec, rue très active à caractère commercial, dans le secteur de la Haute-Ville. On retrouve dans cette artère différents commerces tels que bars, restaurants, épiceries, magasins, etc. Le plaignant nous remet une pétition signée par une centaine de citoyennes et citoyens du secteur qui sont exaspérés par l'attitude de deux propriétaires ; la qualité de vie des résidantes et résidants des rues avoisinantes est grandement affectée par la mauvaise attitude des responsables de ces deux commerces. Ceux-ci ne semblent pas du tout vouloir coopérer avec les gens du secteur.

Le Service de police effectue plusieurs vérifications à l'unité statistiques policières et effectivement, depuis le mois de mai, les constables se sont déplacés à plusieurs reprises les vendredis, samedis et dimanches à cause des plaintes de musique forte aux deux endroits.

Malgré toutes les interventions policières, rien ne semble nous faire croire à la résolution du problème à court terme. Le dossier est donc transféré à la nouvelle unité d'intervention communautaire, mise sur pied en mai 1995 par la direction du Service de police. Le principal objectif de cette unité est de travailler tous les dossiers récurrents au Service, qui, après avoir été initiés par une autre division, n'ont toujours pas été résolus. Les membres de cette nouvelle unité utilisent l'approche stratégique en résolution de problèmes comme méthode de travail.

Analyse

Comme on le mentionnait précédemment, la rue Cartier est une rue commerciale. Par contre, on retrouve principalement des maisons privées et à revenus près de cette artère, ce qui est problématique pour les résidantes et résidants puisque l'arrière de tous les commerces communique avec les unités résidentielles. Le quadrilatère impliqué est constitué des rues Bourlamarque, Salaberry, Saint-Cyrille et Grande-Allée où vivent environ 3 000 personnes, dont plusieurs fonctionnaires travaillant le jour.

Les constables ont ciblé les endroits les plus susceptibles d'être affectés par le problème. Les voisins immédiats des deux commerces précités sont constamment dérangés par la musique trop forte et par des gens empruntant les sorties de secours arrières. De plus, ceux-ci crient et consomment drogues et alcool à l'extérieur.

Des analyses plus exhaustives, effectuées aux statistiques policières, par l'unité intervention communautaire, nous démontrent qu'il n'y a aucun problème avec les autres propriétaires de la rue Cartier. Ceux-ci sont conscients de la situation et prennent les dispositions nécessaires pour garantir la tranquillité des résidantes et résidants. Les personnes rencontrées vivent une situation difficile et ont perdu confiance en leur Service de police, allant même jusqu'à déposer une pétition à leur conseillère municipale.

319

Réponse

Les policiers responsables du dossier ont favorisé l'approche stratégique en résolution de problèmes. Une stratégie est élaborée en vue de s'attaquer aux problèmes ainsi qu'à ses causes fondamentales. Nous avons développé des liens étroits de coopération avec tous les intervenants au dossier pour que ceux-ci puissent contribuer au processus de résolution des problèmes vécus par les résidantes et résidants.

Dans un premier temps les policiers ont établi la liste officielle des plaignantes et plaignants au dossier, et les ont tous rencontrés pour bien identifier la problématique.

Une réunion fut organisée par le Service de police où l'on retrouvait autour de la table les principaux plaignants ainsi que les deux propriétaires des établissements en cause.

Des propositions intéressantes furent soumises par les propriétaires ainsi que les plaignantes et plaignants, et un protocole d'entente fut établi de part et d'autre ; ce fut une réunion intéressante et constructive qui nous a permis d'élaborer des ébauches de solutions possibles et surtout d'établir un bon contact avec les plaignantes, plaignants et propriétaires impliqués au dossier.

Toutes les personnes présentes ainsi que les propriétaires acceptent le protocole d'entente suivant :

- Citoyennes et citoyens

  — Ceux-ci acceptent que l'orchestre des deux bars puissent jouer jusqu'à 23 h avec les portes de la terrasse ouvertes.

  — À 23 h, les portes de la terrasse se ferment.

  — Les citoyennes et citoyens acceptent d'avoir un représentant qui communiquera avec le propriétaire si jamais un problème survenait face à ces dispositions.

■ Propriétaires

— Maintenir la porte des commerces fermées après 23 h;

— respecter les heures de fermeture;

— prendre les dispositions nécessaires pour s'assurer que personne n'utilise les portes de secours arrières après 23 h;

— installer un dispositif lumineux dans le bar pour avertir le serveur que quelqu'un a ouvert la portes de secours;

— installer un détecteur de mouvement avec lumière afin d'éclairer la cour arrière et chasser les consommatrices et consommateurs de drogue;

— isoler les portes de secours arrières.

■ Service de police

— Vérification régulière de la cour arrière afin de chasser les flâneurs ou judiciariser les consommatrices et consommateurs de drogue;

— aucune tolérance face à la musique trop forte aux deux endroits en question;

— un suivi hebdomadaire très serré sera fait auprès des plaignantes et plaignants en question.

Appréciation (évaluation)

Suite à cette rencontre, les commentaires des participantes et participants furent très intéressants. Ceux-ci nous informèrent être satisfaits des résultats obtenus et étaient optimistes suite à ce protocole d'entente. D'autres rendez-vous furent planifiés avec les personnes concernées et les propriétaires.

Dans les semaines subséquentes, le Service de police a procédé à un suivi serré et, à quelques reprises, nous avons dû rencontrer les propriétaires pour effectuer certains ajustements face à leur engagement, ce qui nous a permis de diminuer de façon importante les appels à ces deux endroits.

Dans les ajustements acceptés par les deux parties, nous avons modifié l'heure de fermeture des portes d'un commerce. De 23 h, nous en sommes venus à une entente pour fermer la porte à 22 h à cause de la mauvaise isolation de l'établissement.

Une modification a été apportée à deux fenêtres donnant dans la cour arrière des commerces pour assourdir le plus possible le bruit provenant de ces deux ouvertures.

L'implication des intervenantes et intervenants avait comme objectif principal de se connaître et de bien comprendre le problème vécu par les deux parties. Nous avons, par l'approche stratégique, établi une méthode de travail et raffermi le sentiment de sécurité des citoyennes et citoyens. Nous avons définitivement amélioré leur qualité de vie et augmenté l'efficacité du Service de police. Par le fait même, nous avons bâti un partenariat avec la collectivité pour la recherche dans ce dossier de solutions durables et efficaces.

Gaétan Labbé, Lieutenant
Service de police de la Ville de Québec
Division des Relations publiques et communautaires

Table des matières

UNE POLICE D'EXPERTISE : LA MÉTHODE SARA
(situation, analyse, réponse, appréciation)

LA POLICE ET LA PRÉVENTION DU CRIME

La planification et l'évaluation de projets en prévention du crime

Maurice Cusson, Pierre Tremblay, Louise L. Biron, Marc Ouimet et Rachel Grandmaison

EN GUISE DE CONCLUSION

Une police taillée sur mesure : une réflexion critique

Jean-Paul Brodeur

Bilan provisoire de la recherche évaluative sur la police professionnelle de type communautaire

André Normandeau

Guide de lecture sur la police professionnelle de type communautaire

André Normandeau

ACHEVÉ D'IMPRIMER
CHEZ
MARC VEILLEUX,
IMPRIMEUR À BOUCHERVILLE,
EN AVRIL MIL NEUF CENT QUATRE-VINGT-DIX-HUIT